北大光华区域可持续发展丛书　第 5 辑

主　　　编：厉以宁　雷　明

编　委　会：张红力　黄　涛　何志毅

　　　　　　张一弛　王咏梅　傅帅雄

编委会秘书：赵爱琴

北大光华区域可持续发展课题研究

支持单位：北京大学光华管理学院

　　　　　北京大学管理科学中心

　　　　　北京大学乡村振兴研究院（原北京大学贫困地区发展研究院）

北大光华区域可持续发展丛书得到德意志银行资助

北 大 光 华 第5辑
区域可持续发展丛书

绿色发展与生态减贫

Lüse Fazhan yu Shengtai Jianpin

20世纪90年代起，影响我国区域发展的因素发生了很大的变化。全球化浪潮带来了全球范围内和国家层面上的经济要素重组。信息化发展、科技进步创新能力成为区域发展的关键因素。传统的因素和新的因素交织在一起，共同决定了我国区域发展的格局。区域经济发展的规律已经初步显现。

雷 明 袁旋宇 等·著

中国财经出版传媒集团

经济科学出版社
Economic Science Press

前　言

　　减贫是从横向缩小收入差距，解决当代人之间的矛盾，即解决代内公平问题；可持续发展是从纵向解决当代人和后代之间资源使用的矛盾，即解决代际公平问题。生态减贫则是将这两个看似对立冲突的问题统一，在处理代内公平的同时实现代际公平。生态减贫是通过生态产业化和产业生态化帮助贫困人口脱贫、实现贫困地区可持续发展的有效手段，是防范脱贫人口返贫的必要条件。

　　2015 年 9 月，193 个国家的国家元首、政府首脑和高级代表在联合国成立 70 周年之际，通过了《变革我们的世界：2030 年可持续发展议程》，旨在加强世界和平与自由，消除一切形式和表现的贫困，实现可持续发展，完成千年发展目标尚未完成的事业。在该议程的 17 个可持续发展目标中，将减贫问题放在首位，强调要"在全世界消除一切形式的贫困"。在推进经济、社会和环境发展方面，提出了必须走包容式发展模式，即"不落下任何一个人"的包容性发展和绿色发展新理念。

　　生态减贫通过将减贫与绿色发展有机结合，在消除贫困的同时保护生态环境，在维持生态的基础上发展经济，减少贫困。因此，推行生态减贫既符合国际愿景，又体现了我国的"大国担当"，积极响应联合国的号召，为世界的可持续发展做出卓越贡献。深入总结和提炼中国生态减贫经验，系统梳理生态减贫模式具有十分重大的意义。

　　正是从此出发，本书紧紧围绕绿色发展如何实现减贫发展这一主题，提出了许多内涵丰富、谋划深远的理念和观点，深刻地阐述了生态减贫内涵外延、生态减贫思想基础，提出了生态减贫理论架构，分析了生态减贫模式选择、实现路径、机制设计、制度安排以及组织保障等诸多重大理论和实践问题。

具体内容包括：对生态减贫思想基础、理论架构、模式路径、制度安排和组织保障的分析，对生态减贫的历史运行和各要素环节进行总结，提出应当针对生态减贫的系统性构建一个多方合力、有效共治的生态减贫治理体系，以促进生态保护与脱贫攻坚协调发展的对策建议，同时勾画了这一治理体系中的基本要素和互动关系，最后对生态减贫的未来进行了展望。随着 2020 年后扶贫时代的到来，生态减贫也必将与乡村振兴的战略规划相结合，为农村生态的建设、乡村生态经济的发展贡献独特的力量。

全书强调对生态减贫思想基础和前沿理论方法的提炼，对生态减贫核心内容、实现路径、模式选择、机制设计、制度安排等诸多重大问题进行了深入分析。除此之外，本书注重对生态减贫新案例的总结，根据不同章节的架构，将案例穿插在理论阐述中，让读者能够直观感受到生态减贫的成效。通过对改革开放尤其是党的十八大以来生态减贫相关内容、政策的分析，对生态减贫进行了整体把握，捕捉政策变化，揭示发展趋势，对整个生态减贫形势特别是 2020 年以后中国生态减贫工作、战略转型做出了预判。另外，本书结合实际，准确把握精准扶贫工作的现实需要，以全面、丰富、扎实的信息支撑，阐释扶贫工作中的真问题。对生态减贫过程中遇到的问题提出了解决思路与方法，对现实的扶贫实践工作具有启发和指导作用。

本书从立题到完成历时三年，研究团队成员在广泛而深入地查阅文献的基础上，多次讨论，反复斟酌，理清脉络，认真研究分析。成稿以后，大的修改就进行了八次，可谓历经修改—提炼—深化，最终定稿！

在此，特别感谢北京大学贫困地区发展研究院及光华管理学院各位同仁的大力支持，特别感谢丛书编委会各位同仁的大力支持，特别感谢经济科学出版社的赵蕾老师和其他编审老师的大力支持和帮助。

特别感谢研究团队袁旋宇博士富有成效的组织沟通工作，特别感谢研究团队林弈宏、张姝、王晓宇、曾俊文、戴洋港、王子宁、张在田、张睿怡、马上上、刘晓昊、杨嘉琪等成员三年来辛勤努力的工作，特别感谢所有为本书提供过支持和帮助的人，恕不能一一致谢。在此，再次对所有提供帮助者表示衷心的感谢！

雷　明

2021 年 9 月 28 日

目　录

Contents

第一章

导　言*

中国社会经济发展进入新时代后，绿色发展已经成为脱贫攻坚工作的重要指南，贫困地区走生态减贫道路，从而实现绿色发展是必然趋势。"后脱贫时代"，在实施乡村振兴战略的过程中推动地区绿色发展也是一项重要的工作。

第一节

→ 选题意义

一、生态减贫提出的时代背景

改革开放40多年以来，中国在经济建设领域取得了卓越的成就。从1978年经济总量仅位居世界第十到2010年GDP超越日本，成为世界第二大经济体，到2014年GDP首次突破10万亿美元大关，再到2020年国内生产总值突破100万亿元。[①] 40多年来中国的经济增长堪称奇迹。与此同时，我国成功走出了一条中国特色社会主义扶贫开发道路，使7亿多农村贫困人口成功摆脱贫困，成为世界上减贫人口最多的国家，率先实现联合国千年发展

---

* 林奕宏为本章做了大量工作，在此表示感谢。

① 中国政府网. 突破百万亿元中国经济实现历史性跨越［EB/OL］.（2021 - 01 - 18）. http：//www.gov.cn/shuju/2021 - 01/18/content_5580890.htm.

目标，大大地推动了全球减贫事业进展。然而，作为世界上最大的发展中国家，缩小区域和城乡发展差距依然是我国今后发展面临的巨大挑战，特别是现在和今后一定时期中，贫困人口的分布和结构特征发生重大变化，绝对贫困大幅减少，而相对贫困、插花贫困、支出型贫困和深度贫困问题日益凸显。按照中国共产党领导全国人民走中国特色社会主义道路总体战略部署，到2020年我国全面建成小康社会、到2021年如期实现第一个百年奋斗目标之后，还会存在着一些减贫方面的短板，尤以农村贫困问题为代表。正如习近平总书记所指出的，"我们不能一边宣布全面建成了小康社会，另一边还有几千万人口的生活水平处在扶贫标准线以下，这既影响人民群众对全面建成小康社会的满意度，也影响国际社会对我国全面建成小康社会的认可度"[①] "小康不小康，关键看老乡"[②] "决不让一个地区、一个民族掉队"[③]。

党的十八大以来，以习近平同志为核心的党中央以高度的责任感和使命感，把减贫开发摆到治国理政的重要位置，纳入"五位一体"总体布局和"四个全面"战略布局进行决策部署，财政投入不断增加，产业扶贫方兴未艾，精准扶贫持续发力，我国扶贫开发取得了优异的成绩。"2019年末，中国农村贫困人口551万人，比上年末减少1109万人，下降66.8%；贫困发生率0.6%，比上年下降1.1个百分点。"[④] 贫困群众生活水平明显提高，贫困地区面貌明显改善，在脱贫攻坚方面取得了符合预期的效果。然而，随着扶贫工作的不断深入，我国扶贫开发已进入啃硬骨头、攻坚拔寨的决胜时期，剩余的贫困人口主要位于中西部的一些省（自治区、直辖市），贫困程度较深，减贫成本更高，脱贫难度更大，贫困县退出后的工

---

① 新华网. 习近平：关于《中共中央关于制定国民经济和社会发展第十三个五年规划的建议》的说明［EB/OL］.（2015 – 11 – 03）. http：//www. xinhuanet. com/politics/2015 – 11/03/c_1117029621. htm.

② 中国共产党新闻网. 习近平：小康不小康 关键看老乡［EB/OL］.（2015 – 11 – 23）. http：//theory. people. com. cn/n1/2017/0608/c40531 – 29327226. html.

③ 人民网. 人民网评：全面小康，不让一个少数民族掉队——2015两会系列评论之十五［EB/OL］.（2015 – 03 – 10）. http：//opinion. people. com. cn/n/2015/0310/c1003 – 26666220. html.

④ 新华网. 习近平. 决胜全面建成小康社会 夺取新时代中国特色社会主义伟大胜利——在中国共产党第十九次全国代表大会上的报告［N/OL］.（2017 – 10 – 19）. http：//news. xinhuanet. com/.

作仍然任重而道远。因此必须在现有的模式基础上不断创新扶贫开发的途径和机制，彻底打赢脱贫攻坚战。

脱贫攻坚战的一个核心是以人民为中心思想下的精准扶贫，"创新、协调、绿色、开放、共享"则是五个基本点。习近平在党的十九大报告中强调，坚持新发展理念，发展是解决我国一切问题的基础和关键，发展必须是科学发展，必须坚定不移贯彻创新、协调、绿色、开放、共享的发展理念。我们既要创造更多的物质财富和精神财富以满足人民日益增长的美好生活需要，也要提供更多优质生态产品以满足人民日益增长的优美生态环境需要。人与自然是生命共同体，人类必须尊重自然、顺应自然、保护自然。人类只有遵循自然规律才能有效防止在开发利用自然上走弯路，人类对大自然的伤害最终会伤及人类自身，这是无法抗拒的规律。建设生态文明是中华民族永续发展的千年大计，必须树立和践行"绿水青山就是金山银山"的理念，坚持节约资源和保护环境的基本国策，像对待生命一样对待生态环境，统筹山水林田湖草系统治理，实行最严格的生态环境保护制度，形成绿色发展和生活方式，坚定走生产发展、生活富裕、生态良好的文明发展道路，建设美丽中国，为人民创造良好生产生活环境，为全球生态安全作出贡献"。①

由此可见，在新发展理念中，绿色发展是脱贫攻坚的重要指南，生态减贫应运而生。中央扶贫开发工作会议也明确要求，打赢脱贫攻坚战，实现贫困地区的可持续发展，必须以新发展理念为统领，把减贫开发和经济增长结合起来，推进生态减贫。生态减贫是贫困地区践行新发展理念的重要表现，贫困地区走生态减贫道路，是实现绿色发展的必由之路。

二、生态减贫的概念及实施必然性

减贫是从横向缩小收入差距，解决当代人之间的矛盾，即解决代内公平问题；可持续发展是从纵向解决当代人和后代之间资源使用的矛盾，

---

① 新华网. 习近平：决胜全面建成小康社会夺取新时代中国特色社会主义伟大胜利——在中国共产党第十九次全国代表大会上的报告［EB/OL］.（2017－10－27）. http://www.xinhua-net.com//politics/19cpcnc/201710/27/c_1121867529.htm.［2018－12－08］.

即解决代际公平问题。生态减贫则是将这两个看似对立冲突的问题相统一，在处理代内公平的同时寻求实现代际公平。生态减贫是通过生态产业化和产业生态化，帮助贫困人口脱贫，实现贫困地区可持续发展的有效手段，是防范脱贫人口返贫的必要条件。作为新时期脱贫攻坚战略思想的重要内容，其思想基础是习近平 2005 年在浙江省湖州市安吉县余村考察时提出的"绿水青山就是金山银山"的重要理念。实现生态减贫的根本方法就是要走可持续发展的道路，守住发展和生态的两条底线：一是帮助广大贫困群体形成良性可持续的造血机制；二是要勇于将资源转化为财富和资本，建立切实可行的从资源向财富和资本转化的绿色机制，因地制宜地将"绿水青山"转化为"金山银山"，实现地区减贫和可持续发展的双赢。实现路径则是产业生态化和生态产业化，通过可循环的机制形成绿色资源的持续性发展，最大限度地转化利用绿色资源的价值，如易地搬迁扶贫工程、光伏产业扶贫工程、旅游扶贫工程和电商扶贫工程。当前，随着经济的快速增长，我国发展与生态的矛盾日益突出，推行生态减贫刻不容缓。

（一）追求经济快速增长的生态环境代价

自 20 世纪 80 年代以来，伴随着世界各国经济的增长，全球变暖、物种灭绝、海洋污染、土地沙漠化、土壤酸化等大规模的全球性环境危机发生率不断上升，环境问题形势严峻。这一方面，中国表现得尤为突出。自 1978 年改革开放以来，中国经济在短短 40 年间跃居世界第二，创造了"中国奇迹"，在世界发展史上留下了浓墨重彩的一笔。从初期"时间就是金钱，效率就是生命"的口号不难看出，当时我国对经济增长速度的高要求。不可否认，高速的增长使得中国摆脱了"落后就要挨打"的局面，人民生活水平直线上升，但付出的代价则是生态环境遭受严重破坏，环境承载力面临巨大压力，虽然近些年在《"十三五"生态环境保护规划》的指引下，生态保护工作取得了积极进展，但环境问题仍不容乐观。据《2019中国生态环境状况公报》显示，我国有 294.9 万平方千米的土壤受到侵蚀，约占普查范围总面积的 31.1%。截至 2014 年，全国荒漠化、沙化土地面积分别为 261.16 万平方千米和 172.12 万平方千米。全国 337 个地级及以上的 239 个城市环境空气质量超标，占 70.7%；地表水系中，91% 的湖泊出现了不同程度的富营养化情况；在地下水中，14.8% 的监测点水质为"极差"级别，51.8% 的监测点水质呈现"较差"级别。经济的可持续增长需要依托良好的环境与资源，若是生态得不到根本性的改善，经济增长将受到严重制约。

（二）贫困地区与生态脆弱区的耦合性

在地理分布上，我国大部分生态脆弱地区和贫困地区存在着高度的耦合性，一方面，贫困县中 76% 为国家开发工作重点县，这些县的土地面积、耕地面积和人口数量分别占到生态脆弱地区土地面积的 43%、耕地面积的 68%、人口数量的 76%；① 另一方面，国家重点生态功能区基本覆盖了 14 个集中连片的特殊困难地区，国家禁止开发区域中有 43% 的区域也位于国家扶贫开发工作重点县②。由此可见，这些地区具有一般性贫困和生态性贫困叠加的特征，即是落后贫困地区又是生态重点保护地区。然而，贫困与生态脆弱的这种耦合性并非偶然，其背后有着深层次的理论支撑。全国集中连片特困地区的分布情况如表 1 - 1 所示。

表 1 - 1　　　　　　　　全国 14 个集中连片特困地区

地区	省（区、市）
六盘山区（61）	陕西（7）、甘肃（40）、青海（7）、宁夏（7）
秦巴山区（75）	河南（10）、湖北（7）、重庆（5）、四川（15）、陕西（29）、甘肃（9）
武陵山区（64）	湖北（11）、湖南（31）、重庆（7）、贵州（15）
乌蒙山区（38）	四川（13）、贵州（10）、云南（15）
滇桂黔石漠化区（80）	广西（29）、贵州（40）、云南（11）
滇西边境山区（56）	云南（56）
大兴安岭南麓山区（19）	内蒙古（5）、吉林（3）、黑龙江（11）
燕山—太行山区（33）	河北（22）、山西（8）、内蒙古（3）

①② 中国发展门户网. 黄承伟：必须走绿色减贫　绿色发展的路子［EB/OL］.（2016 - 07 - 10），http：//news. china. com. cn/cndg/2016 - 07/10/content_38849008. htm.

续表

地区	省（区、市）
吕梁山区（20）	山西（13）、陕西（7）
大别山区（36）	安徽（12）、河南（16）、湖北（8）
罗霄山区（23）	江西（17）、湖南（6）
西藏区（74）	西藏（74）
四省藏区（77）	云南（3）、四川（32）、甘肃（9）、青海（33）
新疆南疆三地州（24）	新疆（24）

注：括号内的数字表示该地区所含特困县的数目。

资料来源：国务院扶贫开发领导小组办公室，《关于公布全国连片特困地区分县名单的说明》。

格兰特（Grant，1994）提出了 PPE（poverty-population-environment）恶性循环理论，即贫苦落后地区广泛而深刻的贫困、人口、环境的恶性循环机理。厉以宁（1991）指出贫困地区发展与环境保护息息相关。以西部落后地区为例，一方面，由于人口的过快增长，人类向自然索取的资源增加，尤其是与生存发展紧密联系的水、土地等资源，出现过度开垦、砍伐放牧等现象。过度的开发利用自然资源，必然引起水土流失、土地沙漠化和荒漠化的加剧、水体污染等不良恶果，进一步导致生态环境的恶化。土地生产力的下降加之社会发展的基础设施和保障的缺位导致人均收入下降，失业人口增多，从而使得贫困加剧。另一方面，生态环境脆弱的地区往往深居内陆，远离海河，处于交通不便地区。这就使得这些地区难以与外界联系，外界的资本、技术也难以流入促进地区的发展，帮助其摆脱贫困。

反之，贫困的加剧使得人们在"养儿防老"思潮的影响下，把孩子视为基本保障，地区出生率较高。为了生存，人们进一步索取自然资源，造成生态环境的恶化加剧。正是由于贫困与生态的这种恶性循环，使得这些地区难以通过传统的工业化方式进一步推进本地区的减贫和发展，必须以缓解生态恶化为立足点，走生态减贫、绿色发展的道路，方能摆脱贫困的窘境。

三、推行生态减贫的意义

（一）促进贫困地区经济的可持续发展

与高度现代化的城市相比，有些贫困地区拥有丰富的自然资源即"绿水青山"，有的则拥有非物质文化遗产，如传承技艺等。当工业化迅速发展时，同一资源用于工业发展和绿色发展的边际产出效率形成了较大差异，通过将资源投入绿色发展以及利用绿色资源进行产业升级更加有弯道超车的潜力，发展生态产业化，提升居民的劳动性收入和财产性收入。比如旅游扶贫工程的实施，给予了广大城市居民一个回归乡野、欣赏自然之美的机会，更重要的是，其帮助贫困地区修缮维护生态资源，并以此形成旅游产业，为当地政府创收，显著提高贫困地区人民的生活水平。再如，光伏扶贫产业工程也使得一些贫困地区凭借日照时间长、空气污染少等环境优势形成了规模产业。

与从前资源型等对生态环境不友好的产业不同的是，生态减贫能够在盘活绿色资源的同时，较大程度地促进三大产业融合。在保护生态环境的同时，增加贫困地区人口收入，提升发展质量，实现经济的可持续增长而不是"坐吃山空"。

（二）提升贫困地区发展质量，吸引劳动力回流，缓解社会失业问题

在我国城乡一体化过程中，大量劳动力从农村尤其是贫困地区向城市迁移，引发了一系列社会问题。首先，大规模的年轻人向城市转移，导致农村劳动力短缺，进而使得农村人口年龄呈现两极化分布，并直接影响农业生产。其次，农村人口涌入城市，使得城市出现资源短缺、交通堵塞、社会秩序混乱等问题。做好农村劳动力转移工作是党的十八大"推动实现更高质量的就业"的要求，有利于实现城乡一体化。在农业、农村和农民中，农民无疑是高于农业和农村的要素。因此，解决农民问题是重中之重。农民就业难、收益低问题始终阻碍着城乡关系的协调发展。马晓河和

马建蕾利用《中国统计年鉴（2007）》通过劳动工日法计算得出 2006 年中国农业剩余劳动力为 1.14 亿人。[①] 那么自然而然这些剩余的劳动力将眼光放到了生活水平相对较高、收入情况相对较好的城市。但是涌入城中的农民工打工多年仍难以获得市民身份和市民认同，且从事的大多是劳动密集型而非技术密集型工作。

生态减贫能提升贫困地区的发展质量，形成一定的规模产业。产业的发展自然需要大量的劳动力，从而创造更多的就业机会，吸引当地青壮年劳动力回流，解决其就业问题，使得他们可以在家门口发财致富，为家乡的发展做出贡献，不必背井离乡，为生计四处漂泊。另外，此举也缓解了城市资源不足的困境，有利于维持社会的长治久安。

（三）增加贫困人口内生动力和人力资本，提高人民素质

贫困人口内生动力不足的现象十分普遍，除了少部分是源于其主观上希望坐享政府补贴而缺乏脱贫意愿外，大部分是受制于客观条件，缺乏有效的生产手段和经营手段。从某种意义上看，贫困人口内生动力不足是导致贫困地区长期贫困的根本原因，此前的扶贫措施，贫困人口往往扮演的是被动接受帮扶的角色，当帮扶停止，就出现返贫现象，治标不治本。因此，授人以鱼不如授人以渔，若想彻底使得贫困地区脱贫还需提高贫困人口的内生动力。

生态减贫的关键在于充分盘活贫困地区的绿色资源，扶持特色经济和培植支柱产业。由于大部分的生态减贫产业诸如农业融合产业等对从事者文化素质、技术上并无较高的要求，门槛相对较低，从而贫困人口能直接参与到产业发展的过程，有的贫困百姓直接负责具体产业项目的经营，在接受相关培训和运营的过程中，贫困人口的人力资本水平得到大幅度提升。政府还可通过扩大参与群众、典型产业示范等手段增强贫困人口自主脱贫的内生动力。近几年，旅游扶贫、电商扶贫等生态减贫手段，退耕还林还草、水土保持重点工程等生态工程建设都有贫困人口参与程度高、市场化水平高等特点。不仅收入提升较快，也积累了人力资本，对全社会人

[①] 马晓河，马建蕾. 中国农村劳动力到底剩余多少？[J]. 中国农村经济，2007(12)：4 – 9.

口平均素质的提高具有重大意义。2016 年以来，中央资金累计安排 140 亿元，在贫困地区选聘 100 万建档立卡贫困人口担任生态护林员。这不仅有效充实了基层生态保护队伍，织牢了生态脆弱区保护网，也拓展了贫困群众增收渠道。①

（四）响应联合国 2030 年可持续发展议程的目标——绿色发展和减贫

2000 年 9 月的联合国首脑会议上，189 个国家共同签署了《联合国千年宣言》。2015 年 9 月，193 个国家的国家元首、政府首脑和高级代表在联合国成立 70 周年之际，通过了《变革我们的世界：2030 年可持续发展议程》，旨在加强世界和平与自由，消除一切形式和表现的贫困，实现可持续发展，完成千年发展目标尚未完成的事业。在该议程的 17 个可持续发展目标中，将减贫问题放在首位，强调要 "在全世界消除一切形式的贫困"。在推进经济、社会和环境发展方面，提出了必须走包容式发展模式，即"不落下任何一个人"的包容性发展和绿色发展新理念。

生态减贫正好将减贫与绿色发展有机结合，在消除贫困的同时顾及保护生态环境，在维持生态的基础上发展经济，减少贫困。因此，推行生态减贫既符合国际的愿景，又体现了我国的大国担当，积极响应联合国的号召，为世界的可持续发展做出卓越的贡献。

四、生态减贫研究现状

脱贫攻坚战略思想是习近平新时代中国特色社会主义思想中的重要组成部分，而生态减贫则是新时期脱贫攻坚的重要内容。从绿色发展到减贫发展，"两山"思想及五大发展理念为生态减贫规划了大方向。生态减贫涵盖绿色发展和减贫两个维度，先前的理论和实践大多是针对两者中的一个维度进行重点论述，同时兼顾这两方面的研究较少。因此，具体的理论

---

① 中国政府网. 生态扶贫带动三百万贫困人口脱贫［N/OL］.（2020 – 05 – 07）. http://www.gov.cn/xinwen/2020 – 05/07/content_5509324. htm.

还不尽成熟，实践模式仍在积极探索，有待完善。但对于国内外已有的理论、我国已取得的进展和实践值得认真总结和提炼，以推广扶贫工作中可重复、可学习、可借鉴的经验，为中国特色社会主义新时代、新时期我国的生态减贫工作献真言、支高招。

第二节

  ┄┄┄┄┄► 文献综述

一、理论综述

（一）生态减贫思想基础及相关理论

生态减贫是绿色发展和减贫的有机统一体，其相关的思想和理论也多是从这两方面总结及引申的。"两山"思想、生态文明思想、可持续发展等理论是生态减贫的基础及出发点，现有的文献也多是从这个角度切入，提出生态减贫。

国外关于生态建设与经济发展的研究始于 20 世纪 60 年代后期生态经济学的诞生。生态经济学的观点认为人类是生态系统诸多子系统中的一个，只有将生态学和经济学相联系，才能从中找到可持续发展的策略。卡恩（Khan，2008）利用比较研究的方法对巴基斯坦的贫穷、环境与经济的关系进行了研究，发现贫困导致环境的恶化，环境的恶化对穷困地区的危害相较于富裕地区更大，从长期来看，经济增长有助于减少贫困、改善环境。刘易斯（Liu，2012）认为若地方按照"先发展，后治理"的方针，在经济发展的同时就会伴随着环境的牺牲、社会不公、经济效益和环境代价不等等弊端，因此发展中国家应坚持可持续发展的道路。生态与扶贫息息相关，费舍尔等（Fisher et al.，2013）等坚持研究扶贫必须知道生态限制，绿色生态资源能防止贫困而不仅仅是减少贫困。

我国相关的研究始于 20 世纪 80 年代，但直到进入 21 世纪，环境问题日益严重，这方面的研究才越来越被学者重视，尤其是党的十八大提出的"生态文明建设"，使得绿色发展和减贫成为人们日常关心的热点话题。针对这一问题，我国学者大多将理论结合中国的国情进行分析。雷明（2015）指出，生态减贫的思想基础源自可持续减贫、绿色发展、科学发展的思想基础，更来自于"两山"思想。它将在实践中常常被误认为是一对矛盾体的绿色资源保护和减贫有机统一在一起；将绿色资源保护中强调的代际公平与脱贫减贫中强调的代内公平有机统一在一起；将自然资源资产—资本—财富有机统一在一起，通过有效的转换机制实现资源变资本，资本变财富，最终实现减贫的目的。生态减贫有别于传统基于增量收益扶贫的做法，是强调增量收益与存量收益并重的一种减贫方式。"两山"思想系列表述所强调的，是通过大力推进生态文明建设，在解决当前所面临的生态环境恶劣问题的同时，摸索出一条减贫、富民、强国的现实道路（雷明，2015；雷明，2017）。张琦和冯丹萌（2018）认为，"两山"思想将生态环境纳入了"生产力"范畴，从生态和经济发展的双重角度阐述了两者的辩证关系。首先，"既要绿水青山，又要金山银山"强调经济与绿色发展缺一不可，在经济发展的同时，要提升公众对生态环境的保护意识。这突破了片面追求以经济增长为核心的单维发展目标，意识到一个良好的生态环境对地区未来可持续发展的重要性。其次，"绿水青山就是金山银山"表现了绿色资源的经济价值，从内部将经济发展与绿色资源相联系，使生态优势变成了经济优势，体现了可持续发展的理念。冯丹萌和陈伟伟（2018）认为"两山"理论是生态减贫的理论基础，其核心思想是实现经济发展与生态环境保护互动双赢。"既要绿水青山，又要金山银山"强调在追求经济增长的同时，也要注重对生态资源的保护；"宁要绿水青山，不要金山银山"强调生态保护的优先地位；"绿水青山就是金山银山"强调转变经济发展方式，将"绿水青山"适当开发，转化为"金山银山"。王会等（2017）另辟蹊径，从经济理论而非生态、哲学的视角，运用传统经济学分析工具和消费者选择理论，将整个区域作为决策主体，构建了最优"绿水青山"保留数量的理论模型，分析了相关因素对最优"绿水青山"保留数量的影响，提出了增加"绿水青山"数量的政策建议。

在可持续发展层面，何建坤（2012）提出关键是在扶贫框架的基础上发展绿色经济与建设国际可持续发展制度。可持续发展要求在协调经济社会发展与资源环境促进代际公平的同时，帮助贫困人口提高生活质量、贫困地区改善生态环境。王馗（2016）认为生态减贫是绿色与共享两大发展理念的统一，是在五大发展理念指导下的制度创新。在坚定走生产发展、生活富足的发展道路的同时，也要兼顾生态问题。

（二）生态减贫路径与模式

党的十八大以来，生态减贫的方式呈现出多元化的发展趋势，以产业生态化和生态产业化为路径，充分考虑当地生态资源的优势，因地制宜发展产业，拓宽居民收入渠道。学者从利益联结机制和经济业态等不同视角总结生态减贫模式。

针对产业生态化和生态产业化，张琦和冯丹萌（2018）认为产业扶贫的绿色化转型的实质是在绿色资源承载范围内达到效用最大化，主要体现在脱贫的过程中注重对当地生态环境的包容性发展，即绿色资源理念扶贫和生态补偿扶贫，政策应向贫困地区或人口倾斜，直接或间接地保护当地生态环境。生态产业化是绿色资源价值的转化利用，依靠绿色资源的共享性、可持续性和循环性，完成绿色资源自身价值向其他价值如生态、社会、经济价值的转化，从而形成贫困地区的内生驱动力以减少贫困。谢安平（2018）肯定了生态产业化和产业生态化的积极作用，认为贫困地区脱贫致富最终还是需要建立可持续的产业体系，通过生态产业化促进生态保护，通过产业生态化促进可持续发展，在增收的过程中恢复和保护环境，在恢复和保护环境的过程中增收。

利益联结机制视角上，贫困人口与其他利益主体间的联系日益紧密，不同利益主体带动贫困农户创收的能力愈来愈强，如龙头企业、新型经营主体与扶贫减贫的联系。万君和张琦（2017）把利益联结机制的核心归于利益主体的利益分配、联系机制和组合模式不同。为了实现绿色资源的资产化和资本化，生态减贫模式主要有企业主导、大户主导、政策主导、集体经济主导和资产收益扶贫五种模式。张琦和冯丹萌（2018）基于多维度的发展模式研究发现，在生态减贫的过程中已经突破了以往政府"独当一面"的方式，形成了以绿色企业带动扶贫，贫困户优先务工，通过入股分红对贫困户创业资助和通过贫困村专业合作社及大户开发项目直接和间接带动贫困户的多元化方式。雷明（2017）将生态扶贫模式分为原地生态扶贫和易地生态扶贫两大类。原地生态扶贫是针对区位条件较好地区的贫困地区和少数民族地区因教育、文化等差异难以移出的贫困人口实施的模式。但其离不开市场经济的认可和实现。对原地生态扶贫而言，贫困地区要立足于当地绿色资源优势，以产业为根本，以市场为导向，以机制为保障，实现经济效益、生态效益和社会效益的三赢。易地生态扶贫包括"山上搬山下"等诸多模式，将居住在恶劣环境的贫困户搬迁安置到其他自然条件较好的地方，为脱贫创造条件。薛黎倩（2017）将区域生态减贫的运行模式根据政府和市场发挥效用的程度不同分为政府主导型和市场主导型。文章认为要充分发挥政府和市场作用，两者应相互配合，优势互补，使政府有为、市场高效。

经济业态视角上，雷明（2015）认为移民搬迁扶贫工程、光伏扶贫工程、旅游扶贫工程这三大工程就是扶贫减贫工作践行"两山"思想的重要举措。进一步，雷明（2017）将易地生态扶贫分为开垦耕地模式、依托龙头企业模式、依托产业结构调整等十种模式。万君和张琦（2017）从产业融合角度考察生态产业的模式，包括以循环农业、林下经济、庭院经济为代表的农业产业内部融合，以电商扶贫模式为代表的农业产业链延伸，以旅游扶贫和观光农业模式为代表的三大产业融合以及以在新技术推动下形成的光伏产业扶贫和大数据产业扶贫。

由于不同地区生态环境、地理位置、历史文化等因素不尽相同，生态减贫的模式及路径的选择也应因地制宜，发展不同类型的生态产业化和产业生态化，将资源优势转变为产业优势和经济优势，提升农民受益程度。我国乡村旅游、森林康养、林果加工等新产业蓬勃发展。截至 2020 年 11 月，我国首批认定国家森林乡村 7586 个，依托森林旅游实现增收的贫困户达 35 万户，年户均增收 3500 元。① 袁妮（2017）针对陕北退耕还林地区的贫困状况提出采用生态环境建设模式和生态经济发展模式，前者包括退耕还林减贫模式和生态移民模式，主要适用于梁峁状丘陵山区；后者包括生态农业减贫、生态工业减贫、生态旅游业减贫和生态城镇减贫，主要适

①　中国林业新闻网. 青山绿水的故事永不落幕——第四届中国绿化博览会圆满结束 [N/OL]. （2020－11－23）. http://www.greentimes.com/greentimepaper/html/2020－11/23/content_3346344.htm.

用于黄土梁涧地。杨玉锋（2015）以宁夏六盘山集中连片特困地区为研究对象，重点分析生态补偿、产业扶持和碳汇交易等政策，提出应构建树莓经济产业循环链，探索生态补偿横向转移支付制度，搭建生态资源交易市场。对于秦巴集中连片特困地区，李仙娥和李倩（2013）提出在剥蚀构造山区采取生态环境建设的互动模式，包括生态移民、退耕还林模式；在河谷阶地采取生态经济建设互动的模式，将生态的元素融入三大产业的发展。

（三）生态减贫的运行机制

健全的制度是稳步推行生态减贫的保障。要使生态减贫在实践中真正实现贫困人口脱贫致富、地区经济的可持续发展，只有相关的思想理论和路径模式是不足以成功的，还需合理的运行机制加持，方能避免返贫等不良现象的发生。

考核机制是生态减贫运行机制的重要保障和监督机制。莫光辉（2016）认为管理和考评机制不当是脱贫工作难以取得显著成效的重要原因，应加强生态考评的科学管理，实现生态问题的动态监控。北京师范大学中国扶贫研究中心课题组构建了一套相对完善的生态减贫指数指标体系。该体系分为4大类21个指标，一级指标包括资源利用与环境保护程度、经济增长绿化度、扶贫开发与减贫结果、社会发展能力四个方面，其中前两个指标衡量地区"绿色"程度，后两个指标测量减贫成效。二级指标的权重统一调整为4.76%，各一级指标的权重分别为33.3%、14.3%、28.6%及23.8%。该指数体现了发展的三个维度——可持续维度、人民福祉维度和公平维度，提供了三种比较——横向比较、纵向比较和各部分的比较，具有非常重要的政策含义及价值。此后的文献充分借鉴这套指标体系，按照系统性、科学性、可行性、操作性的原则结合研究对象的实际情况对指标进行筛选，用以评估地区生态减贫的水平。

除了考核机制，激励、约束等其他机制的创新对盘活各类扶贫资源要素，解放和发展生产力也十分重要，根据生态效益加强对生态重点地区的生态补偿，增加对生态功能区的转移支付，给予资金支持和政策保障。戴旭红（2012）指出财政扶持是进行生态减贫的必要条件，生态环境恶劣的地区自我发展的内生力量不足，难以依靠自身脱贫致富，所以外部力量尤其是政府的财政扶持是其摆脱贫困必不可少的组织力量。因此，应建立支持生态减贫的财政投入制度，促进生态减贫专项资金与当地其他建设资金的整合，打造多种与其他社会力量合作的机制。陆汉文（2012）针对连片特困地区的低碳扶贫问题提出了基于市场机制、基于政府财政转移支付和基于民间社会与国际合作的三种政策工具。李仙娥、李倩和牛国欣（2014）提出构建生态减贫的内部长效机制和外部长效机制：内部长效机制即加大人力资本投入，完善公众参与；外部长效机制涵盖完善生态补偿、健全产业生态化、创新片区合作、组织生态移民和加快城镇化进程。叶青和苏海（2016）总结了贵州易地扶贫搬迁的经验。一是应在国家制度政策的指导下，因地制宜地制定切实可行的特色法律法规。二是要创新资金筹集管理模式。三是在机制设计和执行的过程中，以贫困人口的实际需求为出发点，密切关注其参与减贫的全过程。2016 年以来，全国已累计安排中央和地方财政资金 167 亿元，在贫困地区选聘 100 万建档立卡贫困人口担任生态护林员；中央累计安排贫困地区林草资金 1500 多亿元，组建生态扶贫专业合作社 2.1 万个，生态扶贫工作全面推进，持续带动贫困人口通过参与生态建设和保护实现脱贫。四是有机结合移民搬迁与精准扶贫，给予特困农户照顾，根据搬迁对象的差异特征进行不同水平的补助。莫光辉（2016）提出推行生态补偿机制，首先，进一步加大对贫困地区生态的保护力度，维持生态恢复力；其次，加强各职能部门间的合作沟通，强化生态科学管理；最后，就地易地的贫困人口，通过资金支持、技术培训等方式实施补偿，保证贫困人口的就地脱贫，降低其日后返贫的可能性。雷明（2017）认为原地生态扶贫机制创新的关键在于鼓励、支持特色生态效益产业，具体而言包括生态产业扶贫稳定利益共享机制、风险共担机制、有效投入机制、资金有效使用机制和绿色金融扶贫机制；易地生态扶贫要确保"搬得出、稳得住、能就业、有保障"，为此应建立生态移民资金筹措机制和生态移民协调机制。除此之外，还可建立有效的社会力量参与机制，开展村企结对共建活动；建立部门信息交换共享机制和公开发布机制，随贫困人口信息实时更新，动态管理；完善退出机制和防范返贫机制，防止"争戴穷帽"等不良现象。

（四）生态减贫定量分析

生态减贫的定量分析主要集中在对贫困地区减贫效益的测度上，分析不同扶贫项目的实际效果，从而给出政策建议。

北京师范大学中国扶贫研究中心构建了一套指标体系，衡量中国 11 个连片特困地区和 505 个贫困县 2014 年的生态减贫程度。结果显示，生态减贫程度较高的前 4 个连片特困地区依次是罗霄山片区、大兴安岭南麓片区、大别山片区、秦巴山区，滇西边境片区、燕山—太行山片区、六盘山片区、武陵山片区、滇桂黔石漠化片区、吕梁山片区、乌蒙山片区的生态减贫水平低于全国平均水平。在参与测算的 505 个贫困县中，上犹县、互助土族自治县、闭凤县等 255 个贫困县的生态减贫水平高于全国平均水平，景谷傣族彝族自治县、松桃苗族自治县等 249 个贫困县的生态减贫水平低于全国平均水平。测量结果表明，各地区的生态减贫水平差异十分显著，这种差异主要体现在资源利用效率、绿色经济发展水平和扶贫开发效果。据此，文章提出要完善绿色发展和生态减贫的管理机制，加强区域联动协调，创新生态扶贫的资金融通手段和渠道等十条政策建议（北京师范大学中国扶贫研究中心，2016）。针对生态减贫程度最低的乌蒙山片区，林科军（2018）进一步采用线性加权综合法分析指标值，同时分析片区内波动较大的第三产业增加值比重、单位耕地面积化肥施用量、城乡收入和农村人均纯收入增长率等指标。结果表明，相比于 2012 年，2014 年乌蒙山片区的生态减贫程度提高了 15.4%，各县第三产业比重均降低，但人均纯收入都有所提高，因此，其生态减贫措施取得了较好的成效，但由于各县的差异较大，今后在发展中还需从实际出发，统筹区域发展①。

在易地搬迁扶贫模式效果的测度上，陈胜东等（2016）也对赣南原中央苏区的易地搬迁扶贫项目进行实证分析。文章以非移民户为参照，通过抽样调查获取问卷数据，分析搬迁移民行为对移民农户基本需求、人力资本等六类生计资本的影响。结果表明，易地搬迁后农户的生计资本有较为

---

① 林科军. 蒙山片区绿色减贫指数分析 [J]. 中国农业资源与区划，2018，39（6）：128 - 135.

显著的提高，净增效应为 0.239，其中物质资本的净增效应最大为 0.148，其次是社会资本，这说明易地搬迁能提高农户的生计资本，实现减贫的目的。金梅和申云（2017）基于云南省怒江州贫困农户易地扶贫搬迁的准实验数据，采用 DID 模型对相对贫困户和绝对贫困户在不同搬迁模式下的生计资本变动状况分析。研究发现，"山上搬山下"模式和依托企业带动模式对提高贫困户生计资本具有正向促进作用，有助于降低农户交易成本；依托退耕还林逐步安置模式对生计资本不存在显著影响，但却有利于提升农兼型为主的相对贫困户的生计资本，"搬富不搬穷"；依托小城镇集中安置模式有利于提升农兼型和兼农型农户的生计资本，对纯农型农户的生计资本的变动影响不大。邰秀军等（2017）根据宁夏回族自治区 10 个移民村的调查数据，采用 FGT 贫困测度指标、偏相关分析方法探讨了集中连片和集中但不连片两种安置方式的减贫效果。结果显示，生态移民户的减贫效果除与民族、搬迁年限、可获得的生计资本有关外，安置方式也与之相关。集中连片安置的生态移民户贫困缺口率、贫困发生率及贫困强度指数等各项指标都高于集中但不连片安置的生态移民户。此外，集中但不连片的安置方式还有利于促使移民户转换生计方式，形成就近务工，从而帮助移民户实现减贫脱贫。

在旅游扶贫模式效果的测度上，杨建花（2017）基于 AHP - 熵权法构建的旅游扶贫效果测度指标体系体现了生态环保、经济发展、社会进步及精神文化等四个维度，并基于此对甘南州 2006～2015 年旅游扶贫效果进行了深入的研究。结果表明，甘南州旅游扶贫发展趋势良好，呈现逐年增长态势，四类子效果亦呈增长趋势但增幅不均衡。王志章和王静（2018）从可持续发展理论出发，以云南省文山壮族苗族自治州为例，运用层次分析法从经济效益、生态效益、社会效益和文化效益四个层面分析当地旅游扶贫绩效，发现该区域扶贫效果明显但各项指标与标准值间均存在差距，可持续发展能力有待提高。

二、实践综述

生态减贫是我国经济进入新常态后必须实施的一种扶贫路径，是一种可持续性强的扶贫脱贫新方式，贫困地区应打破传统的扶贫思路，大力发展新型生态产业，包括生态产业化与产业生态化，将生态保护与脱贫减贫紧密结合。国务院扶贫开发领导小组办公室主任刘永富在生态文明贵阳国际论坛 2015 年年会生态文明与开放式扶贫"论坛表示，"中国正在实施的易地搬迁扶贫、光伏产业扶贫、旅游扶贫三项扶贫工程成为中国生态扶贫重要支柱"。除此之外，近年来伴随着科技的发展，互联网普及率的迅速上升，许多贫困地区也开始利用电商平台发展产业，成功实现脱贫致富。还有依托林地资源、生态资源发展起来的林下经济，包括林下种植业、养殖业、采集业和森林旅游业，促进经济绿色增长，保障农民增收。许多贫困地区因地制宜挖掘生态优势，宜林则林、宜草则草，截至 2018 年，我国油茶种植面积扩大到 5500 万亩，建设林下经济示范基地 370 家。[①]

（一）旅游扶贫

旅游扶贫即在绿色旅游资源条件较好的贫困地区，通过扶持地区开发资源，兴办旅游经济实体，形成一定规模的旅游产业，进而带动地区经济发展，实现脱贫致富。值得注意的是，旅游扶贫与一般旅游开发在目标和实现路径上有所区别。一般旅游开发的目标是为投资者、经营者谋取最大利益，而旅游扶贫的最终目标是帮助贫困地区及贫困人口摆脱落后局面，实现脱贫致富。在实现路径上，旅游扶贫开发旅游资源时注重保护地区生态，以实现地区可持续发展，而一般的旅游开发往往不关注生态效益甚至会为了获利进行一些破坏生态环境的行为。《生态扶贫工作方案》指出，要大力发展生态旅游业，在贫困地区打造精品森林旅游地、精品森林旅游线路、森林特色小镇、全国森林体验和森林养生试点基地等，带动 200 万贫困人口实现增收。近几年，我国旅游扶贫取得了较大进展，这里以湖北省恩施土家族苗族自治州的旅游扶贫实践为例加以说明。

湖北恩施是典型的深山贫困地区，路难行、产业弱、收入低但其境内有着丰富的旅游资源。近年来，恩施坚持以乡村旅游为平台发展经济，为

---

① 林业产业，产值背后的价值［N/OL］．（2019 - 12 - 02）．http：//www. forestry. gov. cn/main/195/20191202/085104863309216. html.

满足游客逃离城市喧嚣、回归原始自然的需求,其利用古村寨、民族村寨、特色产业村等当地资源,将民居、民俗、茶叶、葡萄等规划打造成特色景观带和体验带,形成了"2个5A+18个4A"的高密度、高A级景区集群。① 在景区的统一规划下,纵横交错的公路连通了星星点点的村寨。村民们有的在家中办起了农家乐,把土房变成了特色民居,还有的摇身一变成了景区的后勤保障人员和演艺人员。2017年,全州旅游综合收入367.46亿元,旅游业占地区生产总值的15%以上。② 靠着发展旅游扶贫以及一系列配套扶贫措施,恩施顺利脱贫摘帽。到2020年,该州的旅游扶贫工作已经不仅是推动决胜脱贫攻坚战的重要政策手段,也是未来实施乡村振兴战略的重要依托。

湖北恩施的成功经验可归为以下几点:其一,多样就业。恩施大峡谷景区投资近2000万元在景区出入口和缓冲区投资建设了202个商铺,以低廉的租金引导当地近400名百姓创业③;景区用工优先录用当地农民,免费让107名当地农民在景区内从事特色交通经营,200名百姓作为群众演员参与实景演出,带动景区周边近200户农家乐的发展。其二,特色民宿。利川市提出以"十村百企万户"民宿旅游工程为抓手助推旅游扶贫。2015年以来,园区规划面积3000余亩,发展民宿1180户,同时还为贫困户投放牲畜,并全部保价回收,实现扶贫增收100万元。④其三,文旅融合。恩施坚持促进文化与旅游深度融合,在店子坪村支部书记带领下,坚持绿色为底色、红色为灵魂,打造"愚公"品牌,绿色原生态的系列产品远销山外。同时,恩施各地还打造了各种实景剧和乡村音乐剧,为游客带来异彩纷呈的文化体验。

刘瑞喜和孙文婷(2018)以济南市万德镇为例,对其旅游扶贫的创新模式进行剖析。万德镇有国家级贫困村11个,曾是济南市的重点扶贫对象。近年来,万德镇依托当地旅游资源,成立旅游专业合作社,取得了显著的扶贫效果。在共享理念的引导下,万德镇采用"党支部+合作社+电

---

①③ 湖北恩施:围绕全域旅游探索旅游扶贫新路径［EB/OL］.(2018-04-02).http://www.cnfpzz.com//column/lanmu4/zhuanjiaguandian/2018/0402/12346.html.

②④ 恩施州围绕全域旅游探索旅游扶贫新路径［EB/OL］.(2018-05-03).http://www.hubei.gov.cn/hbfb/szsm/201805/t20180503_1547685.shtml.

商平台"的模式，通过党支部指导、合作社运营、电商平台销售，进行市场化运作。万德镇的旅游扶贫模式有许多创新之处。其一，共享产权，统筹旅游开发。村里安排村民整体搬迁至山下新建的安置房，以整合山上土地发展旅游业，房屋产权由村民共享。其二，共享发展成果，共同增收致富。一方面，村民参与园艺建设、茶叶种植等工作获得收入；另一方面，以房屋入股享受60%的利润。其三，乡村旅游和生态农业的有机统一。利用闲置土地打造共享生态农业，实现旅游和农业的双赢。

贫困地区旅游业的发展往往会助推农业的繁荣。湖南省湘潭市在充分发挥山水资源优势的基础上，借助丰富的游客资源，打造了一批独具特色的旅游产品。其中，湘之坊生态农庄制作的"乌石情"牌腊制品自面世后深受游客的青睐，现已被全国30余个省市的湘菜馆和香港餐厅订购。品牌的畅销助力周边40余户贫困家庭脱贫。无独有偶，位于湘潭县的龙凤庄园也因距白石景区较近，建起了葡萄园，酿造葡萄酒。葡萄酒产业的发展解决了当地100余名农民的就业。①

（二）易地搬迁扶贫

易地，是指从一个地方移到另一个地方。易地搬迁扶贫是将恶劣环境下的贫困人口，迁移至本村以外的其他自然条件和基础设施较好的地方。其主要以省级以上自然保护区、水源涵养林区、生态环境脆弱、风沙及荒漠化威胁严重、重要生态功能区等地域为重点，通过积极探索实施和支持劳务移民，推进生态移民范围和补助力度，促进就业地安家落户的一种生态减贫模式。从易地的目的来看：一是可以通过易地开发，逐步改善贫困人口的生活状态；二是可以避免人类对生态环境的继续破坏，为下一步恢复和重建生态系统打好基础；三是减小自然保护区的人口压力，使自然景观、自然生态和生物多样性得到有效保护。随着生态减贫理念的传播，国内易地扶贫成功的例子屡见不鲜。

方素梅（2018）以广西壮族自治区最大的易地扶贫搬迁县——环江毛

---

① 湘潭在线. 湘潭乡村旅游趟出扶贫新路子［N/OL］.（2018 - 04 - 11）. https：//news. xtol. cn/2018/0411/5188451. shtml.

南族自治县为例，提供了具有典型意义的个案。环江县位于滇桂黔石漠化片区中的河池市内。一方面，县城居于山区，日照时间短、水源短缺、土地贫瘠，不适合传统的农业生产；另一方面，环江县未利用土地资源达80414.55公顷，耕地资源丰富。这些特征为其开展易地搬迁提供了基本条件。环江县以扶贫为目的的易地搬迁始于20世纪50年代，共经历了三个阶段，积累了许多宝贵的经验。第一，农民自愿是实施易地搬迁的重要基础。在易地搬迁伊始，农民就提出了迁移的要求，随后的各个时期不断有农民期望迁移。第二，党政机关的组织及政策保障是开展易地搬迁的关键因素。由于移民对象均来自贫困地区，缺乏必要的条件及能力，因此，易地搬迁涉及的场地规划、物资配备等还需党和政府的组织领导。土地征用是易地搬迁的难点所在，当地政府给贫困户做了大量的思想工作才划清了每个移民安置点征用的土地和山林与周边农村的界限，按规定办理土地权属证书，避免了日后可能出现的纠纷。政策保障的重点是提供必要的资金支持，1993~2006年，环江县为各移民点架设输电线路，修建公路428公里，盖砖瓦房28058间，所有的安置场都建起了小学。第三，科学合理的可持续发展机制是易地搬迁成功的重要保证。环江县对易地搬迁机制进行了创新，探索出了以"科技单位＋公司＋基地"为支撑的"肯福模式"，以整村搬迁和"双土安置"为特点的可爱村模式，以及以农民进城定居为特点的毛南家园模式。第四，创新的社会治理机制是易地搬迁后居民和谐生活的必要举措。由于易地搬迁的对象主要是居住在山区的毛南族等少数民族居民，因此，他们面临着在迁移后与当地的壮族、汉族混居，为此，相关部门改善了管理体制，大力开展民族团结教育。

河北省张家口市康保县针对农村生态环境脆弱等实际困难，强力推进易地扶贫搬迁，共安置2019户7080人。[①] 为了保证贫困群众能在县城长久生活，拥有稳定的收入来源，康保县举办免费的技能培训以增加贫困群众的人力资本。同时，将社区内设有的工作岗位优先安排贫困群众。在贵州省从江县周边，不少贫困人口居住在海拔高、环境恶劣的两山地区，为

---

① 立足"精准"下真功夫——河北省张家口市推进脱贫攻坚纪实［N/OL］. （2018－11－25）. https：//baijiahao. baidu. com/s? id＝1618075297051397165&wfr＝spider&for＝pc.

了改善群众的居住环境，从江县采取"一把手"包安置点的办法，2016 年搬迁 1188 户 5270 人入住安置房。为了保障搬迁户资金，从江县整合易地扶贫搬迁对象脱贫贷资金 3000 万元，量化到 300 户搬迁户的股金投入县食用菌产业，按照年利润 6% 保底分红；为稳定增加搬迁对象的收入，从江县将易地扶贫后续发展基金 5000 万元，量化为 570 户 2248 人搬迁对象的股金，入股贵州都柳江公司，用于经营从江县智能停车场、农贸市场改造等项目，按照 6% 进行保底分红，项目经营纯利润的 50% 再进行二次分红，确保搬迁户能在新地安居落户。[①]

（三）光伏产业扶贫

光伏是太阳能光伏发电系统的简称，光伏产业是以光伏发电系统为核心所构成的各类组件、设备、电池片以及光伏发电市场的总和。光伏产业扶贫是通过支持片区县和国家扶贫开发工作重点县内已建档立卡贫困户安装分布式光伏发电系统，支持贫困村村集体安装村级光伏电站，直接或间接增加贫困人口的基本收入，从而达到减贫的效果。片区县和贫困县也可通过因地制宜，利用贫困地区荒山荒坡、农业大棚或设施农业等建设光伏电站，直接增加贫困人口收入。截至 2017 年底，光伏产业扶贫项目累计建成光伏电站总规模 1011 万千瓦，惠及 3 万个贫困村的 164.6 万户贫困人口。[②] 光伏扶贫既是创新精准扶贫脱贫的重要途径，也是促进新型生态产业发展的有效措施。

山东省沂南县位于沂蒙山区腹地，总面积 1706 平方公里，有省级重点贫困村 50 个，贫困户 3 万户，贫困人口 5.1 万人。[③] 在光伏扶贫模式选择上，沂南县在试点过程中发现贫困户自己安装光伏项目存在着技术、管理、资金上的诸多困难，因此，其放弃了鼓励农民独立安装光伏设备的思

---

① 新华网. 从江县易地扶贫搬迁：搬出深山天地宽 ［EB/OL］.（2018 – 03 – 26）. http：// www. gz. xinhuanet. com/2018 – 03/26/c_1122592554. htm. ［2018 – 12 – 08］.

② 2018 年一季度以来 可再生能源装机规模持续扩大 可再生能源利用水平显著提高 ［EB/OL］.（2018 – 04 – 24）. http：//www. nea. gov. cn/2018 – 04/24/c_137132706. htm? from = groupmessage& isappinstalled = 0.

③ 山东沂南：光伏照亮脱贫路 ［N/OL］.（2017 – 04 – 22）. https：//www. fx361. com/page/ 2017/0422/1617920. shtml.

路，决定由"政府集中安装、集体统一管理、收益精准到户"。由县里编制《沂南县光伏扶贫项目实施规划》，一期工程为 50 个贫困村安装了平均 200 千瓦的光伏项目，年均纯收益 15 万元。在运行机制上，县里按照"政府主导、市场运作"方式，另设沂南县富农光伏发电有限责任公司主要负责整合国家政策性贷款、组织招标。在运维管理上，县里通过公开招标选择专业的光伏企业对光伏电站进行业务托管，同时建立视频监控平台和数据运行管理平台，实时监控掌握每处电站的安全运行状况，确保电站稳定运行。在收益分配上，贫困户和村集体按六四分成，根据贫困程度分 2～3 档进行补助，经公示后按季度精准发放到户。同时，建立贫困户退出和纳入机制，在村内设置了治安维护等公益性岗位，让受益贫困户从事力所能及的工作，不白拿待遇。在发展理念上，沂南县坚持"光伏＋"的发展理念，推进其与农业的融合，从而拓宽光伏产业作用范围。

鉴于光伏扶贫具有投入少、见效快、可持续等优点，江西省永新县全力实施光伏产业扶贫工程，截至 2017 年 6 月，建成贫困户屋顶分布式光伏发电系统 2763 个，覆盖全县所有乡镇和贫困村，惠及全县 4011 户贫困户、106 个贫困村。[①] 在开展的过程中，永新县坚持创新引领，项目建设亮点纷呈。其一，统贷统还解决资金缺口。永新县政府通过旅投平台统一贷款，解决光伏产业建设所需的资金，之后每年从收益抽成部分用以还款。其二，层层把关铸就精品工程。政府专门设立县光伏办以实地考核光伏工程的质量和进度，并聘请了专业的监理公司进行全程监督。在验收过程中，聘请第三方质量检测评估机构，进行最终检验。其三，政策激励减轻还贷压力。永新县制定了"10 年还贷、5 年贴息"的还贷政策，前五年，对蓝卡户实行 100% 贴息、红卡户 75% 贴息、黄卡户 50% 贴息，同时，第一年贫困户不需还贷，发电收益全部作为收入。[②]

（四）电商扶贫

电商扶贫即电子商务扶贫开发，就是将网络信息时代主流化的电子商

---

① 永新县光伏产业覆盖所有贫困村［N/OL］．（2017 – 07 – 14）．https：//www.jian.gov.cn/news – show – 16752.html.

② 永新县光伏扶贫工作的实践与探索［EB/OL］．（2017 – 07 – 11）．http：//www.jxdpc.gov.cn/gzdt/sxfgwdt/201707/t20170711_201462.htm.

务纳入减贫开发模式体系，通过教育培训、市场对接、资源投入、政策支持等形式，帮助贫困户以电子商务交易实现增收，达到减贫效果。虽然电商扶贫是新兴事物，但全国各地已涌现出了多个通过电子商务成功脱贫的案例，以基层政府推动的"陇南模式"和农户自发组织的"沙集模式"为代表。

陇南市境内山大沟深，地形复杂，有3203个行政村，其中建档立卡贫困村1365个，农村人口占总人口的62.9%。2013年，依据"433"发展战略，借力互联网经济发展的强势力量，探索出了贫困地区发展电子商务的道路。石明（2017）认为"陇南模式"的成功之道有以下几个方面。其一，政府推动促进体系的完善。陇南市政府为了提高干部群众对电商扶贫的认识，采取考察学习、专家指导、示范带动等多种方式对干部群众进行培训。在基础设施建设方面，陇南市近三年修缮村公路共计10000公里，整合资源发展网点和村邮站，切实解决了物流配送最初和最后的"一公里问题"；在人才培养方面，成立了西部首家电子商务职业学院，借助本地的人才和专业优势，培养对口人才；在融资方面，通过专项贷款、农户产权抵押、网络众筹等诸多措施解决电商发展资金不足的问题。其二，市场主导促进全产业链发展。引进"贫困户＋电商企业"的农业产业化模式，让贫困户直接成为生产商，按标准供给电商所需求的产品。为保障群众利益，产品实行报价收购。此外，通过发展全产业链，增加各类的就业岗位，优先招募贫困户就业，直接增加贫困人口的收入。其三，主动与电商平台合作。陇南市积极寻求与京东、阿里巴巴等电商平台的合作，自建电商孵化园、产业园和创业园，建立了农产品的销售桥梁。

与政府推动的"陇南模式"不同，江苏睢宁的"沙集模式"的成功则主要靠农民自身发挥主动性。沙集镇的地理位置相对优越，基础设施也比较完善，其发展电子商务始于2006年村民孙寒从国企辞职在家乡开办网店。在沙集模式下，农户利用高度市场化的电商平台，通过网络与消费者对接，直接销售产品，免去了中间环节的损耗。其核心内涵是"农户＋网络＋公司"，网络产品销售量的增加推动了区域制造业及相关产业的发展，农户随即成立公司扩大规模，开展深加工和个性化的定制服务。作为整个链条的主体，农户主动掌握市场信息，直接与消费者对接，提供产品；网络的低成本、高效率及市场化的特点，为农户进行交易提供便捷；公司作为农户扩大经营的必然产物，为实现规模经济创造了条件。农户、网络和公司三者彼此作用，相互促进。2016 年，沙集镇的网店数量超 16000 个，销售总额突破 75 亿元，仅物流经营就解决了3.08 万人的就业问题。[①]

第三节
内容结构与研究特点

本书分为九章，紧紧围绕生态扶贫、绿色发展如何实现减贫发展这一主题，提出了许多内涵丰富、谋划深远的理念和观点，深刻地阐述了生态减贫内涵外延、生态减贫思想基础，提出了生态减贫理论架构，分析了生态减贫模式选择、实现路径、机制设计、制度安排以及组织保障等诸多重大理论和实践问题。

一、分章内容简介

第二章从收入差距与贫困角度切入，详细阐述了收入差距的相关理论，点明其与农村贫困的内在联系。在贫困层面，本章对涉及绝对贫困和相对贫困定义的相关文献进行梳理，对能力贫困、权利贫困、主观贫困这三种贫困内涵的新发展进行总结，分析了目前世界上主流的两种贫困测量方法——一维贫困测量和多维贫困测量。减贫与发展密不可分，精准扶贫作为中国特色的减贫发展之路，在促进贫困地区发展方面取得了显著的成效，本章对精准扶贫的思想内涵及效果进行了详细分析，并提出了包括产业减贫、生态减贫、教育减贫、易地搬迁减贫和社会保障兜底在内的五大减贫路径。

第三章通过对比经济发展获得的瞩目成就和付出的沉重代价，引出绿色发展才是新时代各国可持续发展的正确道路，并结合案例，阐述了中国

---

① 卯解军. 互联网 + 背景下陇南市电商扶贫研究［D］. 兰州：兰州大学，2017.

特色的绿色发展理念，从代际、代内公平角度分析绿色发展的重要性。从开发利用到转化创新是绿色发展下减贫的共同趋势，本章从动力机制的转变、新时期我国扶贫战略新理念等角度切入进行论述。最后提出本书研究的主题——生态减贫，明晰其核心内容、战略意义、现状、边界与条件。

第四章主要论述生态减贫的思想基础。生态文明思想和习近平总书记提出的"两山"论都是生态减贫理念的思想来源，本章遵循理论提出的背景、与生态减贫的联系、实现方式、案例分析的写作思路，先阐述生态减贫与上述两种思想理论的联系。进一步，就绿色发展和生态减贫的关系展开讨论，如何通过绿色发展实现生态减贫、如何以生态减贫促进绿色发展进行分析。

第五章梳理了与生态减贫相关的理论，包括可持续发展理论、二元经济理论、准公共品理论、四大资本理论和收入分配理论。在可持续发展理论方面，分为基础理论和核心理论两部分。基础理论有增长极限理论和知识经济理论等与经济学理论、可持续发展的生态理论、人口承载力理论和人地系统理论；核心理论则是外部性理论、资源永续利用理论、三种生产力和财富代际公平分配理论。在二元经济理论方面，先从理论发展历史、限制条件进行介绍，再从收入差距引申到相对贫困进而阐述理论与生态减贫的关联。在准公共品理论方面，简单介绍了公共品理论的概念、理论特征及历史发展，并从健康人力资本和促进旅游业发展等角度论述了生态减贫作为准公共品的正外部性。在四大资本理论方面，解释人造资本、社会资本、自然资本、人力资本这四大资本理论与生态减贫的联系。在收入分配理论方面，从生态减贫造福农民，是收入的再分配展开论述。

第六章总结了生态减贫模式选择的理论依据及分类方法，将生态减贫模式大体上分为就地式和易地式两种。对就地式和易地式相关的理论进行了综述，并通过案例分析的方式对各地在实践中已取得的经验进行提炼。

第七章主要介绍产业生态化和生态产业化这两种生态减贫的实现路径。前者侧重产业化这一过程，即贫困地区将原有的绿色资源产业化，对应生态产业化途径；后者着重于对现有的各类产生污染较大的扶贫产业实现生态化，包括农业工业和服务业以及三产融合后的生态化，对应产业生态化途径。

第八章从考核机制、激励机制和约束机制三个层面论述生态减贫的机制设计。考核机制是激励机制和约束机制的基石，结合中国扶贫研究中心构建的生态减贫指数评价体系和相关的调研实践，归纳出了一种普适性的考核方式。激励机制从公共管理和经济学角度论述，包括建立生态减贫专项的政策支持、完善政府内部的生态减贫激励机制和建立全社会生态减贫激励机制。约束机制则有建立生态减贫差异化监管机构、建立政府内部生态减贫约束机制和建立对参与生态减贫的组织和个人的约束机制。

第九章从中国减贫制度的实践探索、生态减贫制度的提出以及减贫制度和治理结构及创新三个层面的逻辑结构，来阐述中国减贫制度的发展道路、生态减贫理念提出的背景和必要性、生态减贫制度下的各类模式以及创新手段，最终总结出对未来生态减贫制度发展的启示。

第十章从管理保障、社会参与保障和制度保障三方面总体梳理改革开放以来扶贫工作机制的变迁，指出各工作机制的问题及不足。接着，将论述重点转向生态减贫，提出新时期生态减贫对工作机制的要求，并对部分地区已施行的生态减贫工作机制进行总结，提炼出可重复的、值得借鉴的经验，最后对现有的生态扶贫工作机制提出建议。

二、本书特点

1. 创新性

本书强化对生态减贫思想基础和前沿理论方法的提炼，对其核心内容、实现路径、模式选择、机制设计、制度安排等诸多重大问题进行了详细分析。除此之外，本书注重对生态减贫新案例的总结，根据不同章节的架构，将案例穿插在理论中阐述，让读者直观感受生态减贫的成效。

2. 前瞻性

通过对改革开放尤其是党的十八大以来生态减贫相关内容、政策的分析，本书对生态减贫有了整体把握，预测政策变化，揭示发展趋势，对整个生态减贫形势特别是 2020 年以后中国生态减贫工作、战略转型作出了预判。

3. 指导性

本书结合实际，准确把握精准扶贫工作的现实需要，以全面、丰富、扎实的信息支撑，阐释扶贫工作中的真问题。对生态减贫目前仍存在的问题，提供了经得起时间检验的思路与方法，对现实的扶贫实践工作具有启发和指导作用。

第二章

减贫与发展*

中国改革开放 40 年的减贫工作取得重大成就。按照 2010 年人均年收入 2300 元的标准，我国农村贫困人口从 1978 年的 7.7 亿人减少至 2019 年底的 551 万人，累计减贫约 7.6 亿人。2019 年农村居民人均可支配收入达到 16021 元。恩格尔系数下降，家庭消费能力提高。

第一节 收入差距与贫困

一、收入差距理论

（一）收入差距

收入差距是指从事社会经济活动的主体在国民收入规模分配范畴内的差异化结果，即占一定比例的人口与其在国民总收入中所占份额的相对比率情况，根据学界较为接受的定义可以阐述为："收入差距可以分为相对差距和绝对差距，相对差距是以收入比重或收入相对额表示的收入差距，及将总收入按照收入高低划分成组后进行测量和比较的，称之为相对差距。绝对差距则指

---

* 张姝为本章做了大量工作，在此表示感谢。

直接以货币来计量的用绝对数值表示的国民收入差距"①。

（二）收入差距的产生机理和表现

在国民经济和社会生产力发展的初期，城乡居民收入差距拉大的主要因素是劳动力性质的差异；而经过长期的发展，到现阶段城乡居民收入差距持续拉大的原因则更加复杂和多维。2020年11月，中国共产党第十九届五中全会通过的《中共中央关于制定国民经济和社会发展第十四个五年规划和二〇三五年远景目标的建议》首次把全体人民共同富裕取得更为明显的实质性进展作为远景目标提出，引人关注。

1. 我国收入差距的主要产生机理

（1）在城市发展过程中，长期的"农村支持城市"政策，以农业基础促进城市工业发展的政策，以农业剩余支持城市工业，一定程度上制约了农业农村的发展。农村中农民从事的农业生产由于其生产性质和特点，有劳动生产效率低、收益率差与风险较高等特点，农村生产力已显著落后于城市的工业大生产。生产力的差距造成了城乡分化的收入差距，城乡二元经济结构以及二元经济社会政策造成了城乡收入差距，是我国收入差距的主要根源和表现。

（2）改革开放以来，多种所有制经济制度和收入分配制度的确立，多种生产要素的活力迸发和生产力的充分涌流，强调效率、兼顾公平的发展理念打破了收入分配上的平均主义，使少部分人先富了起来，形成了社会的收入差距。但是收入差距并非是发展的目标，而是要依靠先富带动后富，最终目标是实现共同富裕的政策目标。

（3）特定地区发展政策的制定、执行也会造成区域发展差距和收入差距，新中国成立以来我国各地区不同的发展政策为不同地区的发展带来了不同的机遇和挑战，例如，中华人民共和国成立初期东北重工业基地的优先发展政策，改革开放以后的经济特区和珠三角、长三角等特殊经济区相关政策为特定区域注入了新型发展活力等，拉大了地区间的收入差距。伴

---

① 谷宏伟. 贫困、增长与收入分配差距——基于中、印、俄、巴四国 PanelData 模型的分析 [J]. 财经问题研究，2007（8）：14-19.

随政策的变迁，如东北地区，经济陷入后劲不足的困境。随着针对调节地区发展不平衡的新政策陆续出台，区域发展不平衡的现状可能在之后得到极大的改善，较为落后的中西部不发达地区将拥有良好的机遇和发展前景。

2. 当前我国收入差距的表现

（1）当前我国的收入差距是在城乡居民收入都有大幅度提高的基础上产生的，是在共同富裕目标下产生的，是相对差距而非绝对差距，国民收入的增加是肯定的，相对差距的拉大并不能否认从城镇到农村，居民收入都得到了大幅度提高，生活质量都有明显改善。

（2）当前的收入差距是历史形成的，缩小收入差距需要一个历史过程，为保证发展质量，消除贫困、改善民生，逐步实现共同富裕，全面建成小康社会是脱贫攻坚战的坚定目标，确保到2020年所有贫困地区和贫困人口一道迈入全面小康社会。

（3）我国居民的收入差距已经越过最高点，开始进入倒"U"型曲线右侧，收入差距进入缓释期，在今后通过各项政策的调节和农村经济的发展，我国城乡收入差距将逐步缩小，实现收入分配公平。

（三）收入差距的测量范式

收入差距的测量也是研究学者一直关注的重要问题，常用的收入差距测度方法有洛伦兹曲线、基尼系数和泰尔指数等，本章对上述三种测度方法进行对比研究，对其原理和方法、优势与劣势进行比较分析，并得出相关结论。

美国统计学家洛伦兹（1905）提出用来反映社会收入分配或财产分配不平等程度的洛伦兹曲线。洛伦兹曲线的计算方式可以表述为：从宏观层面把社会总人口分为10个等级，每个等级为10%的人口，再将10%人口的收入除以国民收入，得出每一等级人口收入在国民收入中所占比重的百分率，根据一个分配体系的年度收入分层资料，将一定家户或人口比重所对应的收入比重在该图上描出，就得到了收入分配的洛伦兹曲线。[①] 其中，

---

① 陈楠. 基于洛伦兹曲线理论模型的我国收入分配问题研究［D］. 上海：上海社会科学院，2015.

"洛伦兹曲线与绝对平等线越接近，收入分配越平等；与坐标轴越接近，收入分配越不平等。从洛伦兹曲线上可以看出每个收入阶层的收入比例，从曲线的弯曲程度可以观察到每个阶层的收入差别情况[1]，从不同的洛伦兹曲线的对比中可得到不同区域收入分配差距程度，或同一区域不同时期的收入差距变动情况"[2]。

基尼系数也是测量收入差距的一种普遍方式，基尼系数是用来表示财富在社会成员之间分配程度的差异，是用来衡量收入分配差异状况的一个重要分析指标。基尼系数又称为洛伦兹系数，数值在 0 到 1 之间，反映了分配平等程度。其计算方式为：将实际收入分配曲线和收入分配绝对平等曲线间面积设为 A，将实际收入分配曲线右下方面积设为 B，用 A 除以 A + B 得出的商即基尼系数。收入分配越是趋向平等，洛伦茨曲线的弧度越小，基尼系数也越小；反之，收入分配越是趋向不平等，洛伦茨曲线的弧度越大，那么基尼系数也越大。

泰尔指数是泰尔（Theil，1967）运用信息理论中的熵来测量收入差距水平的一种测量方式，熵或期望信息量可被看作每一件的信息量与其相应概率乘积的总和，泰尔指数测量方式为："收入间的差异的计算公式为各地区的收入份额与人口份额之比的对数的加权和，权数为地区收入份额，泰尔指数大于等于 0，越小差异越小，如果收入份额与人口份额相等，则对数中的真数（即份额比）为 1，则对数值为 0，这意味着地区之间没有差异，如果份额比大于 1，表明该地区发达，相应的对数值大于 0；如果份额比小于 1，表明该地区落后，相应的对数值小于 0"[3]。分解性是泰尔指数的最大优点，在进行总体测量的同时，还便于进行数据的分组研究，通过计算显示出其间的差异，进行比较，为研究提供了新的思路和方法，但是这种计算方法的数学难度较高，计算比较困难（张义凤，2011）。

---

① 李瑞. 收入差距测度方法研究及对我国居民收入差距的衡量 [D]. 济南：山东大学，2009.

② 李瑞，刘莎. 收入差距测度方法比较研究 [J]. 商业时代，2012（14）：28 – 29.

③ 杨春生. 我国区域经济增长的收敛性分析 [D]. 合肥：安徽大学，2014.

二、收入差距与农村贫困的联系

（一）贫困和贫困线

贫困是指缺少达到最低生活水准的能力，贫困标准被视为一个没有达到社会福利最低标准的收入或生活状态。贫困还具有多维的特征，其测量不可以一概而论。在世界银行的一系列研究中，研究人员使用参与贫困评价的方法（PPA）发现"贫困是一个多维度的、复杂的现象，除了物质福利之外，还有心理等方面的因素。贫困的研究应围绕'贫困线'来展开研究，'贫困线'是一个关于收入、消费或产品和服务可得性的门槛，在这个门槛之下的人被认为是穷。贫困比例（head-count ratio）为贫困人口占总人口的比重"①。贫困线是指在特定时间、特定阶段和特定的社会背景和条件情况下，要维持社会成员的基本生活水平和物质需要的最低标准，贫困线又叫贫困标准。从 20 世纪 80 年代开始，我国由国家统计局设计并计算发布贫困线，并将贫困线作为识别贫困、贫困人口和贫困规模的衡量标准。我国对于贫困线的定义来源于国际对于贫困线的一般定义，即以营养标准为测定贫困线的标准，指为达到某营养标准而需要付出的食物类支出的金额即为"食物贫困线"，也就是说社会成员为保证一定的营养需求的最低支出标准，由此来看，恩格尔系数也可以与营养标准贫困线的衡量合并讨论。就我国目前而言，绝对贫困的标准并不能全面衡量贫困人口的需求，贫困的另一维度是发展贫困，即发展贫困线，发展贫困线不仅包括为了保证最低的营养所需要的购买食品支出，还应该包括用于基本社会生活服务中教育和医疗的基本支出，在此维度上，贫困线的测量是针对发展贫困来讲的，发展贫困线衡量的贫困人口不仅包括了生存贫困人口，也包括了发展贫困人口。

（二）收入差距与贫困的联系

1. 收入分配不公平加剧贫困

近年来，随着我国经济的不断发展，居民收入水平不断提高，城乡居

---

① 谷宏伟. 贫困、增长与收入分配差距——基于中、印、俄、巴四国 Panel Data 模型的分析 [J]. 财经问题研究，2007（8）：14－19.

民收入差距不断拉大。收入分配的不均等加剧了城乡收入差距，基尼系数不断增加，导致城乡收入差距不断加剧，农村贫困现象愈发严重。农业生产由于其特点和性质的特殊性，是一种利润微薄的生产方式，任何拉大城乡收入差距的作用力都会加剧农村贫困的现状。

2. 城乡差距、人口流动与贫困

城乡收入差距的日益拉大，农业人口大量涌入城市成为农民工，在一定程度上造成了人口流动热潮，但是研究结果表明，人口流动和城乡收入差距之间存在着正相关关系，即人口流动越多，城乡收入差距越大，这与经济学假设的农业劳动力流动能够缩小城乡差距的假说相悖。农民工创造的收入除了满足自身生存需要，使农村人均收入增加，也使城镇人均收入以更大的幅度增加。

3. 合作社对农村收入分配差距的影响

相关研究表明，加入农村合作社可以激发农村生产要素活力，增加农民收入，并通过合作社内部的再分配减轻农村合作社内部的基尼系数，促进农民收入增加和分配公平。而农村合作社的带头人由于其能力和生产、销售农产品过程中的优势，收入会高于农业合作社成员，造成一定程度的收入差距。

4. 区域发展差距与地区贫困

区域发展差异与收入差距互相作用，又对农村贫困程度产生影响。一些优先发展地区在其发展过程中，抑制了农业的发展，加剧了农村贫困。我国脱贫攻坚战着眼于推动贫困农村地区的发展，客观上也在调节区域差距，意在缓解收入差距，消除贫困。

第二节

贫困的定义

对贫困进行定义是考虑贫困治理问题的重要前提之一，同样也是提高贫困治理有效性的重要基础。随着社会的不断发展，对于贫困的定义也随之不断深化。从最初的绝对贫困，到逐渐发展出相对贫困这一概念。贫困的内涵不断扩展，研究者们对于贫困进行了更加细致与综合的研究，提出了能力贫困、权利贫困与主观贫困等不同的贫困类型，对于贫困问题的研究有着重要的影响。

一、绝 对 贫 困 与 相 对 贫 困

关于绝对贫困的评判标准起源于 19 世纪 70 年代的英国。英国伦敦教育委员会于 1870 年首次通过贫困标准来免除贫困生的学费。1889 年，英国社会学家布斯（Booth）对伦敦的贫困状况做了大量的调查研究之后，以维持生存必需的最低标准计算了伦敦的贫困线。英国学者朗特里（Rowntree，1901）在其著作《贫困：城镇生活的研究》中提出绝对贫困。在他看来，一个家庭之所以贫困是由于其所拥有的收入并不足以维持其衣食住行的需要。

英国学者彼特·阿尔柯克（Pete Alcock，1993）指出，绝对贫困的基础是维持生存，也就是延续生命的最低需求，因此，低于维持生命的水平就会遭受绝对贫困，因为他没有足以延续生命的必需品。

波兰学者阿格（Agaue，1982）指出了"基本需要"的核心内容，即基本需要包括食物、衣着、住房、医疗、教育、饮用水。尽管绝对贫困以基本需要为基础，但是其在不同时期和全球范围内的含义并不是一成不变的，而是随着时间和空间的不同而发生改变的，即不同时期的人们对基本需求的理解是不同的，同一时期不同国家的人们对基本需求的理解也是不同的。

而国际劳工组织认为，人们除了基本生理需要，还包括基本文化需要，例如教育和娱乐。

在 1990 年，世界银行以 370 美元作为衡量各国贫困状况的国际通用标准，大致相当于"1 天 1 美元"。同时，为了有效地反映印度、孟加拉国等国家的贫困状况，世界银行将年 275 美元（约合 1 天 0.75 美元）的标准设定为国际通用赤贫线，用于比较各国的极端贫困状况。在《2008 年世界发展报告》中，世界银行基于其研究团队对世界各国贫困现状的新调查报告，将国际贫困线调整为 1.08 美元/天；不同的国家因国情不同其标准略有差异，如我国的将每天收入低于 0.7 美元的人界定为绝对贫困。[①]

---

① 世界银行 . 2008 年世界发展报告：以农业促发展 [M]．北京：清华大学出版社，2008：3.

对于贫困的研究随着社会的不断发展而不断深化。有些学者认为，贫困不应仅仅由收入绝对量处于贫困线以下而判定，还应包括对于其他社会生活需求的衡量。基于这一考量，相对贫困的概念应运而生。

经济学家斯特罗贝尔（Strobel，1996）指出，不能只从绝对角度来认识贫困，而应采用相对量来研究贫困。他把相对剥夺的概念运用到贫困的研究中，为研究相对贫困提供了新的视角。

斯坦福大学经济学教授福克斯·维克托（Fuchs Victor，1967）最早明确地提出相对贫困的概念，他指出，当人的生活状况低于社会平均水平时，就处于相对贫困状态。

英国社会政策学家唐森德（Townsend，1979）比较系统地提出了相对贫困理论。他认为，穷人之所以贫穷是因为他们缺乏资源，从而被剥夺了享有常规社会生活水平和参与正常社会生活的权利，因此，相对贫困与时间和地点有关。同时他提出应从人们日常生活中所需的食物能量、社会活动、营养需求量和人均收入来界定贫困。唐森德关于相对贫困的观点影响了西欧的众多国家，使它们普遍采用相对贫困线来衡量贫困。

相对贫困概念中的贫困由于具有参照物，因而具有主观性和动态性。同时，在这一概念中，个人或家庭生活状况与社会平均水平相比的差异程度也更重要。相对贫困仅与收入之间的差距相关，而与实际生活水平无关，同时它还包含着一种将其他社会群体作为参照物时所感受到的相对剥夺的社会心态。

从理论的角度来看，绝对贫困会伴随着人们收入水平的提高而完全消除，然而由于收入差距的存在，相对贫困则只会不断缩小而并不会消除。目前，对于发展中国家而言，绝对贫困是衡量本国贫困程度的标准，发达国家以相对贫困来衡量其贫困程度。部分国家把低于平均收入40%的人归入相对贫困人口。联合国开发计划署认为，"贫困不只是人们通常所认为的收入不足问题，它实质上是人类发展所必需的最基本的机会和选择权利被排斥，恰恰是这种机会和选择权利才把人们引向一种长期健康和创造性的生活，使人们享受体面生活、自由、自觉和他人的尊重"①。

---

① 联合国开发计划署.1997年人类发展报告［R］.1997：83.

二、贫困内涵的发展

（一）能力贫困

能力贫困是对贫困更加广泛的理解，是贫困概念的进一步深化和发展。诺贝尔经济学奖获得者阿马蒂亚·森（Amartya Sen，2001）在前人的研究基础上，提出了可行能力，即一个人的可行能力是指个人有能力获得的、各种可能的功能性活动向量的集合。这些功能包括免于饥饿的功能、免于疾病的功能与享受教育的功能等。这一系列功能的丧失既是贫困的表现，也是贫困产生的原因。基本功能包括获得足够的营养，基本的医疗服务，基本的住房条件，一定的受教育机会等。如果一个家庭或个人缺少这些功能或其中一项功能，那就意味着处于一种贫困状态。因此，也就没有必要制定统一的收入贫困线或消费贫困线，直接观察一个家庭或个人是否缺少这些功能、在多大程度上缺少这些功能就可以判断和界定他们是否贫困。

森把人的全面发展纳入贫困理论中，将可行能力的剥夺也看作贫困。森（2001）认为这种收入或消费水平低只是贫困的一种结果，并不能成为贫困的真实状态。因此他提出，衡量贫困的标准不应局限于单一的收入贫困或者是收入差距，而应该是个人福祉的高低，而福祉的高低是不能简单地用收入或消费支出来衡量的。森（2001）进一步认为，个人的福祉是以能力为保障的，贫困的原因就是能力的匮乏或者其他条件不足的表征。这种能力的匮乏不仅是由于收入低下、社会歧视、公共基础设施的缺乏所导致的，家庭内部资源收益分配不均、政府公共财政支出不到位都会引起对人们的可行能力的剥夺。

在计量方面，能力贫困已经有了广泛的应用。贫困估计的能力法就得到了联合国开发计划署（The United Nations Deve Lopment Programme，UNDP）的支持和运用，同时也愈加被研究者和相关机构所认同。UNDP认为，"贫困是指无法获得包括物质福利在内的人类发展的机遇和选择的权利，贫困不仅仅是收入缺乏的问题，它也是一种对人类发展的权利、长寿、知识、尊严和体面生活标准等多方面的剥夺"①。世界银行根据森对能力贫困的理解，把无法获得最低生活标准的能力定义为贫困。"最低生活标准"不仅包含了收入或消费，而且也包括了医疗卫生、预期寿命、识字能力等。

虽然 UNDP 和世界银行对能力贫困的定义各有侧重，但两种定义的实质相同。两者都是由于受到能力贫困的启发，从而将贫困定义为一种自由选择的缺乏。这有利于更深入地了解贫困产生的原因，从而制定更科学的反贫困政策。

（二）权利贫困

权利贫困这一概念主要源于同贫困相关的三个理论。第一，"社会剥夺"与"社会排斥"理论。"社会排斥"最早由法国学者雷纳尔提出。他认为，"受排斥者不仅包括精神和身体残疾者，还包括那些自杀者、老年患者、受虐儿童等"②。该理论认为，当个人、家庭和社会集团缺乏必要的资源，不易获取食物、参加活动、拥有公认的居住和生活条件，并且被排除在一般的居住条件、社会习惯和活动之外时，即为贫困。第二，"能力理论"。其主要含义为，须考察个人在自我价值实现方面的实际能力，贫困的根源在于能力不足。机会的平等由能力来保证，真正的机会平等必须通过能力的平等才能实现。第三，"社会权利贫困"理论。郭爱君等指出，"公民权利的改善是循序渐进的。首先是公民的自由权利，包括人身、言论和行动自由；其次是公民的政治权利，主要指政治参与和选举权利；最后是公民的社会权利，即建立制度化的社会政策，向弱势团体提供医疗、失业、住房、教育和救济的保障"③。

权利贫困源于个体在各个方面权利的缺失。首先，具体表现在权利的相对不足。与贫困相关的权利主要包括社会公正和适当的资源分配权、工

---

① 联合国开发计划署. 1997 年人类发展报告 ［R］. 1997：83.
② 杨冬民. 社会排斥与我国的城市贫困——一个理论框架的分析 ［J］. 思想战线. 2010 （3）：34 – 38.
③ 郭爱君，王朝璞. 基于能力贫困与权力贫困视角的我国城市贫困原因分析——以甘肃省为例 ［J］. 中国学术期刊文摘，2007.

作权等 12 大类。其次，权利贫困表现在缺乏获取社会权利的渠道与机会。城市贫民难以甚至无法享受其他人群所享受的机会，其中包括得到工作的机会、投资的机会等。这表明了很多人的贫困状态并不是主观因素造成的，而主要是源于客观社会环境所造成的机会不公。再其次，权利得不到法律保障也是权利贫困的一大表现。最后，在于权利失而复得的概率很小。许多贫民并非生来贫困，而是由于种种原因导致他们日益贫穷。

由于从古至今都存在着权利贫困，因此其具有客观性与必发性。同时，权利贫困是社会中明显存在的突出的社会问题，因而也具有社会性。尽管社会在发展与进步，但权利贫困现象仍然普遍存在于不同的社会区域或国家之中，也存在于不同的社会群体之间，因此权利贫困也具有普遍性和严重性。

权利贫困有多种类型，其中包括政治、经济、社会和文化权利贫困。一般来说，政治权利贫困是指公民对于公共生活领域事物的管理和参与，以及对公权力行使人员的监督权存在不足或缺乏的一种状态。经济权利贫困是指公民在经济生活中的劳动权、休息权、同工同酬、组织和参加工会、接受培训，以及在失去工作能力时获得社会扶养救济、在失业时享受生活保障等经济权利处于不足的状态。社会权利贫困是指公民在社会保障、社会参与、接受教育以及环境利用和保护等方面的权利处于不足的状态。文化权利贫困是指公民在参与文化生活、享受文化产品方面处于权利不足或受损的状态。[①]

(三) 主观贫困

从 20 世纪 70 年代起，以荷兰学者为代表的国外学者开始对贫困线的测量方法进行创新，提出了主观贫困线这一测量方法，主观贫困这一概念就源于此。

主观贫困是与客观贫困相对应的概念，是指在特定社会环境和群体比较中，由个体和社会所接受的最低生活标准所构成的主观判断（杨国涛

---

① 郭爱君，王朝璞. 基于能力贫困与权利贫困视角的我国城市贫困原因分析——以甘肃省为例 [J]. 开发研究，2007（2）：143 – 145.

等，2012）。主观贫困的研究者们并没有对贫困进行严格的量化，他们认为，如果给定个体支配商品的水平，个体所处的环境则会影响对福利的判断。正如普拉格（Praag，1982）的实证研究所指出，主观贫困线在一定程度上是绝对贫困和相对贫困的混合体。具体来说，是通过调查问卷来获得个体对于最低收入或基本经济情况的评价，再根据这些数据进行推算。

主观贫困主要是基于个体对于最低收入的一种主观上的判断，即个人的实际收入低于其认为的满足自己最低需要的收入时则被定义为贫困者。由于主观贫困的认定依据个人的主观判断，因此有很强的主观性。并且，奢华和贫困这两种生活并不具有客观性，也不是一成不变的，而是由社会所决定且有动态性。每户或个人有自己认定维持最低生活水平所需要的收入额；不同类型的家庭会有不同的基本需要，他们认定维持最低生活水平所需要的收入额不尽相同；实际收入越高的家庭对于最低生活水平的理解也就越高，因此给出的最低收入额也就越高，这与低收入家庭恰好是相反的。实际收入水平与最低收入额相等的家庭所认定的最低收入水平就是全社会的主观贫困线，这种判定主观贫困线的方法或者其改进的形式，已被欧洲的很多国家使用。

第三节
贫困测量

一、一维贫困测量和贫困线

精准扶贫的关键是精准识别贫困户，根据贫困县、贫困户的实际情况采取措施脱贫致富。精准扶贫对贫困测量提出了较高的要求，贫困测量通常分为三个步骤：一是确定一个福利指标；二是建立一条贫困线，将贫困人口和非贫困人口区分开；三是根据贫困线标准和该福利指标的分布状况，计算加总的贫困测量指标。

一维贫困测量主要通过收入与支出的比较来反映当地的贫困状况，其福利指标即消费与收入水平，通过对贫困户进行家计调查可获取收入和支出的数据。家计调查采取随机抽样的方法，包括所有食品和非食品、自产自销和购买的东西以及各种来源的收入。其中，消费包括所有物品和服务的直接货币支出，也包括对事物消费的估价；收入除了现金收入外还包括各种非现金收入。但是此方法在实际应用中存在很大问题，绝大多数贫困地区位置偏远，交通不便，贫困人口由于文化水平较低或存在智残等问题往往不能准确回答问题，导致数据准确性得不到保证，代表性不足。需要注意的是在进行家计调查中，所有人均指标的估计均需要进行个人加权，个人权重 = 家庭权重 × 家庭人口数。

仅有福利指标是不够的，还需要设定一条贫困线，参考贫困线来判断是否属于贫困户。贫困线的定义取决于对贫困的定义。绝对贫困线是指满足个人最基本生活需要所需要的最低消费支出或收入，它在短时间内是固定的；相对贫困是满足社会公认的最低生活水平所需要的最低消费支出，它是不断变化的；主观贫困线是根据自己的主观感受设定的，实际消费或收入水平与自己认定的最低水平相等的家庭实际消费支出或收入即为主观贫困线。

不同的贫困标准和测量指标对我国农村的贫困程度会有不同的估计。张晓妮等（2014）基于营养视角的方法，提出了热量支出法和数学模型相结合的方法，对农村贫困线重新进行模拟和测算，测算的结果为 2456 元的贫困标准，与 2011 年国务院扶贫办公布的 2300 元贫困标准很接近。申付亮等（2010）认为不同地区的贫困线是不一样的，不能采用统一的全国贫困线，应该根据各地不同的物价水平运用购买力平价测算各地农村的贫困线。高建民等（2014）通过对比不同指标，包括贫困发生率、贫困距指标、贫困缺口率，运用 ELES 法及 OECD 法得出结论，认为目前城乡贫困线标准偏低，掩盖了实际的贫困情况。与高建民观点相似的还有王浩（2013），其在《"社会化小农"理论视角下对我国农村贫困线测定方法的思考——以河南省农村居民生活消费支出为例》一文中提到贫困线测量应考虑到农民社会化的现象，不能采用"一刀切"的标准，作者提出采用扩展线性支出模型来计算贫困线，以期更符合社会化的小农阶段。骆祚炎（2013）认为可以用线性支出系统来衡量相对贫困程度，不仅适合估计全国贫困标准，也适合制定各地区不同的贫困标准。

总体而言，我国常用的贫困线测量方法有恩格尔系数法、马丁法、线性支出系统模型法以及国际贫困标准法。恩格尔系数法根据满足人生活需要所花费的食品费用除以相同时间段内的收入水平，进而设定贫困线。但是该方法对恩格尔系数的稳定性有较高要求，不适用于我国的国情。

马丁法对于发展中国家来说非常适用，其分为食物贫困线和非食物贫困线两种。"食物贫困线即一个人在食物上的花费，非食物贫困线分为两条，一条是刚刚达到食物线的居民的非食物需求，另一条是刚刚达到食物营养需求的居民愿意放弃手中的多少食物来满足非食物的需求"[①]。但在实际操作中对于最高与最低贫困线的界限模糊不清，很难判断哪个是最低贫困线，哪个是最高贫困线。

线性支出系统模型法是建立一个函数模型，将居民的消费看作收入的函数，利用统计模型求出对消费品的需求支出，即为贫困线。

2020年我国的脱贫标准是4000元，2010年时仅为2300元。[②] 而世界银行公布的中度贫困线为每人每天3.2美元，与中国2020年的标准仍有一定距离。[③] 可见，已迈入中高收入国家行列的中国其贫困线标准需要随经济社会的发展不断提高。

二、多维贫困测量

阿马蒂亚·森将能力贫困纳入贫困分析的框架引起了人们对多维贫困的关注、联合国开发计划署提出了人类贫困指数，其由三个指标组成：生存指标、知识指标以及体面生活的指标。多维贫困测量分为公理化标准和非公理化标准，公理标准下多维贫困指数测量的结果更稳健，非公理标准下各维度间有较强的相关性，且权重分配主观性较强，结果不稳定。目前学术界研究最多的多维贫困测量方法有 Sen 指数、Watts 指数、A-F 双重临界值法等。

Sen 指数试图将贫困人口数量、贫困深度和贫困人口的不平等程度结

---

① 孙小平. 我国农村贫困线测定方法及实证分析［D］. 浙江工商大学, 2012.

② 中国网. 坚持现行标准脱贫的内涵与工作要求［EB/OL］.（2018 – 03 – 14）. http：//www. china. com. cn/opinion/think/2018 – 03/14/content_50707237. htm.

③ 中国金融新闻网. 世界银行报告："一带一路"倡议可帮助 3200 万人摆脱中度贫困［N/OL］.（2019 – 06 – 19）. https：//www. financialnews. com. cn/hq/cj/201906/t20190619_162147. html.

合在一起。

$$P_s = P_0 \left[1 - (1 - G^p) \frac{\mu^p}{z} \right] \qquad (2.1)$$

其中，G^p 为贫困人口的基尼系数，μ^p 为贫困人口的平均收入或消费。如果 μ^p 一定，G^p 的提高将提高 P_s；如果 G^p 一定，μ^p 的提高将降低 P_s。但是由于 Sen 指数缺乏直观的解释，且不能针对不同的人群进行计算，所以很少应用到实际中。

Watts 指数法广泛应用于世界各国的多维贫困测量中。其基本原理是将人们在反映其基本需求的各方面相对于临界值的短缺进行加总。

$$W = \frac{1}{N} \sum_{i=1}^{q} \left[\ln(z) - \ln(y_i) \right] \qquad (2.2)$$

其中，z 为 k 个维度的基本需求的临界值，y_i 表示个体 i 在维度 k 上的基本需求。Watts 指数满足多维度贫困测量的公理条件，所以其具有良好的性质。查克拉瓦蒂等学者（Chakravarty, et al., 2008）运用 Watts 指数法，根据世界各国的截面数据测算了 1993~2002 年的世界多维贫困；陈立中（2008）分别从收入、知识和健康三个维度，运用 Watts 多维贫困指数，测算了中国转型时期的多维贫困。

王素霞等（2013）将 A-F 法概括为五个步骤：一是福利取值；二是对每个维度进行贫困识别；三是多个维度的贫困加总；四是加总的权重设置；五是分解。王小林等（2009）利用 A-F 法，基于 2006 年"中国健康与营养调查"的数据，对中国的多维度贫困进行测量，结果发现中国的城市与农村家庭都存在收入维度之外的多维贫困，且农村多维贫困比城市多维贫困严重。其还利用多维贫困分析框架分析了 5 省儿童福利示范区儿童饮水、做饭燃料和卫生设施等维度的贫困状况。邹薇和方迎风（2011）使用 A-F 方法和"中国健康与营养调查"数据，测算了动态多维贫困。可见，利用 A-F 法计算多维贫困的应用越来越多，但是目前测算的多维指数仅指物质维度。

但是多维贫困测量目前依然存在很多问题，由于对多维贫困的理解不同，所以其测量指标无法确定，不同学者用不同的指标来测量贫困。不同指标间的权重也很难确定，权重的差异也会影响测量结果。尽管存在诸多问题，由于多维贫困测算方法超越了单一维度的测算方法，更符合现在计算贫困线的需要。

第四节

·····▶ 减贫与发展

一、精准扶贫——中国特色的减贫之路

（一）精准扶贫思想内涵

2013 年 11 月，习近平总书记在湘西考察时首次提出了"精准扶贫"这一概念，并提出了"实事求是、因地制宜、分类指导、精准扶贫"的要求。2015 年 6 月，习近平总书记在贵州考察时进一步提出了"六个精准"，即扶贫对象精准、项目安排精准、资金使用精准、措施到户精准、因村派人精准和脱贫成效精准。

刘源（2018）在《新时代精准扶贫的理论内涵与路径优化》一文中提出精准扶贫中的"精"主要在于统筹管理和精细安排；"准"是在于准确识别和精准帮扶；"扶"的意义在于扶贫扶智和授人以渔。史亚博等（2018）认为精准扶贫不仅仅是单纯的财政资金的简单发放，而是更注重贫困户的主体发展，瞄准因地精准和因人精准。胡建华等（2018）提出精准扶贫思想不仅是一个扶贫政策，也是一个有关扶贫工作的完整概念体系，其主要解决的是"扶持谁""怎么扶""谁来扶""如何退"以及建立怎样的保障机制的问题。汪三贵等（2018）提出通过对贫困户有针对性的帮扶，消除导致贫困的因素，提高贫困户自身的发展能力，使其可以稳定可持续的脱贫是精准扶贫的意义所在。在扶持对象精准方面，要以合理有效的方式准确地找到需要扶持的人口；在项目安排精准方面，由于致贫原因的复杂性，贫困户间的扶贫项目也存在差异，长期扶持项目与短期扶持项目相结合，助力脱贫；在资金使用精准方面必须根据贫困户的实际情况因人制宜地使用扶贫资金，避免扶贫资金的浪费；在措施到户精准方面，政府工作的重点应放在保证扶贫效果落实到户，而不是仅强调所有的扶持项目和资金都要到贫困户；在因村派人精准方面，向贫困村选派驻村工作队和

第一书记可以很好地解决村级基层组织能力欠缺的问题，有利于提高贫困村的内生发展动力；在脱贫成效精准方面，通过第三方对退出县进行科学评估，并根据评估结果对扶贫工作进行整改，确保科学、有效、持续脱贫。

1. 扶贫对象精准

我国贫困人口多，贫困地区广，贫困原因复杂，经历了普遍贫困到区域贫困，再到基本脱贫的阶段。要做到扶贫对象的精准就要精准识别出真正的贫困户和贫困人口，长期以来，我国往往是划定某一贫困县、贫困村和连片特困地区，扶贫主要是以贫困地区开发的手段进行的，而没有针对到具体的户和人口。这在当时的历史条件下是具有其合理性和可取性的。在我国普遍贫困和区域贫困的情况下，贫困区域的识别难度远低于贫困人口和贫困户的识别难度，由于贫困人口在贫困区域所占的比重大，通过区域进行扶贫开发可以使大量贫困户收益，这样做成本低而且收益高。

但是目前我国已经进入基本脱贫的阶段，继续采用区域扶贫的方式难以保障公平，真正的贫困户难以从中获益，区域性扶贫的开发主要是投资贫困地区的基础设施建设，但是贫困户因为观念的落后、能力的缺乏以及经济条件的限制而难以利用基础设施获利。再有就是到户项目（如沼气、水窖等）因为贫困户家庭经济条件的限制而无法参与，最贫困的家庭反而没有从脱贫项目中获益。

现阶段我们要根据"两不愁、三保障"及量化的收入标准识别出真正的贫困对象，并确定致贫原因和贫困程度。对识别出的贫困户进行详细的档案管理，从村一级开始便对贫困户的新增和退出采取动态管理，运用大数据等信息技术手段加强对建档立卡贫困户的精确管理。对识别出的建档立卡贫困户要根据其实际需要进行针对性的帮扶，做到因户因人施策。这既是我国脱贫工作进行到目前阶段的要求，也是我国实现共同富裕的应有之义。

2. 项目安排精准

习近平总书记指出，"关键是要找准路子、构建好的体制机制，在精准施策上出实招、在精准推进上下实功、在精准落地上见实效"①。在找准

---

① 习近平. 习近平谈治国理政：第 2 卷［M］. 北京：外文出版社，2017：84.

扶贫对象之后，就要因地制宜，因人施策。找准贫困户和贫困人口的致贫原因，进行靶向扶贫，而不是盲目照搬其他地方的成功经验，搞一些与区域资源不相符的发展项目，既无法发挥资源禀赋作用，又造成高成本、低效益的现象。

就目前来看，过去大水漫灌式的扶贫已经难以使现阶段真正的贫困人口受益，贫困地区开发、产业扶贫等项目的真正受益者往往是贫困地区的中高收入人口。因此目前的扶贫项目不应再仅仅是区域性的，而应当进一步细化到贫困户和贫困人口。

我国建档立卡贫困户中致贫原因主要是因病致贫、缺乏资金致贫、缺乏技术致贫和缺乏劳动力致贫。对于因病致贫的贫困户就要通过新农合、大病保险以及地方政府补助的商业保险等来减少其治病花费，并尽量使其尽早痊愈恢复劳动能力以实现脱贫；对于因缺少资金致贫的贫困户若其符合小额信贷条件，可以为有需求的贫困户提供资金，政府可以有针对性地对其降低无息贷款门槛；对于因技术致贫的，政府可以组织他们参加培训，培训期间发放补贴以增加其参加培训的积极性；对于因缺少劳力致贫的，政府可以通过社会兜底来保障其生活。

3. 资金使用精准

一方面，资金使用精准就是要把扶贫资金用在它该用的地方，好钢用在刀刃上，让有限的扶贫资金取得最大的扶贫收益；另一方面，扶贫资金是用来扶贫的，要让贫困户真正从中得到实惠。

中央财政出于保障扶贫资金的安全和方便审计的考虑，往往会使地方政府对扶贫资金缺乏自主使用权，这样就导致地方的积极性不能得到充分发挥，中央由于对地方的情况缺乏了解，往往会出现需要扶贫资金的地方得不到资金，而对扶贫资金需求不强烈的地方得到大量扶贫资金，大大降低了扶贫资金的利用效率。所以在扶贫资金使用方面，应当给地方政府较大的自主权，强化对地方政府的监督，在保障资金安全和提高资金利用效率之间找到一个平衡点。再有资金使用精准需要避免重复补贴，所以管理各种扶贫资金的政府各部门要加强沟通和交流，扩大扶贫资金的覆盖面，避免对某一地区、某一户重复补贴，从而令其过度依赖扶贫资金。同时要加强对政府相关工作人员的监督，防止扶贫资金移作他用。

4. 措施到户精准

以往的扶贫项目很难到户，就算到户，其效果也不甚理想。贫困户自身能力、资金、渠道都很有限，也缺乏市场观念，就算有政府的扶持，也是无法与市场上的公司以及年轻创业者相抗衡的。政府虽然积极为贫困户提供资金和渠道，但是贫困户往往会因为自身经营问题而难以摆脱贫困。所以政府要综合考虑贫困户自身的情况，根据贫困户的能力和实际情况采取简单易行的扶贫措施，以降低贫困户的经营风险。例如，可以采用"公司＋农户"或"公司＋合作社＋农户"的模式让农户和公司对接，公司负责销售、资金和技术问题，贫困户负责生产，公司从贫困户处采购再销售到市场上；对于丧失劳动能力的贫困户，可以通过自有土地或财政扶贫资金等资源入股来获取资产收益，这样虽然在某种程度上减少了贫困户的收益，却也大大降低了其返贫的风险。

5. 因村派人精准

习近平总书记指出做好扶贫开发工作，基层是基础。[①] 贫困人口主要集中在农村，因而大量扶贫项目和措施是由村干部来实施的。精准扶贫是一项很复杂的工程，其中牵涉到农民的切身利益，因此必须要挑选在能力和品德上都过关的人在村里组织扶贫工作。

因为农村经济发展水平落后，工资水平低，生活水平低，大量年轻人纷纷涌向大城市，在外接受过高等教育的年轻人也往往选择留在大城市。如此就导致村干部年纪偏大，缺乏激情与活力，而且村干部一直居住在当地，人情关系复杂，开展扶贫工作时为人情所累，又因为历史原因，这些村干部接受的教育有限，文化程度低，致使其能力有限。

为应对这一现状，党和政府采取的针对性措施是选派第一书记和驻村工作队到村里开展扶贫工作。农民出于对上级党组织和政府的信任，第一书记在村里往往会比村干部更有权威，其言行也更令村民信服，利于扶贫工作的开展。第一书记也能比村干部发动更多的资源来推动扶贫工作，而且可以有效防止因人情关系而出现的不公平现象。

---

① 脱贫攻坚越到最后越要加强和改善党的领导［N/OL］.（2020－06－12）. http：//paper. people. com. cn/rmrb/html/2020－06/12/nw. D110000renmrb_20200612_1－09. htm.

　　除了选派第一书记和驻村工作队之外，还可以充分发挥新乡贤在扶贫工作中的作用，新乡贤有知识、有能力、有资源、有工作经验，而且对家乡一片赤诚，新乡贤可以为乡村的发展出谋划策，为家乡引进社会资源。精神脱贫是精准扶贫的重点内容，而新乡贤正是振兴乡村文化的一支重要力量，填补了乡村文化的洼地，在精神脱贫方面大有可为。

6. 脱贫成效精准

　　脱贫成效精准就是要使我国的脱贫工作经得起实践和历史的检验，而不是把脱贫做成一项面子工程，更不能出现数字脱贫和虚假脱贫的情况。脱贫成效精准不仅体现在 2020 年实现全面脱贫，还体现在贫困县和贫困人口的及时摘帽，以避免已经脱贫的地区和人口戴着贫困帽来挤占扶贫资源，让扶贫资源用在最需要它的地方。

　　脱贫成效精准要经过考核与评估，脱贫成效是否精准，贫困人口最清楚，所以在贫困人口脱贫之后，国家或省级政府要组织第三方对扶贫工作进行考核和评估。调研员深入基层，通过走访和切身感受，来全方位地评估脱贫成效，防止出现假脱贫和被脱贫的现象。根据第三方提供的问题清单和退出报告及时改进扶贫工作，真正做到精准扶贫。

（二）精准扶贫成效分析

　　精准扶贫与发展之间有着良性的互动关系，这两者可以相互促进。

1. 精准扶贫对发展的直接作用

　　改革开放 40 多年，我国经济发展取得了巨大成就。长期以来我国经济主要以出口和投资来拉动，出口和投资这"两驾马车"确实为我国经济发展提供了强大的动力，但是这也带来一个问题，就是消费这"一驾马车"并没有发挥出其应有的作用，而且消费的缺失也大大削弱了人们因为经济发展而带来的获得感。因此目前我国经济逐渐由投资出口拉动变为消费拉动。

　　而要由消费来拉动经济，就需要人们有能力去消费。投资拉动带来了效率，消费拉动则需要公平，根据凯恩斯的边际消费倾向递减规律，收入越增加，消费在收入中占的比重就越小，因此再努力增加中高收入群体的收入对于消费的促进作用并不十分明显，反而增加贫困人口的收入，不仅促进了社会公平，还大大刺激了消费，为中国经济发展提供强劲的动力。

2. 精准扶贫对发展的间接作用

经济发展需要有一个和平安定的国内环境，著名政治学家亨廷顿认为"农民不是稳定的根源，就是革命的根源"，"农民的经济状况总是在革命爆发的前夜急剧下降"。因此要实现国内环境的安定，农村必须安定。而农民的要求具体而且实际，农民的要求得到满足就会大大促进社会的稳定。

一方面，我国贫困人口主要是贫困农民，精准扶贫可以大大提高贫困农户的生活水平，增加其对党和政府的认可度；另一方面，我国少数民族聚居地多是贫困地区，精准扶贫帮助少数民族人民脱贫，对于促进民族团结，增强少数民族人民对党和政府的认同感和对国家的归属感具有重要的意义。

3. 发展对精准扶贫的作用

党的十八届三中全会指出，发展是解决我国所有问题的关键。发展对于精准扶贫的重要性不言而喻。发展经济就是最好的扶贫，没有经济发展，我们也就没有人力、物力、财力去搞精准扶贫。东部地区因为地理优势，抢占改革开放的发展先机，四十年间积累了大量资金、人才和技术。东部地区发展好了，他们可以先富带动后富，将发展的成果带到西部，促进西部地区共同富裕。

贫困地区自立自强，自身的发展更是脱贫致富的关键。以往的扶贫是"输血式"的扶贫，但是这种扶贫是不长久的，要让贫困地区和贫困户自身能"造血"，就是让他们能自己发展，这样才能让贫困人口不会在脱贫之后返贫。

二、减贫的主要路径

在解决扶贫"怎么扶"的问题上，习近平总书记提出了"五个一批"，即发展生产脱贫一批、易地搬迁脱贫一批、生态补偿脱贫一批、发展教育脱贫一批、社会保障兜底一批。[①] 与之相对应，可以归纳减贫的五条路径

---

① 习近平谈治国理政：第二卷 [M]. 北京：外文出版社，2017：85.

为产业减贫、生态减贫、教育减贫、易地搬迁减贫和社会保障兜底。

（一）产业减贫

产业减贫是将经济效益和扶贫效益相结合，立足当地资源，发挥当地资源禀赋，就地脱贫，大大减轻了国家的财政负担，因此将产业脱贫放在几条脱贫路径的第一位。

案 例 --

"电商平台＋合作社＋农户"运营模式[①]

京东"跑步鸡"扶贫项目联手京东集团，利用武邑生态资源优势，组织贫困户以土地和扶贫资金入股养殖合作社，创造出了"政府引平台、平台联合作社、合作社联农户"的"一引双联"产业扶贫模式，通过直接生产带动、就业带动、资产收益带动等方式带动453户贫困户脱贫致富。

上述"电商平台＋合作社＋农户"的扶贫模式启示我们电子商务的应用可以最大限度地发挥各地资源优势，通过能人带动提升村民的造血功能，同时电商扶贫的发展可以带动贫困地区道路、物流等基础公共设施的建设。但是要想实现电商扶贫模式的广泛应用，首先需要政府或能人组织农户进行有关知识的培训，使其掌握基本的电脑和电子商务的技能。

（二）生态减贫

在不同的地区可以采取不同的生态减贫措施。在生态环境恶化严重，因生态恶化致贫的地方，可以加强生态保护，提供生态保护补贴，例如云南石漠化严重地区和内蒙古、新疆因过度放牧造成的沙漠化地区。对于这些地方要从长远利益和整体利益出发，坚持退耕还林、退牧还草，给予生态补助，调整产业结构，使当地居民摆脱生态破坏导致贫困，贫困又导致进一步的生态破坏这种恶性循环。而且生态保护具有很明显的正外部性，内蒙古地区的沙漠化治理对于津京冀地区环境的改善有很大的促进作用。

---

① 案例根据实地调研一手资料整理。

在河北张家口地区，贫困户的土地大多已退耕还林，且"政府林"面积广阔，建档立卡贫困户通过退耕还林补贴和"政府林"公益岗可获得一定收益。对于有条件的地区，还可以集约化经营，生态保护和经济发展两不误。

案 例 --

绿水青山就是金山银山[①]

以安徽省旌德县为例，旌德县位于山区，是个林业大县，森林覆盖率达到69.2%。以往村民主要以砍伐林木来赚钱糊口，一方面对生态环境有一定破坏，另一方面伐木利润有限，惠及的人口也有限。当地县政府将林地入股合作社，拉动林下经济及相关产业链的发展，增加"绿色岗位"。旌德县的这一发展模式，一是使村民不再以伐木为生，保护了生态环境；二是土地入股合作社可以给村民提供稳定的资产收益，增加村民收入，尤其对于丧失劳动能力的贫困户来说，这一笔资产收益大大助益了其脱贫；三是发展林下经济初期，需要去除林地灌木杂草并进行抚育管理，当地村民对林地情况十分了解，就可以参与其中，获得收入；四是当地还提供生态护林员的岗位，劳动能力弱的贫困户也可以自食其力实现脱贫。

上述旌德县"绿水青山就是金山银山"的实践启示我们贫困地区更要处理好经济发展与生态保护的关系，充分发挥生态优势，将生态减贫与生态保护相结合，实现即保护了青山绿水又促进贫困户增收的目标。

（三）教育减贫

科技是第一生产力，而科技发展就需要有人才，人才需要教育来培养。因此教育对于生产力和经济的发展具有十分重要的意义，因此贫困地区要想发展经济，摆脱贫困，必须要重视教育。对于贫困户来说，教育可以提升人的价值，转变观念，提升能力，接受教育也是其摆脱贫困，奔向

[①] 王恺、胡旭. 旌德率先在全省县级层面探路林长制改革，推动百姓从吃"资源饭"转成吃"生态饭"——改革创新"护绿生金"[N]. 安徽日报，2018-04-04（1）.

小康的捷径。

习近平总书记曾说过：越穷的地方越难办教育，但越穷的地方越需要办教育，越不办教育就越穷。① 这正体现了目前我国贫困地区教育和贫困之间的恶性循环，要打破这种恶性循环，就要从教育着手，把贫困地区的教育搞起来。

越贫困的地方越难办教育主要体现在两个方面。一是经济的落后导致教育硬件和软件的短缺。硬件的短缺表现在校舍破旧，缺乏基本的教学设施，例如桌椅板凳和电脑；软件的短缺表现在贫困地区缺教师，尤其缺少优秀的教师。二是贫困地区人们对教育不够重视。孩子上学对于贫困家庭来说机会成本沉重。教育是长期投资，回报周期很长，而如果孩子在本该上学的年纪给家里干一些力所能及的活，则马上就能减轻家庭的负担，孩子十多岁外出打工更是能给家里带来一笔不菲的收入，因此家长就选择让孩子辍学来缓解家庭当时面临的经济困境。

因此要实现教育减贫，一方面要加大贫困地区的资金投入，修建教学楼，置办教学器材；另一方面要提高乡村教师工资待遇，吸引高校毕业生到贫困地区任教，规范暑期大学生支教，加强对支教大学生的培训。

教育减贫不仅仅是针对学龄儿童和处于义务教育阶段的青少年，对广大中年农民进行教育培训，并且和产业减贫相结合，对于减贫也有很大的促进作用，而且见效快。给农户培训也要注意错开农忙时间，并给农户适当的补贴以激发其参加培训的积极性。

（四）易地搬迁减贫

之所以用易地搬迁的方式来减贫，是因为贫困人口很难实现就地脱贫，即出现了"一方水土养不活一方人"的情况。截至 2020 年底，易地扶贫搬迁工程全面完成。累计建成集中安置区约 3.5 万个，960 多万易地搬迁贫困人口全部入住并实现脱贫。让如此大量的人口，尤其是长期居住在家乡的老年人离开故土也是一项难题。最重要的是要处理好搬迁的贫困人口与迁入地的原住民的关系，既要让原住民接纳迁入的贫困人口，也要

---

① 习近平. 摆脱贫困 [M]. 福州：福建人民出版社，1992：129.

保障迁入地的社会治安和社会保障等问题。

早期的易地搬迁是以搬迁到移民村，对移民进行有土安置为主，但是随着移民数量的增加，移民村的土地变得越来越紧张，而且对移民村的生态也会造成一定破坏，甚至会造成生态环境脆弱的移民村生态退化，因此这种有土安置已经不能适应现阶段的大规模易地搬迁减贫工程。

在贫困地区，当地人脱贫的一个重要方式就是外出打工，他们的家可能处在西部贫困的小山村里，但他们却常年居住在大城市务工，家里只有留守儿童和老人。因此易地扶贫搬迁可以鼓励贫困户搬到距离城市较近的地区，在这里，他们有更多的就业机会，既解决了一方水土养不活一方人的问题，也在一定程度上解决了留守儿童和空巢老人的问题。

易地搬迁减贫也要注意以下两个问题。第一，易地搬迁不可操之过急，不宜一次搬迁太多贫困人口，搬迁量越大，对迁入地的冲击也就越大，太多人口迁入，迁入地很难及时为他们提供就业岗位，没有就业岗位就会使他们在新的地方陷入贫困，大量无业游民也会对迁入地的治安带来很大的挑战。第二，要协调统筹好迁入地和迁出地的社会保障体系，切实保障搬迁人口在迁入地的权益。

（五）社会保障兜底

在贫困人口中，存在完全或部分丧失劳动力的人，这部分贫困户只能依靠社会保障兜底实现脱贫，确保各项扶贫保障资金及社会救助资金真正发放到此类贫困户手中。同时也要防止农村"懒汉"行为的发生。之前提到的扶贫措施基本都鼓励贫困户自立自强，但是自立自强是对有能力创造价值的贫困人口来说的，而目前有的老人和病人没有劳动能力，就需要社会保障来兜底。对贫困户的社会保障兜底既是共同富裕的要求，也社会主义本质的体现。

社会保障兜底要特别注重因病致贫和因病返贫问题的存在，要完善新农合制度，减轻贫困户就医负担。目前农村普遍存在的现象是小病扛，大病拖，病越拖越重，最后因治病陷入贫困。就算得以治愈，劳动能力也会被大大削弱，从此陷入贫困的泥沼而难以自拔。因此社会保障兜底要让贫困户"舍得"去看病，不会为了省钱而耽误病情。

要让贫困户"舍得"看病,一方面是要完善新农合制度,减轻农民看病负担;另一方面还要加大对医院的财政投入,推进医院的公益性改革,避免医院成为逐利机构。

(六) 小结

通过对以上五条减贫路径的分析可以看出,要实现贫困地区的减贫,不能把上述五条减贫路径割裂开来,而应当统筹产业减贫、生态减贫、教育减贫、易地搬迁减贫和社会保障兜底这五条路径,根据当地实际,把多条路径结合起来综合运用以达到减贫的目的。例如,根据当地的生态环境优势发展光伏、旅游等绿色产业;对于生态脆弱的地区,一方面通过退耕还林保护生态环境,另一方面通过易地搬迁减轻当地生态环境压力。

第三章

绿色发展下生态减贫[*]

作为精准扶贫的具体方案，生态减贫一方面迎合了绿色可持续发展的需要，另一方面关注了贫困人口的切实需要，符合我国经济发展与生态保护统筹协调的战略目标。从发展到绿色发展，从扶贫到生态扶贫，可持续发展和"两山"理论贯穿其中。生态扶贫是生态保护的福音，是脱贫致富的导引，虽然时间尚短，体制机制还未完全成熟，但发展趋势向好，并逐渐趋于完善。

第一节
从发展到绿色发展

一、发展的巨大成就与沉重代价

（一）增长的福利与代价

在过去的500年里，人类社会发展得到质的突破。生产力的变革，推动生产方式改变，全球经济呈现出"指数爆炸式"增长。科技的进步使得医疗领域有了巨大突破，人类对抗疾病的能力大大提高，平均寿命延长，世界人口急剧增长，根据《2010年世界人口状况报告》预测，到2050年，世界人口将超过90亿，

---

* 王晓宇为本章做了大量工作，在此表示感谢。

人口过亿的国家将增至 17 个。①

中国同样也在享受着增长的成果。自改革开放以来，中国经济规模增加了 20.5 倍，从"一穷二白"发展成为"世界工厂"和全球最大的出口国，一跃成为世界第二大经济体，综合国力显著增强。在科研、医疗、艺术等多个领域有所建树，人民的生活水平大幅度提高。

但是，技术革命虽然带给了我们改造自然、创造财富的能力，减少了人类对生态环境的依赖性，可工业革命以来唯经济利益者倡导的"征服自然"直接导致如今人与自然的尖锐矛盾和全球性的生态问题，这些问题的出现让我们在享受发展成就的同时也付出了沉重的代价。

世界卫生组织指出，每年约有 3000000 五岁以下儿童死于环境危害，这不仅限于发展中国家。② 气候变暖导致两极冰雪融化，海平面上升，一些岛屿国家有可能遭受灭顶之灾，世界沿海地区 30 亿人口也将面临海水入侵的危机。全球气候变化，已成为世界治理难题之一。全球范围内的人口增长带来人地矛盾加剧，同时资源开发过度以及工业生产过剩导致生态环境不断恶化。因气候变化而引发粮食减产、自然灾害频发，与此同时社会仍在以破坏环境为代价不断发展，形成生态上的恶性循环。

中国在城镇化的进程中不可避免地出现经济发展与生态保护之间的矛盾问题。长期以来，我国经济增长模式以资源消耗型为主，一些地区甚至以牺牲环境为代价换取发展。近年来，中国经济的可持续增长是推动世界经济增长和金属矿产品等主要商品需求不断增长的重要引擎，中国对全球经济的影响在国际上被称为"中国因素"。然而，这样的"中国因素"并没有给中国带来国际经济中的价格主导权，一直处于价值链的下游消耗了我国大量的自然资源，不得不承担能源消耗和环境保护的负担，经济收益与付出严重不对等，生态问题亟待解决。我国目前的主要生态问题有：建设用地紧张、水资源短缺、大气污染严重、水土流失加剧，土地荒漠化问题突出，旱涝灾害频频发生等。因此，改善生态环境，提升人居已成为新

---

① The United Nationals Population Fund. State of world population：from conflict and crisis to renewal [M]．New York：UNFPA, 2010.

② 转引自人民网．世卫组织：环境污染每年造成 170 万名儿童死亡 [EB/OL]．（2017 - 03 - 07）．http：//world. people. com. cn/n1/2017/0307/c1002 - 29129065. html.

时代解决主要矛盾的重要内容。

（二）贫困问题的加剧

随着社会经济的不断发展，除了生存环境问题，社会的不公平现象在某些领域更加突出。统计数据表明，截至 2019 年，全球约有 13 亿贫困人口，且各国间差距显著。撒哈拉以南非洲地区和南亚地区的贫困人口数量占到 84.5%。① 发展中国家和欠发达国家是贫困人口的聚集地。

西方主导的贸易全球化使得发达地区掌握交易主动权，欠发达地区只能退居原料提供地和低端产业承接地，不得不陷入"生存环境恶化"和"贫穷加剧"的恶性循环。中国经济虽有活力，但贫困与生态问题仍是重中之重。根据国家统计局发布的数据，截至 2019 年末，中国农村贫困人口为 551 万人，其中中西部地区贫困人口的比例更高。② 脱贫工作依旧艰巨，成果仍待巩固，减贫与环境保护的矛盾仍需解决，亟须一条绿色的发展道路。

综上所述，传统的经济至上的发展理念对生态环境造成"毁灭式"打击，加剧了资源矛盾，贫富差距，我们迫切地需要一场理性变革。

二、可持续发展的革命

为了挽救生态损失，可持续发展的理念渐渐走进公众视野。最早可见 1980 年国际自然保护同盟的《世界自然资源保护大纲》：必须研究自然的、社会的、生态的、经济的以及利用自然资源过程中的基本关系，以确保全球的可持续发展。1987 年，世界环境与发展委员会在《我们共同的未来》中对可持续发展做出了系统性阐释。自此，可持续发展革命席卷全球。虽然目前国际上对可持续发展的概念界定有着不同的说法，但普遍认可的说法是，能够满足当代人需要并且不威胁后代人满足需要的能力时，即可称

---

① 联合国报告：全球有 13 亿人处于"多维贫困状态 ［N/OL］．（2019－07－12）．http：// www.takungpao.com/news/232111/2019/0712/318319.html.

② 国家统计局：2019 年全国农村贫困人口减少 1109 万人 ［N/OL］．（2020－01－23）．http：//www.ce.cn/xwzx/gnsz/gdxw/202001/23/t20200123_34183172.shtml.

为可持续发展。可持续发展理念的出现以及逐渐形成理论体系，让社会意识到"先污染，后治理"的发展模式是行不通的。

在里约环境大会召开后，中国政府也秉持着可持续发展的理念，主持编制了《中国21世纪议程——中国21世纪人口、资源、环境与发展白皮书》，根据我国的基本国情，详细阐释了环境与发展之间相辅相成的关系。将人口、资源、社会矛盾、经济长远运行同生态文明的建设联系起来，形成科学发展观，将可持续发展战略定为我国发展的基本国策。自此，可持续发展战略在我国的发展规划中的地位持续上升。党的十八大还提出了"建设美丽中国"这一战略目标。表明生态文明的可持续发展建设被提升到影响民族复兴事业建设成败的高度。

这一战略决定充分体现了党和国家对可持续发展战略的重视程度，顺应了我国社会主义初级阶段的发展要求。面对目前我国在城镇化进程中出现的环境污染、资源浪费、社会经济发展与自然生态平衡不协调的矛盾我们必须坚持可持续发展战略。可持续发展战略转变了以前激进的经济发展模式，立足于我国的基本国情，顺应社会主义建设的基本要求，兼顾广大人民的健康生活需要，为中国特色社会主义建设提供有效保障，并成为中国特色社会主义不可或缺的重要组成部分。

三、迎接绿色发展时代

（一）绿色发展的理论基础

1. 马克思主义的生态观

马克思的哲学理论认为自然存在于人类之前，人和地球上的其他生物一样都依赖自然提供的物质条件而存活。因此，强调人与自然的双向关系也是马克思生态观的核心之一。马克思认为："人在生产中不仅影响自然，而且相互影响"[①]。即人类社会的生产活动既受惠于自然又受制于自然，二者实现辩证统一。这样的双向关系决定无节制地索取终会受到自然的长远报复，"征服自然"的后果是两败俱伤。因此，只有遵循人与自然相互尊

[①] 马克思恩格斯选集：第1卷 [M]. 北京：人民出版社，1995：344.

重，和谐共生的绿色发展理念，才符合人类的长远发展利益。

2. 宇宙飞船理论

宇宙飞船理论由美国经济学家博尔丁（Boulding，1971）提出，他以为资源的总量与环境的承受能力就好比宇宙飞船，总量是有限的，因此，人类也就是宇航员必须自给自足，遵循生态规律，走绿色发展的道路。

3. 脱钩理论

经济发展与合作组织（OECD）在 20 世纪 90 年代提出"脱钩理论"。主要内容是："在经济发展的早期，经济发展水平上升时，环境压力也随之加大；当经济水平发展到一定程度时，环境压力却会呈现下降趋势"[①]。这说明经济高质量发展与生态良好可以共生，也就使得绿色发展的可行性得到证实。

4. 可持续发展思想

伴随着可持续发展的革命轰轰烈烈的展开，人们环保节能的意识愈加增强，越来越重视与自然的共生关系，可持续思想深入人心，为绿色发展提供了很好的环境基础。

（二）绿色发展的核心内涵

1. 生态经济

生态经济是绿色发展的核心支柱，包含生态产业、绿色金融、绿色投资、绿色财政、绿色消费、绿色贸易。重点强调清洁生产，加大技术投入，研发环保能源和材料，形成经济的良性循环发展。

2. 以人为本

绿色发展强调要注重人的需要，倡导人与自然的和谐双向关系，以实现人类的长远利益。

3. 节约高效

在再生产的各个环节都要提高资源的利用效率，减少浪费，提高资源回收意识，建设节约友好型社会。

---

① OECD. Indicators to measure decoupling of environmental pressure and economic growth ［R］. Paris：OECD，2002.

4. 低碳安全

减少产业的碳排放量，努力实现能源转型，减缓全球变暖的趋势，将生态风险降低到可控范围内。

（三）绿色发展的实现路径

1. 发展生态经济，促进传统产业改造升级

传统企业过度依赖自然资源的消耗，是导致生态恶化的直接原因。因此，促进产业的生态转型是绿色发展的关键一步。产业的生态化是要从原料、生产、交通运输、贸易交换等各个环节进行，形成一条绿色的生态链，从根本上改变经济增长模式。

2. 政府落实好生态倾斜政策，为绿色发展提供制度保障

政府要始终贯彻绿色发展政策，并联系实际变化不断创新，加大绿色发展的财政投入，完善生态补偿机制，增加对生态功能区的专项转移支付，完善依托生态效益的补偿机制，保障生态保护重点区域的资金和政策支持。做到及时引导市场，关键时刻采取必要手段。

3. 完善相关的法律法规，为绿色发展提供法律依据

建立健全绿色发展的法律体系，统一执行标准，推动相关政策落实。

4. 促进技术理念创新，培育新型生态产业

要大力推动技术理论创新，开发清洁能源，减少传统能源依赖，推广新型生态服务。

四、中国的绿色发展

（一）中国发展新理念：从生态赤字到生态建设

党的十八届五中全会明确提出了将"绿色发展"作为中国"五大发展新理念"之一。绿色是人民美好生活实现的重要体现，党中央将绿色发展提上战略议程有利于中国发展新格局的建设。绿色发展理念从无到有，凝聚着几代领导人的智慧与心血。

1. 绿色发展的文化

中国古人早就有"天人合一"的哲学智慧，天人合一强调人与自然要和谐相处，顺应自然规律，而非将自己和自然置于对立的两面。中华传统文化基因中有着对自然的敬畏，追求持久甚至永恒的存在。这样的处世哲学为绿色发展提供了深厚土壤。

2. 绿色发展的宏观演变

20世纪70年代，政府已经对环境问题有所关注，但并未有实质性的政策成果。直到90年代末，可持续发展战略才被正式提出。2002年，党的十六大报告将"可持续发展"纳入全面建设小康社会目标。2007年，党的十七大报告中，"全面协调可持续发展"成为科学发展观的重要内容，生态文明建设成为2020年全面建成小康社会的五大奋斗目标之一。党的十八大报告指出应把生态文明建设放在突出地位，融入经济建设、政治建设、文化建设、社会建设各方面和全过程，报告以"大力推进生态文明建设"为题，将生态文明同经济、政治、文化、社会联系起来，构建中国特色社会主义总布局。党的十八届五中全会进一步提出把绿色发展作为指导"十三五"时期发展、实现全面建成小康社会新的目标要求的五大发展理念之一。党的十九大提出要坚定走生产发展、生活富裕、生态良好的文明发展道路，建设美丽中国的战略目标，我国生态文明建设被提升到了一个新的高度。

绿色发展宏观理念的不断创新体现了新时代发展的新要求，体现中国政府治国理政的思想规划，是中国政府的"有为之治"。

（二）绿色发展的创新型举措

1. 地方政府绿色发展的创新实践

地方政府是绿色发展政策的主要实践者，对推行绿色发展起着重要作用。建立有效的绩效评价体制，有利于促进地方政府落实生态保护战略，探索绿色发展路径。

案 例 --

浙江省安吉县与广元市绿色发展的实践探索[①]

浙江省安吉县带有山区县的典型特征，位于浙江省西北部，农村占地

---

① 作者根据网络公开资料整理。

域面积的绝大部分。在发展初期大力引进重污染企业，虽获得短期经济效益，却积累了大量环境问题，被列为太湖水污染治理重点区域。自此安吉县政府摒弃工业脱贫的思想观念，以生态文明战略思想指导县的转型升级。安吉县从自身优势出发，积极推进经济结构整合升级，不断促进一、二、三产业的融合发展，以优雅竹城—风情小镇—美丽乡村为发展格局，兼顾现代文明。其次，将"生态指标作为官员考核的重要标准，为生态建设提供硬性保障"①。此外，注重生态价值观的传递，从领导干部到基层群众，由上而下地贯彻生态理念，再由下至上形成良好反馈。安吉的生态改革不仅提高了本县综合实力，更是切实改善了民众生活。2001 年安吉城镇居民人均可支配收入达 37963 元，农村居民人均纯收入达到 21562 元，取得较大成功。②

再以四川省广元市为例，广元位于甘陕交界地，在绿色发展方面取得优异成绩，其原因在于完备的治理机构和干部考核体系。蒋尉（2016）研究发现，广元在不断发展中，逐步形成了相对完善的政策机构创新系统，其干部考核体系中绿色发展的贡献被赋予较高的权重，从而引致了绿色偏好的多米诺效应，使得绿色发展的相应政策从市级直至村和社区得以有效传导、本地化和实施。

2. 企业参与绿色创新

企业是绿色发展的直接参与者，企业行为反映政策的落实情况。目前全国新组建了 2.1 万个生态扶贫专业合作社，吸纳了 120 万贫困人口参与生态保护工程建设。国家林草局选派科技专家、特派员深入贫困地区，创建"科技 + 企业 + 贫困户"扶贫模式，培训乡土专家和林农 80 多万人次。③ 企业参与绿色创新的案例比比皆是，以远大科技集团为例，远大集团创新性提出员工生态教育举措，并取得较大成功。集团负责人表示，

---

① 吴理财，吴孔凡. 美丽乡村建设四种模式及比较——基于安吉、永嘉、高淳、江宁四地的调查 [J]. 华中农业大学学报（社会科学版），2014（1）：15 – 22.

② 安吉县政府官网. 2014 年安吉县国民经济和社会发展统计公报 [EB/OL].（2019 – 08 – 19）http：//www. anji. gov. cn/art/2019/8/19/art_1229518619_3776408. html.

③ 全国生态扶贫工作会议在广西罗城召开 [N/OL].（2019 – 09 – 30）. http：//www. forestry. gov. cn/main/5320/20190930/090836447556926. html.

"远大集团以培育员工的环保理念为核心，专门编印了《地球公民生活态度》，设立绿色奖项，比如员工'低碳出行奖''绿色建议奖''科技创新奖'等诸多奖项"①，将绿色理念的宣传落到实践，充分激发员工参与绿色行动的主动性。其次，为员工提供良好的绿色产品理念和生产氛围。企业员工长期处于绿色生产的环境中，自觉践行绿色发展理念，倡导绿色生活方式。

第二节
代际公平与代内公平

一、代际公平

（一）代际公平的内涵

代际公平理论可看作可持续发展理论的衍生理论，爱蒂丝·布朗·魏伊丝（Edith Brown Weiss）教授在《公平地对待未来人类》（1989）一书中提出，目前存在的人类同时是我们祖先信托基金的受益者，也是后代子孙的受托人。这一核心理论产生了三类当代人义务。第一，应要求每一代人保护自然和文化资源的多样性，以免对后代人在解决问题和满足自身价值观方面没有可供选择的余地，并且要有与前代人相同的权利，这一原则被称为"保护可选方案"。第二，应要求每一代人维护地球的居住质量，使地球的环境质量不低于使用之前的水平，还应让后代人有权获得与前几代人相同的居住条件，这是"质量守恒"的原则。第三，每一代人都应为其后代成员提供公平的权利，使他们能够获得前辈的遗产，并应为其保护这种权利，这就是"保存接触和使用"的原则。

这三类原则进一步被分解为五项使用义务：第一，节约资源的义务；第二，确保公平使用的责任；第三，避免不利影响的责任；第四，预防灾害、尽量减少损害和提供紧急援助的义务；第五，补偿环境损害的义务。

---

① 高顺成，万厚峰，金卓，王东亮，李梦杰. 企业员工生态创新和绿色发展理念教育模式研究——以远大科技集团为例［J］. 河南工程学院学报（社会科学版），2018，33（4）：18－21，64.

（二）主要特点

1. 环境问题的衍生物

"代际公平"的出现与前面所提到的"发展的代价"紧密相连。由于环境资源具有独特性，在空间时间上具有累积效应，且反馈具有延后性，因此，当代人的生产行为对后代人有着重要影响。现在，我们已经承受着过去工业化带来的代价。然而，环境资源不仅属于当代人，后代人在没有表决的情况下承受环境问题是不公平的，这样的矛盾必然产生代际公平问题。代际公平涉及我们尊重后代、保护后代生存权益的责任，因此，从分配公平的角度来看，我们不能破坏它们的生存条件或其达到与我们自己相当的福祉水平的潜力，以实现生态环境方面的代际公平。

2. 经济发展的新规范

传统经济学忽视了环境因素的作用，代际公平理论为经济发展提供了约束规范，助推经济向更高层次的发展。理论主要包括，实现代际间的劳动付出及其成果获得的对等性，实现社会经济发展的进程中人类活动对自然影响的可控性在代际间的延续，实现文化的多样性的延续等。代际公平的理论发展是建设生态文明的重要依据，是实现可持续社会发展的一个基本约束，它丰富和完善了经济学的研究范式与现实基础。

3. 局限性问题

魏伊丝（2000）认为，国家作为后代权利的主要保障者，除了考虑到他们在诉讼中的利益外，还应代表他们的利益。几十年来，各国政府、法院和民众日益认识到，环境退化可能侵犯受保护的人权，特别是生命权、人身安全权、健康权、隐私权和家庭生活权、财产权和文化权。欧盟和国际法都开始出现独立的"环境权"，这保证了公民享有环境质量最低限度。值得注意的是，这些举措的背后有一系列假定的联系：享有最低限度的环境是一项人权——作为代际公平的后代人权。但是，我们的假设必须是，私人群体至少有资格与国家一样代表后代阐明权利（Hiskes，2009）。现有的法律手段可能是促进和保护现有人类环境利益的有效工具，但我们保护未来人类环境利益的能力仍然存在问题，需要不断加强。一方面是严重的环境恶化现象，另一方面是发展中地区普遍的极端贫困，由此造成的"相互竞争的危机"有可能会引发更大的矛盾,造成人类社会的不稳定。因此,目前现有的人类特别是生活在发展中地区的人应在多大程度上为子孙后代的利益作出牺牲,如何在当代的经济发展与未来子孙的环境质量作出权衡,是值得探讨的。

二、代内公平

代内公平是经济发展的传统命题,最开始是为了解决分配问题,随着时代的不断发展变化,代内公平的内涵也在不断更新扩充,主要解决如下问题。

(一)阶层收入差异

经济发展虽然提升了人类生活的整体水平,却也加剧了贫富差距。富人阶层享有更多的经济发展红利,却可以将环境代价转移给贫民阶层,且富人阶层可在公共决策中占据优势,得到政策倾向的利益,相反,贫民阶层丧失本该属于自己的权益,久而久之出现"富人越富而穷人越穷"的现象。

(二)区域间发展差异

区域间的发展差异分为两部分,即发达国家与发展中国家的差异和国家内部地区发展不平衡的差异。发达国家与发展中国家的差异表现在以下几方面。(1)污染程度不同。由于工业技术水平不同,一些发展中国家的污染范围小、力度轻,却要和发达国家承担同样的污染风险。(2)环保责任分配不同。发达国家的环境治理水平高,但环境具有整体性,发展中国家无可避免地存在"搭便车"之嫌,而环保事业需要大量的资金支持,长此以往出现发展中国家逃避责任,发达国家不愿承担责任的后果。(3)环境代价转移。发达国家需要大量的自然资源,却又不想承担发展代价,于是凭借自由贸易,将重污染产业迁移到发展中国家,转移环境风险。而国家内部区域差异导致相似的矛盾和问题。

代内公平要求当代人的富裕成员协助较不富裕的成员,换言之,富裕的发达国家有责任协助较贫穷的发展中国家保护其发展权,同时关注其生态保护问题，承担起维护全球环境治理体系的责任。代内公平鼓励尊重发展权，并尊重南北平等的全球环境治理形式。

三、代际、代内公平与绿色发展

（一）代内公平是绿色发展的基础

代内公平是社会公平的前提条件。代内公平的解决有利于缓和社会矛盾，赢得和谐的社会环境，为绿色发展的实现提供基础。党的十八大提出"构建人类命运共同体"，并在党的十九大得到了进一步发展完善。构建"人类命运共同体"是对实现代内公平的很好诠释，国际新秩序的建立正在进程中，经济全球化、贸易多边化进一步发展，国家间的相关性增强，"各自为政"的方法已不足以面对危机挑战，需要人类共同面对、共同应对，为世界和平、稳定、绿色发展提供可靠保障。

（二）代际公平是绿色发展的核心要求

维护后代人权益是可持续发展的核心内涵，所以实现代际公平自然也是绿色发展的核心要求。追求代际公平是解决人与自然的矛盾关系的有效途径，也是发展过程中的有效约束。有了代际公平的意识，人类活动会自觉靠向"绿色规范"标准。在国际环境法和政策领域，"可持续发展"的概念几乎被普遍接受为处理今世后代之间环境关系的指导原则。然而将其作为环境治理模式的原则的困难在于，这一概念是描述性的，而不是规范性的。换言之，可持续发展原则描述了一个目的地，但没有提供如何到达这一目标地的路线图；并且缺乏具体性，特别是在关键的执行问题上。因此，可持续发展的支持者和实践者需要一个全面和有效的执行框架，以确保可持续发展的执行情况是真切落实并且可以进行有效评价的。而追求代际公平就是绿色可持续发展的具体要求和内涵，是绿色发展的重要衡量指标，需要在绿色发展路径中深入落实。

（三）绿色发展是对公平时间和空间维度的追求

绿色发展的目的之一就是实现公平。一方面要注重资源环境的可持续发展，让人类文明得以延续，实现"代际公平"；另一方面，又要注重"发达"与"不发达"，"富人阶层"与"贫民阶层"的差距，使全社会共同享有良好的生态环境，共同追求生活品质，消除贫困人口，实现"代内公平"。从时间到空间，绿色发展终极目标体现着对这两个维度的追求。

第三节
绿色发展下生态减贫：从开发利用到转化创新

一、传统扶贫模式的发展及其问题

如何减少贫困人口一直都是世界性难题。扶贫减贫的效果直接反映了政府执政能力。解决温饱问题一直是中国政府的努力目标，中国的扶贫减贫取得的出色成效，为世界减贫事业做出了不可忽视的贡献。尤其是改革开放后，更是大量投入人力、物力、财力，帮助贫困地区脱贫致富。近40年的时间里，中国农村贫困人口减少了7.4亿人，平均每年减少1897万人；贫困发生率下降了94.4%，平均每年下降2.42%。[①] 这样出色的成绩主要取决于改革开放以来经济高速发展的福利，城镇化建设中农村人口的迁移，以及最重要的政府提供大量的政策支持，"手把手"地助贫扶贫。但是，这样的扶贫模式也存在问题急需改进，主要表现在以下几方面。

（一）贫困人口数量依然庞大，经济发展"边际效益"开始递减

虽然我国扶贫工作已经摘掉了大多数的"贫困帽子"，但我国人口基数大，贫困人口数量仍然不容小觑，深度贫困地区仍然是"坚中之坚"。我国经济发展趋于平稳，注重产业的改造升级和经济的高质量发展，可持续的理性发展使得一部分得益于粗放型增长而脱贫的群体无法再以此获益，经济发展的边际效益开始递减。

---

① 中华人民共和国国家统计局.《中国统计年鉴》［EB/OL］. http://www.stats.gov.cn/tjsj/ndsj/2010/indexch.htm.

（二）贫困地区落后面貌总体改善，但发展不平衡的问题突出

虽然扶贫工作已攻破多个贫困地区，但我国脱贫区域发展不平衡的矛盾日益突出。总体而言，东南地区减贫的速度快，中西部地区速度慢。如此西部地区贫困比重连年上升，到 2019 年，中西部地区承载了中国农村贫困人口的 90% 以上。[①] 脱贫发展极不平衡，收入差距进一步扩大，为后续工作埋下隐患。

（三）过度依靠政府援助，返贫问题严重

传统的扶贫模式并没有注重贫困地区的自生力，单纯依靠政府"输血式"扶贫。民众积极性不高，寻求就业、创业脱贫致富的意愿薄弱。没有相应的技术教育配备，一旦扶贫成果显现，政府撤资，很快又会重新回到贫困水平，扶贫措施缺乏可持续性。

（四）贫困地区生态持续恶化

早期乡县政府为尽早脱离贫困，大力引进重污染型或资源依赖型企业，发展到现在，环境污染严重，资源消耗殆尽，产业发展停滞，甚至威胁到民众生存，扶贫反而使当地陷入更加贫困的境地。

然而新时代对扶贫工作提出了更高要求，党的十九大明确指出，到 2020 年，所有农村贫困人口实现在现行标准下的脱贫，所有贫困县全部"摘帽"，区域性整体贫困问题要得到解决。要实现这一目标，如果继续坚持传统扶贫模式，目标是不可能完成的，必须转变扶贫模式，采取精准化扶贫去适应时代的发展要求。

二、生态减贫成为全球发展趋势

生态减贫是绿色发展下，精准扶贫的创新模式，兼顾了代际公平与代

---

① 国家统计局：2019 年全国农村贫困人口减少 1109 万人 ［EB/OL］．（2020 - 01 - 23）. http：//www. ce. cn/xwzx/gnsz/gdxw/202001/23/t20200123_34183172. shtml.

内公平，人民经济发展的需求和生态文明建设。目前生态减贫已成为全球发展趋势。

（一）国外理论研究与实践简述

1. 绿色增长理论

经济增长初期，相关研究都注重量的增长，到经济增长中后期，仅仅强调量的维度的增长已不再适用，因此，引入了社会福利等更加全面的指标。绿色增长理论强调人类的生态权益与经济发展的平衡，其出现是现代文明进步的标志，有力地指导了世界各国的经济发展。2012 年经合组织部长级会议上明确提出世界都应该关注经济可持续增长。在世界经济不稳定的大背景下，应该让所有国家都实现经济增长，而不落下任何一个国家，这是十分必要的，而实现这个目标需要各国政府从公民利益出发、实施全面战略政策，使社会全方位地进步，从而达到会议的目标。经合组织在绿色增长指标构建方面具有突出贡献，制定了体系化的绿色增长指标，为绿色增长的绩效评估提供参考标准。

2. 反贫困与益贫式增长理论

减少贫困绝非一蹴而就的，减贫效果往往是缓慢的、渐进的，甚至有可能收到截然相反的结果。罗格纳·纳克斯的"贫困的恶性循环论"认为"一国穷是因为它穷"，打破困境的唯一出路就是资本积累。1990 年普遍增长（broad-based growth）在世界发展报告中被提出，引发跟随浪潮（World Bank，1990）。在 1999 年 6 月"益贫式增长"成为亚洲发展银行减少贫困战略支柱之一。此后益贫式增长被定义为有助于穷人的增长，但增长多少并无严格规定。随后，益贫式增长的严格定义认为，益贫式增长不仅减少贫困，同时增长的利益更多地流向穷人。许多学者对益贫式增长进行了大量研究。提出"相对益贫式增长"（McCulloch and Baulch，1999；Kakwani and Pernia，2000；Ravallion and Chen，2003）。基于此理论，国际上提出了"亲贫困"增长概念，大意是使经济增长效益能够偏向穷人。在绿色发展的全球大背景下，涌现出大量将绿色增长同减贫、扼制返贫结合起来的研究，主要集中在经济结构转型、可持续发展如何助推减贫等方面分析，并积极展开实践探索，将脱贫与绿色增长有机结合，多个发展中国家已经开展了有关生态减贫的项目。

（二）国内理论研究与实践简述

作为精准扶贫的延伸，生态扶贫以其自身的优越性被国内越来越多的学者研究，大多都强调了绿色扶贫模式的突出贡献。何建坤（2012）认为，在可持续发展和扶贫框架下，绿色经济与可持续发展的制度建设及改革，是当前世界可持续发展的核心和关键。贫困地区大多处于生态脆弱地区，协调经济发展与生态保护是扶贫开发的过程中面临的难题，因此需要生态环境保护与扶贫开发相结合，绿色扶贫"在保护中开发、在开发中保护"的理念，适应生态脆弱的贫困地区的发展（戴旭宏，2012）。此外，我国存在着垂直不公（代际不公平）和水平不公（代内不公平）的现象，两种不公平造成了地区发展不平衡和资源价格的扭曲，使得穷者更穷，富者更富。这一问题的解决需要在贫困地区实施循环经济，进行区域内的产业结构调整，减少对资源和富裕地区产品的依赖程度（王卓君，2006）。对于政策制定方面，认为选择恰当的政策工具，可以促进连片特别贫困地区扶贫开发与生态建设相结合并形成良性互动格局，走出一条低碳扶贫道路（陆汉文，2012）。王景新教授等在对"中国—联合国开发计划署绿色扶贫项目"支持下的新疆和田地区红柳大芸种植项目进行实地调研后认为，该项目具有开辟沙漠新产业、带动区域经济发展、农户减贫、储备和保护耕地等经济、社会和生态效益，探索出了"以绿养绿"的可持续发展之路。

综上所述，国内外的研究实践表明了生态减贫作为精准扶贫的创新性举措，是当前减贫工作的有效途径，做到了兼顾代际公平与代内公平，统筹了经济增长与生态保护，是巩固脱贫和乡村振兴的重要衔接，符合我国扶贫工作的长远规划。

三、重构减贫动力机制

生态减贫与传统模式最大的区别在于减贫驱动力的转变，主要包含以下三个部分。

（一）产业动力转变

对传统扶贫产业进行大力改造升级，调整贫困地区一二三产业的比重，促进乡村旅游服务业发展，把握旅游市场对乡村旅游资源的需求，以第三产业带动经济发展。加速传统农业向现代农业转型，注重提升产品质量，转变农业增长方式，加强地区农业的品牌效应。加快科学技术在农业领域的广泛应用，提高农业综合生产能力。对工业原料进行严格把控，加快自然资源利用方式由粗放和浪费向节约和集约转型。大力推进工业、建筑、交通等重点领域节能降耗，加强水、土地、矿产等资源的节约和集约利用，推进生产、流通、消费各环节发展循环经济，避免过度开采，污染严重的现象。调整原材料的使用比重。总之，要从重工业主导方式全面向新兴战略性产业转变，在确保安全的前提下，大力推进能源革命，以清洁能源代替碳基能源，实现产业的转型升级。

（二）增长动力转变

不再单纯依靠经济增长量作为官员的考核指标，要构建以包容性增长为核心的新型增长模式。经济增长不等同于区域发展，只有协调统筹各个要素，将可持续的理念贯穿政策全过程，才符合人民的美好生活需要。因此，将生态绩效指标纳入领导干部的考核标准，体现了经济量化的动力到全方位持续发展的动力的转变。

（三）内生动力转变

政府不再大包大揽，变"输血式"为"造血式"扶贫，形成以培育贫困人口自主发展能力为核心的内源发展机制。内生动力转变包括思想观念转变和机制模式转变。扶贫先扶志，扶贫工作不应仅停留在物质表面，更应渗透到精神层面。让贫困民众从心底树立自给自足的思想观念。更要大力推动体制机制创新，扶持当地龙头企业发展，创新发展生态工程建设、生态保护工程、国土绿化工程，如退耕还草还林工程等，采取以工代赈的方式，从根本上寻找经济增长点，以此惠及贫困百姓。总之，要以生态文明建设为核心，逐步形成贫困地区和贫困户的自我积累与发展能力，依靠自身力量解决温饱，脱贫致富。

第四节　生态减贫

一、核心内容

（一）以人为本的思想内核

生态减贫应始终贯穿以人为本的思想内核。减贫的目的就是满足人民对生活品质的追求，坚持以人为本就要一切从人民的根本利益出发，充分发挥人的主观能动性，在经济建设和社会发展中，充分维护人的尊严。坚持以人为本的思想内核，是生态减贫的内在要求，是解决代内公平的重要依据。没有了以人为本，减贫就失去了其内在灵魂。

（二）低碳式扶贫

低碳环保是生态减贫的核心理念之一。这要求贫困地区在推动产业发展时，注重产业的升级改造，大力发展循环经济，以绿色经济为中心，注重科学的发展方式，鼓励能源技术创新，倡导清洁生产、绿色生产，与生态环境形成良好互动。

（三）可持续发展的扶贫方式

可持续发展是生态减贫的要求。减贫更要注重长期效益，"留得青山在不怕没柴烧"，若是一时间没找到转化方式，不妨"以空间换时间"，绿水青山是贫困地区的安身立命之本，留住它，就留住了希望，才能有效防止返贫现象。可持续发展要求减贫地区要有内生创造力，不能单单只靠政府"输血"减贫。可持续的发展内涵还应延伸展开，教育资源的匹配、创业氛围的创设都应涵盖在生态减贫的内容范围。有理念贯彻和实践落地才能形成自立自强的减贫系统，有效衔接脱贫攻坚与乡村振兴。

（四）因地制宜

世界上没有两片相同的叶子，同理，也没有两个从人文历史到地势资源完全相同的地域，因此，生态减贫的推进过程中，一定要秉持着因地制宜的原则。所谓因地制宜，就是结合自身资源优势，打造特色产业，以此带动当地居民脱贫致富。比如，适合发展农业的地区就要打造特色农业品牌，可以是观光农业，也可以是农业生态园。旅游资源丰富的地区就可以打造精品旅游项目，以旅游业带动当地发展。总之绿色扶贫不能生搬硬套，要不断发展创新，结合当地特色，具体问题具体分析，探索出适合区域的经济增长模式。

二、战略意义

作为精准扶贫与生态文明建设相结合的创新举措，生态扶贫有利于实现党的十九大提出的解决区域性整体贫困的宏观目标，为促进2020年全面小康社会的建成贡献力量。有利于生态环境的保护，有效缓解贫穷地区的生态压力，打破贫穷与生态的恶性循环。可以适应社会经济发展方式的改变，从根源遏制贫困，降低贫困的发生率。有利于可持续公平性原则的实现，生态扶贫不仅致力于物质水平上的富足，还致力于生态建设和可持续发展能力的提高。生态扶贫是使贫困乡村走向富裕、走向文明、走向现代化的重要举措，是提升乡村人居环境的战略准备，也是解决代际公平与代内公平的有效途径。

生态扶贫能够激发贫困地区内生性发展动力，是精准扶贫政策的切实落实。生态扶贫将自身的优势生态资源以及优势文化资源融入整个扶贫产业的发展中，合理持续地利用生态资源，同时让贫困群体参与到产业发展的全过程中，这将赋予基层贫困群体更多参与生态资源资本化的权益，可以有效推动贫困地区的全面持续内涵式发展，催生更多辐射性的社会效益。

三、生态减贫的现有模式分析

（一）生态减贫模式

1. 生态工程扶贫模式

生态工程扶贫的主体是中央或地方政府，由国家财政拨款，成立专项资金，进行针对性生态工程减贫。以防沙造林工程为例，我国早期防护林建设工程包括封山育林、人工造林等。2000 年启动天然林防护一期工程，并于一年后成立专项补助资金，每年用 20 亿资金对 4 亿亩重点生态保护林进行补偿。[①] 还有退耕还林工程、退牧还草工程等，这些生态工程的建设，一方面保护了恶化的生态环境，维护地区可持续发展的能力；另一方面也为当地贫困居民提供补偿性收入，打破生态的恶性循环，有利于当地居民的长远利益。2016 年以来，中央资金累计安排 140 亿元，在贫困地区选聘100 万名建档立卡贫困人口担任生态护林员。[②] 这不仅有效充实了基层生态保护队伍，织牢了生态脆弱区保护网，也拓展了贫困群众增收渠道。

2. 生态农业扶贫模式

生态农业扶贫是从农业供给侧改革入手，让农产品品质精细化发展，提高农产品的竞争力。随着经济发展水平的提高，我国居民的饮食结构日趋多样，需求内容更加丰富，这为农业的发展提供了巨大市场。生态农业扶贫就是抓住了这样的市场机遇，发展特色农业，加大农产品的品牌效应。比如，宁夏回族自治区中卫市，就抓住自己的农业特色，大力发展枸杞种植业和葡萄种植业，并规模化发展。其中葡萄种植和葡萄酒酿造结合发展上下游产业链，还支持发展观光、休闲农业新业态，积极引导农户参与其中，大大改善了贫困状态。生态农业扶贫的生产环节是一方面，更重要的是突破销售限制，拓宽销售渠道。因为贫困地区的交通限制，寻求销售创新渠道是扶贫重点所在。甘肃省陇南市摒弃传统销售模式，通过电商

---

① 齐联. 中央森林生态效益补偿基金制度实施 [J]. 中国林业，2004（24）：4 – 5.
② 我国已选聘 100 万生态护林员助力脱贫攻坚 [EB/OL].（2019 – 10 – 07）http：//www. gov. cn/xinwen/2019 – 10/07/content_5435923. htm.

销售，将农产品分散销售，销售额达到 39.16 亿元，实现脱贫致富。无论生产还是销售，都离不开农产品的质量问题，俗话说"酒香不怕巷子深"，但若产品质量出了问题，是无法弥补的。因此，还要提倡化肥农药零增长，保持产品的原生质量。[①]

3. 生态旅游扶贫模式

贫困地区一般有得天独厚的旅游资源，这种资源有可能会限制一定的开发，减缓产业发展的速度，但若作为旅游资源的开发却有着天然优势。旅游扶贫得到政府的高度重视。由于旅游的娱乐方式是大众喜闻乐见的，特别是随着城镇化建设，见惯了高楼大厦，对传统乡村景色的向往与情怀往往是旅游扶贫的一大卖点。旅游扶贫促进消费增长，极大地带动了当地经济发展，实现当地人和游客的"共赢"模式。

4. 易地搬迁扶贫模式

有些贫困地区受制于艰难的自然条件和交通条件，好的产业规划难以落地实施。为了保护生态环境而进行的"退耕还林""退牧还草"等项目使得当地农户无法在原住地进行生产活动，因而通过易地搬迁，是贫困户脱离不利环境的重要举措。一般针对小规模贫困人口，由政府出资提供统一的房屋建设用地以安置移民人口，农户只需准备少部分自筹金。引入养殖场、加工厂，鼓励企业入驻，教授农户必要的工作技术，为农户提供可以工作的条件，让农户有稳定的收入来源。这样的扶贫模式，使得已经遭受破坏的生态可以得到休养的机会，也使得贫困人口可以享受更为优质的教育、医疗等公共资源，提高工作技能，广泛地参与到扶贫产业中去。贵州省启动实施扶贫生态移民工程两年，共投入资金 49.33 亿元，建设扶贫生态移民安置点 302 个，住房 5.9 万套，搬迁贫困人口 25 万人，扶贫成果显著。

5. 光伏扶贫模式

光伏扶贫本质上是一种产业运作模式，主要针对贫困连片区所进行的精准扶贫。由政府出资，投入前期设备买进，利用太阳能，依靠光伏发

---

① 大数据应用：构建"智慧陇南"新动力 [EB/OL]. (2016 - 07 - 07). https://www.longnan.gov.cn/4448264/4532874.html.

电，解决农户自身用电外的电能可作为能源供给为农户带来稳定收入，使贫困农户走出生活窘境。光伏扶贫大致可分为三种类型：户用电站、村级电站以及大型地面电站。户用电站占地面积小，利用农户屋子周围空地即可，电站规格为 3 ~ 5 千瓦，电站所得收入为农户个人所有。村级电站以村为单位，在村中空地集体建设，规格为 100 千瓦以上，收入由村委会统一分配。大型地面电站规格在 300 千瓦以上，农户是企业或政府建设的得益者，由政府按照一定的百分比抽出产业利润分给农户作为收入。光伏设备的投入一般为专项扶贫资金和不定百分比的农民贷款，兼有地方政府、企业投资或者由政府全额出资。一方面，光伏扶贫利用太阳能资源，在扶贫的过程中保证了当地的环境质量；另一方面，收入比较稳定，设备维护也比较简单，不需要太高的技术要求，符合精准扶贫和可持续发展的要求。

（二）生态减贫运行机制

从理论形成到实践落实还需要合理完善的运行机制去推动生态减贫的发展。

1. 完善激励与约束机制

首先，从政府的角度出发，一套有效的激励约束的机制是实现生态减贫的重要保障。对于干部的政绩考核，生态贡献的权重应有所上升，这样的方式，可以形成当地绿色发展偏好的良性循环（蒋尉，2016）。现有的定量指标体系研究多集中在生态减贫的效益评价。北京师范大学中国扶贫研究中心测算出中国 11 个连片特困地区和 505 个贫困县 2014 年的生态减贫指数，较全面地反映了地区间的发展差异，以及生态减贫的适宜程度。但是，对于官员绩效考核较少提及，还没能形成可供大面积参考的标准体系。其次，政策的传达执行，以及中央政府与地方政府、地方政府与地方政府之间的协同治理是生态减贫能否发挥其应有效应的重要环节。

2. 积极推动经济发展的结构性转变

经济发展方式转变是生态减贫的直接动力，因此，要不断推动产业结构转型升级，延长完善产业链，形成聚集化、规模化的发展态势。推动人才、技术、设备、投资等要素的创新发展和充分涌流，让生态减贫能够动态发展，保持活力。

3. 积极推动民众参与

民众是生态减贫的主体，要不断鼓励贫困民众投入减贫建设。维护其脱贫减贫的信心，激发其自主自觉性，还可建立有效的社会力量参与机制，鼓励、支持特色生态效益产业（雷明，2017），要形成政府与民众和当地企业的良性互动，构建三方合作平台，更好地为脱贫工作助力。

（三）生态扶贫的现存问题

总体来说，生态扶贫因其发展时间短，发展模式不够成熟，无可避免地有其短板和问题。首先，政府绩效评价体系不健全，虽然转变了干部的考核方式，将生态文明建设作为政绩评价的重要标准，但是具体的评估机制和评估指标还有待完善。其次，政府仍然存在"管太多"的现象，不能充分调动民众的脱贫积极性。最后，教育培训资源没有及时跟进，使得一旦交由市场主导运行，便会混乱无章，素质教育仍有缺失。

1. 生态工程扶贫方面

生态工程太过依赖政府力量，适用范围不广。农户没有真正掌握脱贫技能，持续的投入一定程度上会加重政府的财政负担。

2. 生态农业扶贫方面

这类扶贫方式受制于现代化、规模化的发展。鉴于个人的文化水平、认知水平，农户对生态农业的发展定位并不清晰，对于先进的技术运用还不熟练，难以深入推进改革。生态农业对于作物的生长有着特别的要求，一些贫困地区没有发展生态农业的条件。生态农业更进一步的要求是以"农业＋第三产业"构成良性经济循环，但是就目前情况来看，只有极少数贫困地区做到了产业对接循环，绝大部分地区仍然停留在初级农业生产阶段，和预期目标仍有距离。并且对于农产品的质量评估体系并不完整，因此农产品的安全性不能得到有效保证。这些因素在一定程度上起到了阻碍生态农业对区域可持续发展的促进作用。

3. 生态旅游扶贫方面

贫困地区的旅游资源具有极强的相似性，特色品牌是绿色旅游成功的关键。但是，贫困地区多对自身的特色优势把握不清，并且没有足够的资金去完成必要的（交通、景观设计等）基础设施建设，本身会损失一定的客源。并且在这个过程中，一些地区过度、盲目追求经济效益，超负荷接待游客，超过环境本身的承载力，从而导致生态更为严重的恶化。

4. 易地搬迁扶贫方面

土地资源的利用问题是易地搬迁扶贫模式的主要矛盾。首先，城镇用地本就紧张，集中占地盖房可能会引发剧烈冲突矛盾。其次，易地搬迁后的产业引进，大多是位于经济链下游的劳动密集型产业，这一类产业的生产特点决定了其并不是生态环保型企业，因此，产业的结构没能进行改革调整，搬迁之后，仍然会遇到新的生态恶化问题。最后，在中国，尤其在偏远乡村地区，"安土重迁"的观念根深蒂固，举家搬迁其自身心理上本就有所抗拒。而搬迁之后，城乡生活水平差距大，家庭收入所得并不足以应付生活消费，且大多分布在城镇边缘地带，与本地居民融合度不高，生活水平没有较大提升。因此，不适应易地搬迁后的生活而选择再次返回贫困地区的现象不在少数。

5. 光伏扶贫方面

首先，光伏扶贫有其自身优越性，但是基本上以政府主导为主，农户的积极性和工作能力并没有根本性提高，没有做到将"输血式"向"造血式"完全转化。其次，光伏产业有一定的限制与要求，由于技术水平和当地条件的限制，光伏发电所创造的能源，并非都能物尽其用，有时甚至无法使用。但是，目前"盲目跟风式"扶贫的现象不在少数，许多地区并未对自身情况进行有效评估就发展光伏产业，在这样的情况下，光伏产业又在浪费地区生态与经济资源，这与生态扶贫的本质要求是不相符的。最后，光伏扶贫投资大、收益慢，并且还存在专项资金不能都为扶贫服务的客观情况，因此，对于光伏扶贫还需要谨慎考察，不可盲目行事。

第五节　生态减贫边界与条件

一、生态性贫困的界定

关于生态性贫困，高波最早对此作了界定。他认为，生态性贫困是因缺乏绿色资源（森林植被等）而导致的贫困，如沙漠化地区；或者是拥有丰富的绿色资源，因开发不当或缺乏合理的开发利用而导致的贫困（高波，2010）。邹波等（2011）认为，生态性贫困是指那些因为缺乏经济发展所需的绿色资源（如沙漠化地区）基本要素而陷入贫困状态，或拥有丰富的绿色资源但因开发条件限制而尚未得到开发利用，使得当地发展受限而陷入经济上的贫困状态。基于以上两种看法，本节相应地划分出两种生态性贫困类型，即绿色资源匮乏性和绿色资源破坏型。

（一）绿色资源匮乏型

绿色资源匮乏型贫困，又分为本身没有资源可开发和本身有资源却因技术水平限制而无法开发两种情况。第一种情况以黄土高原为例。黄土高原地区生态基础薄弱，水土流失严重，环境承载力极低，几乎没有可用的自然资源，因此当地发展受限，陷入贫困境地。第二种情况以西南地区为典型代表。西南地区自身自然条件较好，动植物资源、水资源等生态资源比较丰富，但由于技术水平的限制，对资源未能合理高效开发，仍旧以传统产业为主导，由于交通不便，当地民众又常年生活在比较闭塞的环境之中，无法同外界交流学习，难以发展高附加值的现代产业。因而当地居民只能靠传统农业与低端制造业赚取微薄的收入，陷入资源难以利用的恶性循环，落入贫困的窘境。

（二）绿色资源破坏型

绿色资源破坏型贫困主要集中在东部、中部地区。首先，因为地理位置优越，资源丰富，因此地区经济发展较快，相应的能源消耗增大，对绿色资源的榨取力度也随之增大。其次，由于规划的前瞻性较弱，一些地区人口密度大、产业布局不合理，导致资源不能合理利用。发展消耗资源的速度快于绿色资源自我调适恢复的速度，原本较高的生态资源覆盖率逐渐降低，最终没有资源可用时陷入贫困。

此外还有介于两者之间的综合性绿色贫困，这类地区往往发展势头猛但后续乏力，返贫现象严重。

二、如何生态减贫

（一）资源匮乏型

对于资源匮乏型地区，扶贫工作要注重因地制宜的原则，树立大资源观，开发山区特色资源。格外注意生态保护，以工程性项目为主，以求恢复生态效益。

案 例 --

程阳村脱贫案例①

程阳村位于太行山东麓天台山脚下，全村 346 户 1320 人。相传明万历皇帝曾至此，见村落三面皆山、南面临水，错落有致，遂称此村为"城祥"，后人取前程阳光灿烂之意，故称程阳。走入程阳村，石磨、石臼、石墙、石阶古朴大方，古树、古井、古戏楼、古民居保存完好。在发展过程中，由于种种原因，贫困成为困扰程阳村村民的最大难题。有数百年历史的程阳村是建档立卡贫困村，原有贫困户 235 户 695 人，路战友就是其中之一。今年 50 岁的路战友因车祸导致腿部留下残疾，难以再从事繁重的农业劳动。家里有十几亩旱地，全家一年的收入不到 1 万元。"原本家里就不富裕，再加上我落下残疾，生活真是雪上加霜。"路战友说。2016 年，在临城县相关部门的帮助下，路战友建起了两座蔬菜大棚，每座大棚获得补贴资金 6000 元。依靠种植设施蔬菜，路战友一年的纯收入达到 3 万多元。依托种植设施蔬菜，路战友摆脱了贫困，他购置了拖拉机等农用车辆。然而他并不满足。距离程阳村不远便是天台山景区，每年旅游季节，游客络绎不绝。路战友心中有了搞乡村旅游的想法。他在自家的地里种下了樱桃树和桃树，准备建一个农业采摘园。"明年的旅游季，游客就能来我的采摘园观光采摘了。"据介绍，程阳村稳步推进大棚特色采摘、种桑

---

① 一个国家级贫困县的蝶变之路［N/OL］．（2017 - 09 - 19）．www.rmzxb.com.cn/c/2017 - 09 - 19/180/274_1.shtml.

养蚕等特色经济发展，让实体产业带动贫困户脱贫。

　　绿色扶贫需要因地制宜，发挥自身的特色优势，合理利用和保护当地的生态资源，延长完善生产链，推动一二三产业共同发展，以实体产业推进脱贫进程。

（二）资源破坏型

　　对于资源破坏型地区，减贫工作要以推动产业转型升级为主，大力开拓生态友好型产业，创新生态资产化管理及利用机制，在生态治理和恢复过程中开发新兴产业，大力开展生态退化治理，使得经济发展与环境保护同步进行，实现"生态美"与"百姓富"的有机统一。

第四章

生态减贫思想基础[*]

生态减贫作为新时代精准扶贫工作的升华，其完善了我国扶贫开发方式。生态减贫思想是进行生态减贫扶贫开发的基础，只有全面理解生态减贫思想才能更好地进行减贫工作。

第一节

生态文明思想与生态减贫

一、背 景

自 1978 年改革开放，中国的国内生产总值已经由 3679 亿元增长到 2019 年的 99.0865 万亿元；第一产业所占比重已经下降到 7.1% 左右。① 40 多年来，人民生活从解决温饱到总体小康，农村贫困人口数量大幅减少，中国已经跻身中等收入国家，经济、政治、文化、社会和生态文明的建设都取得了举世瞩目的成就，综合国力显著提升。虽然中国取得了巨大成就，但是温室效应、酸雨、臭氧层遭到破坏、土壤污染、水污染、水土流失、生物灭绝等大范围的生态危机频频出现。由于发展不均衡、不协调、高新

---

* 刘晓昊、曾俊文为本章做了大量工作，在此表示感谢。

① 国家统计局. 国内生产总值 [EB/OL]. （2019 – 12 – 19）. http：//data. stats. gov. cn/ks. htm？cn = C01.

尖端科技发展较发达国家落后，产业结构不合理，发展方式比较粗放，生态承载能力面临巨大的挑战，部分生态系统脆弱的地区已经达到了临界点或者已经超过了环境的承载能力，财富增长并未与生态环境建设做到同步。根据生态环境部统计显示，2019 年仍有 70.7% 的城市空气质量超标；全国酸雨平均频率为 10.8%，酸雨区面积仍占国土面积的 6.4%；地表水中大约有 67.6% 的江河湖泊（水库）受到不同程度的污染、破坏；75.5% 的地下水水质综合评估结果为"较差"或"极差"，14.6% 的水质评估结果为"极差"。① 并且我国目前还有 5.59 亿亩耕地为低等地，② 约占全国耕地面积的 27.6%，全国现有土壤侵蚀面积 294.9 万平方公里，占普查总面积的 31.1%。

经济的增长并没有使生态环境变得更好，发展与生态之间的矛盾并没有消除，绿色可持续发展依然受到诸多因素的限制，通向美丽中国道路上仍然存在大大小小的"绊脚石"。国务院扶贫开发领导小组办公室副主任刘永富在 2018 年时曾经指出，"我国还有 3000 多万现行标准下的贫困人口。这些贫困人口大多是分布在偏远地区、交通不便、生态环境较为脆弱的地方"③。这表明，将生态思想与生态发展统一融合将是扶贫的根本所在。

二、发展阶段

"生态"一词最早出现于古希腊，是指房屋、家庭的意思。自 19 世纪中期开始，被赋予了一定的科学意义，主要是指生物之间以及生物与环境之间关系和存在状态。中国首次提到"生态文明"则是在党的十七大报告中。党的十八大更是首次将其作为"五位一体"总布局的一部分。习近平总书记也在多个场合强调"保护生态环境就是发展生产力，良好的生态环

① 中华人民共和国生态环境部官网. 中国生态环境公报 ［EB/OL］. （2020 - 05 - 18）. http：//www. mee. gov. cn/hjzl/sthjzk/zghjzkgb/202006/P020200602509464172096. pdf.

② 中国全国耕地评定为 15 个质量等别，1 等耕地质量最好，15 等最差，将全国耕地按照 1～4 等、5～8 等、9～12 等、13～15 等划分为优等地、高等地、中等地和低等地.

③ 国务院扶贫开发领导小组办公室. 刘永福在改革开放与中国扶贫国际论坛上的演讲 ［EB/OL］. （2018 - 11 - 06）. http：//www. cpad. gov. cn/art/2018/11/6/art_624_90881. html.

境是最公平的公共产品，是最普惠的民生福祉"①。党的十九大报告中，再一次强调加快生态文明建设，建设美丽中国的理念，进一步强调不能把发展与保护对立起来，应该是发展与保护形成内在的统一。至此，生态文明建设已经成为我国长远发展的重要目标之一，是贯彻落实科学发展观的具体实践，是习近平新时代中国特色社会主义思想的重要组成部分，是2020年全面建成小康社会的"指南针"，也是引领未来十年甚至更长时期我国经济发展和现代化建设的"绿色政治共识"。

当前，实现全面小康最大的"绊脚石"就是贫困，只有让每一位贫困人口摆脱贫困，实现全国人民共同脱贫，才可能实现真正意义上的"全面小康"。那么，作为实现全面小康的"指南针"，生态文明建设在减贫和经济发展中就显得极为重要。党的十八届五中全会上首次提到"五大发展理念"，党的十九大报告中再次强调：发展是解决我国一切问题的基础和关键，发展必须是科学发展，必须坚定不移贯彻创新、协调、绿色、共享、开放的发展理念。所以，减贫已不再是简单地发展经济，是需要同时兼顾生态环境的生态减贫模式，以生态保护为前提的新型扶贫之路，是之前减贫方式的升华。

生态减贫和生态文明建设是"消除贫困、保护环境、实现美丽中国梦"的一种具体化的表达；是社会主义生态文明观的一种具体化表现；是对坚持和发展中国特色社会主义的重大理论创新，是当下治国理政的核心理念的具体化表现，也是坚持"科学发展观"和"习近平新时代中国特色社会主义思想"长期性指导思想地位的重要体现。其强调的是大力推进中国特色社会主义生态文明建设，在解决当前所面临的严峻的生态环境问题的同时，找到一条以尊重自然、顺应自然、保护自然为前提，走上消除贫困、保护生态、实现美丽中国梦的道路。

在决胜全面建成小康社会的关键时刻，如何解决贫困问题已迫在眉睫。可以说，在中国经济腾飞的这几十年里面，生态环境问题已经无可回避地摆在我们的面前，如何在构建社会主义生态文明的基础上制定可持续发展的减贫开发方案，是闯过摆脱贫困最后一道关卡的关键，是实现广大

---

① 中共中央文献研究室．习近平关于全面深化改革论述摘编［M］．北京：中央文献出版社，2014：107．

偏远贫困地区和贫困人群永久性脱贫关键，也是使贫困地区与贫困人群走向可持续发展的关键。

三、实现路径

一方面，脱贫并不只是靠着国家的财政补贴增加收入，这种暂时性的增收并不意味着真正的脱贫，我们应该更注重贫困人口如何自己脱贫、自身发展，这才能让贫困人口有一个长期而稳定的发展，政府在其中起到协调、提供必要帮助的作用，防止贫困人口返贫，降低返贫风险。另一方面，我们在消除贫困的过程中，不应该局限于经济的发展，人与自然是生命共同体，我们应当融合经济发展总体规划，运用保护环境、节约资源、发展绿色金融、促进社会和谐稳定的发展方式，形成减贫与发展相互依赖、相互促进、相互发展的模式。

如何实现生态减贫，首先要以生态文明理念为价值基础，以生态发展为原则，坚持保护生态就是保护生产力的理念。具体来说，一是要帮助贫困群众找到具有持续性收入的绿色发展方式。二是要能够将现有的资源精打细算，把现有的资源潜能最大化地转化为贫困群众的财富。只有将看得见的资源实实在在地转变为贫困群众手中的财富，才是真正的生态减贫。坚持将减贫工作与生态发展理念和可持续发展理念相结合，正确地处理好生态减贫与生态环境建设的关系。

如何处理好发展与生态之间的关系，实质上就是处理好人与自然之间的关系。就是充分认识到经济发展要以环境保护为首要条件，自然资源作为经济发展最基本的生产要素的观念。经济发展长久性依赖于自然资源的丰富程度和环境的稳定程度。另外，保护生态环境不能脱离经济发展，只有有了良好的经济发展才能达到保护生态环境的要求，没有良好的经济模式只会使资源过度消耗、浪费，最终造成自然资源的浪费。我们应该谨记习近平总书记强调的保护生态环境就是保护生产力、改善环境就是发展[1]。

---

[1] 《十九大报告辅导读本》编写组. 党的十九大报告辅导读本[M]. 北京：人民出版社，2017：374.

通过严格实施环境功能划分，严格按照优化开发、重点开发、限制开发、禁止开发的主体功能定位，同时构建科学合理的城镇规划推进格局、农业发展格局、生态安全格局，保障国家和地区（尤其是贫困地区）生态安全，稳步推进经济发展向绿色产业转型。① 通过"互联网＋"等现代化信息技术，不断发展新型高效绿色产业，在保护生态环境的前提下，创造出更多的财富。进一步解决生态环境与经济发展之间的矛盾，强化生态文明建设在生态扶贫工作中的重要地位。

四、理论方法

（一）建立健全自然资源产权制度

自然资源产权制度主要通过明确自然资源产权以及合理定价反映自然资源的真实成本，使市场在自然资源市场发挥应有的作用；自然资源用途管理制度则根据资源属性的不同、使用用途的不同、地理位置的不同而采取不同的管理方式，强调国家对自然资源按照生活、生产、生态等空间的用途或功能进行管制。这表明，无论谁是自然资源的拥有者，在进行开发或者其他活动的时候都需要遵从用途管制制度，不能随意改变其用途和功能。健全这些制度，就是要明确环境、生态等公共自然环境资源的"主人"，并赋予其保护生态环境的动力，进而在让其使用这些资源获得利益的同时，也承担起保护环境的责任，使自然资源的配置效果达到最佳。从而带动当地经济能有持续性的发展，使贫困群众收益增加，最终达到在发展中彻底摆脱贫困。比如，早在 2002 年的时候，中国首次对黄金矿开采权竞拍。此次拍卖实现了黄金采矿权的有偿让出，标志着国家保护矿种探矿权、采矿权的无偿授予制度终结。

（二）划定生态底线

当前我国国土空间具有多样性、不均衡性、脆弱性等特点。改革开放

---

① 习近平谈"十三五"五大发展理念之三：绿色发展篇［EB/OL］.（2015－11－12）. http：//cpc. people. com. cn/xuexi/n/2015/1112/c385474－27806216. html.

以来，我国国土开发过程中面临着一系列的问题，如工业矿产占地越来越多，耕地面积已经逼近18亿亩的红线；生态系统调节能力退化，一些地区随意开放，只顾经济发展，根本不考虑生态环境后果，造成森林消失、水体污染、土地荒废、地质灾害频发等严重的生态环境问题。这些问题归根结底都是因为没有一个底线，没有一条警戒线。建立生态保护红线、永久基本农田、城镇开发边界三条控制线是发挥国家环境保护政策的重要方式。三条控制线是为了维护国家或区域生态环境安全和环境的可持续发展。根据自然生态系统的完整性和自我修复的要求，划定的生态警戒线，是保证我国在发展的过程中不犯大错，以至于造成不可挽回的生态灾难的一道重要防线。

（三）实行资源有偿制和生态环境补偿制

当前，我国生态补偿机制模式主要包括让贫困人口参与到生态环境保护工程建设当中、生态补偿和移民搬迁。号召贫困人口参与到生态环境工程中，为贫困人口提供更多的就业机会，增加贫困人口的收入。生态补偿则是在一些生态环境具有优势的地区，如湿地、省级以上森林公园等，这些地区因为需要保护生态环境会牺牲掉一些发展机会，通过生态补偿也可以提高保护生态环境的积极性。移民搬迁就是前面所述的生态移民搬迁，这是因为这些地区生态功能较差，不能承载减贫开发，从而直接将贫困人口搬迁至适合地区的减贫方式。

长期以来，中国的自然资源处于一种不健康的价格状况，并不能真实地反映本身的市场需求和真实价格。很多自然资源并没有进入市场，要么是国家直接垄断经营，要么就是免费被群众使用。如中国的稀土产业不允许民营企业进入，又如清洁的空气、肥沃的黑土地、良好的生态环境等。这些至关重要的资源被无节制的使用，造成了市场经济巨大的损失。资源有偿和生态补偿是以节约资源、保护和持续利用生态系统为目的，以市场经济为调节手段，合理调节供需双方的利益关系。实行上述两项制度政策应该使自然资源得到合理的定价，并由定价反映其真实的市场需求。

为保护生态环境、推动生态文明建设提供有效保障，为实现自然资源有偿制和生态环境补偿制的顺利实行提供保障，首先，我们应该加快制定自然资源及其产品的市场价格。其次，应将资源税扩展到各种自然资源上。再其次，明确各职能部门的具体责任，加强沟通协作，进一步完善相关政策法规，避免出现"踢皮球"的情况，强化贫困地区的生态环境管理机制。最后，吸引民间资本投入到生态建设和恢复当中，绿色发展是中国经济转型升级的一个重要的着力点，市场需求强烈，发展潜力巨大。通过人才引进、资金支持等方式，实施生态环境补偿机制，努力实现贫困人口生态脱贫。如湖北省宜昌市夷陵区近年来采取的封、停、退、造、改、迁六种方式齐头并进的生态治理措施，稳步推进林业生态重点工程建设，有效地保护了当地的生态环境。

（四）深化改革和完善生态环境保护机制

中国的生态环境依然面临巨大挑战，历史遗留下来的环境问题没有得到解决，而新型环境污染问题又随之而来。大量的大气污染物和水体污染物随意排放，伴随着城市的高速发展又产生了光污染和噪声污染。这些污染不仅使本就脆弱的生态环境变得更加脆弱，人民的日常生活也受到影响。生态环境治理效果远远没有达到人民群众的预期。这就要求有关部门加速深化改革和完善生态环境保护机制，充分发挥这些机制的作用与效用，为解决我国当前严峻的生态环境问题和发展与环境保护之间的矛盾提供保障。另外，管理和考核机制的不统一、不合理也是阻碍生态文明建设工作有效开展的原因。具体来说可以分为以下几点。首先，加强扶贫主要部门与有关部门的联系，制定更加完善并且行之有效的统一的管理和考核标准。其次，相关负责部门应该因地制宜地出台一些宏观层面的引导性政策，加快政策制度的统一，建立一套自上而下的高效的管理制度，更高效地实现在做好扶贫工作的同时做好生态环境的保护。最后，完善生态环境保护考核机制的信息化管理，实现生态环境问题的实时动态的监控，利用"互联网＋"建立生态环境监测与扶贫工作进展情况大数据，是确保生态扶贫工作有效进行的利器。

五、现实成效

生态减贫不仅是对自然资源的合理利用，它还包括当地的民风、民俗文化等可持续发展的"精神资源"。对于广大的贫困地区来说，实施退耕还林还草工程、京津风沙源治理工程、易地搬迁工程不失为一种尝试。充分发挥生态保护在精准扶贫、精准脱贫的作用是实现生态文明建设的重要措施。

案例 ┈┈┈┈┈┈┈┈┈┈┈┈┈┈┈┈┈┈┈┈┈┈┈┈┈┈┈┈┈┈┈┈

退耕还林还草工程[①]

退耕还林还草工程是我国乃至世界上投资最大、政策性最强、涉及面最广、群众参与程度最高的一项重大生态工程，从保护生态环境出发，将水土流失严重的耕地，有计划、有步骤地停止耕种，因地制宜地造林种草，恢复植被。近些年国家进一步加大其工程的力度，将新增的任务向西部22个省（区、市）倾斜，各省（区、市）要优先有需求的贫困地区，特别是深度贫困地区。在种树、种草的选择上作出指导，让贫困户种植经济效益较好并且适应当地种植条件的经济林种、草种，促使贫困户能有长期稳定的收益，并且巩固当地生态环境承载能力。

对于贫困户来说，退耕还林还草工程改变了当地居民的种植作物，使他们从农作物的种植变成树与草的种植，这种改变可提高贫困地区人民的收益，并且是长期稳定的收益。可以减少原本就已经非常脆弱的生态环境遭到进一步破坏的可能。通过植树造林减少水土流失、土地沙漠化等问题，同时减少水旱等自然灾害的发生，减少国家和人民的经济损失。

京津风沙源治理工程[②]

多年来，由于过度放牧等原因，内蒙古许多的草原都出现了沙漠化的现象，草场的减少，牧民不仅收入会受影响，自身生存环境也将变得更加恶劣。京津风沙治理工程将推动贫困县（旗）的林草植被保护修护和重点

─────────────

① 中国退耕还林还草工程实施20年成就综述［EB/OL］.（2019 - 09 - 04）. http：//www.chinanews. com/gn/2019/09 - 04/8947522. shtml.

② 根据网络公开新闻材料及《中国林业统计年鉴》整理. 聚焦京津风沙源治理工程实施20年 京津风沙源治理工程今后将扩大范围［EB/OL］.（2020 - 09 - 25）. https：//tv. cctv. com/2020/09/25/VIDEzS2zK5rZhhqrDhqyLZx202925. shtml.

区域沙化土地治理，提高现有植被的质量和覆盖面积，遏制局部区域流沙侵蚀。京津风沙源治理工程于 2000 年 6 月开始试点，2002 年 3 月工程建设全面开展。工程规划范围涉及北京、天津、河北、山西、内蒙古 5 省（区、市）的 75 个县（旗、市、区）。工程区总人口 1958 万人，总面积45.8 平方公里，沙化土地面积 10.12 万平方公里。

风沙治理工程的实施，首先最明显的变化就是绿化面积的提升，人民生存环境变好，同时吸纳当地贫困人口参与到工程建设当中，实现收入的增加。这不仅解决了生态问题，也解决了贫困问题。

易地搬迁扶贫工程[①]

易地扶贫是指将生活在缺乏生存条件地区的贫困人口搬迁安置到其他地区，并通过改善安置区的生产生活条件、调整经济结构和拓展增收渠道，帮助搬迁人口逐步脱贫致富。发展改革委、扶贫办、财政部、国土资源部、人民银行 5 部门联合印发《"十三五"时期易地扶贫搬迁工作方案》，明确用 5 年时间对"一方水土养不起一方人"地方的建档立卡贫困人口实施易地扶贫搬迁，力争在"十三五"期间完成 1000 万人口搬迁任务，帮助他们与全国人民同步进入全面小康社会。

实施易地搬迁扶贫工程是根据水土资源条件、经济发展环境和城镇化进程与生态减贫的实践，尊重自然规律与经济发展规律展开的。对于生活在自然条件、生存环境恶劣，发展条件严重不足等"一方水土养不起一方人"地区的贫困人口来说，想要脱贫致富就要发展，也只能依靠发展。然而在当地脱贫致富的可能性微乎其微，对于自然环境恶劣、生态承载能力非常有限的地区来说，一旦开始大规模的开发就可能会对当地的生态环境造成不可挽回的破坏。实施易地搬迁扶贫工作，应结合当地自然资源与生态环境改善贫困人口的基本生存条件，杜绝扶贫开发中生态环境的破坏，有助于生态系统的恢复与重建。

可以说，实施退耕还林还草工程、京津风沙治理工程、易地搬迁扶

---

① 《人类减贫的中国实践》白皮书（全文）［EB/OL］．（2021 - 04 - 06）．http：//www.
scio. gov. cn/zfbps/ndhf/44691/Document/1701664/1701664. htm.

贫工程这些生态扶贫工程，就是紧紧围绕着生态文明这一扶贫思想而提出来的举措。这些工程的实施，进一步明确了发展、减贫、自然资源利用、经济发展和生态环境保护之间的关系。加快经济发展模式的转变，减少高消耗产业，增加低能耗高效益的产业，消除发展与生态之间的矛盾，在全面建成小康社会的关键时刻开展有组织、有计划地生态文明建设工程，结合贫困地区各自的特点，制定适合自己发展的具体方案，充分发挥当地自然资源的优势，使扶贫工作真正实现扶贫与生态文明建设双赢的目标。

第二节
"两山"理论与生态减贫

改革开放以来，我国虽然在经济上取得了巨大成就，但是片面追求经济的发展也给生态环境造成了巨大破坏。同时，许多城乡存在二元和三元结构，我国城乡之间的差异也越来越大，仍然有部分农村偏远地区存在贫困问题。怎样平衡经济发展和生态环境保护是我国政府当前面临的重大问题。"两山论"的提出为解决这个重大问题提供了理论支撑。习近平同志以"两山论"为思想基础，创造性地提出产业绿色化和绿色产业化的生态减贫模式，实现减贫开发和生态保护并重。

一、背景

早在 2005 年，时任浙江省委书记的习近平在浙江省安吉县余村考察时，了解到余村为保护生态环境而关停矿山、水泥厂，开始复绿复耕，靠生态旅游，靠绿水青山吃饭。听到这里，习近平总书记说道："不要以环境为代价，去推动经济增长，因为这样的增长不是发展。反过来讲，为了使我们留下最美好的、最宝贵的，我们也要有所不为，也可能甚至会牺牲一些增长速度"①。2013 年习近平总书记在谈到环境问题时明确指出："我

---

① 张国云."两山"理论诞生与践行［J］. 中国发展观察，2018（03－04）：122－126.

们既要绿水青山，又要金山银山。宁要绿水青山，不要金山银山，而且绿水青山就是金山银山"①。辩证地阐述了生态保护与经济发展之间的关系，也体现了生态减贫的本质。必须坚持节约资源和保护环境的空间格局、产业结构、生产方式、生活方式，还自然以宁静、和谐、美丽。坚持新发展理念，必须坚定不移地贯彻创新、协调、绿色、开放、共享的发展理念。②

在过去的几十年间，我国很多方面的成绩都是以 GDP 衡量，经济发展并没有考虑到生态环境的因素。在经历了以牺牲自然资源、生态环境为代价换取经济增长的阶段后，我们也体会到了"自己欠的债，是需要自己还"的问题，意识到了生态环境问题的重要性，开始更加冷静、客观地看待 GDP 增长。考虑到发展对生态环境的影响，在看待经济发展和生态环境两者关系的时候更加看重如何找到一个内在的平衡点从而促进人与自然和谐发展。"两山"理论的提出为解决生态环境问题、完成扶贫攻坚任务和全面建成小康社会带来了强大的思想武器。"两山"理论的提出具有较强的时代性，理论所蕴含的绿色发展新理念的核心思想是实现经济发展与生态环境保护双赢。

二、发展与内涵

既要绿水青山，又要金山银山。这一理念强调在追求经济增长的同时，也要注重对生态环境的保护，经济发展与生态保护缺一不可。兼顾经济发展和环境保护的理念突破了以往以 GDP 增速为标尺的单一的发展思路，开始重视生态维度对于整体发展的重要性。

宁要绿水青山，不要金山银山。这一理念强调了生态保护的极端重要性，其重要性很大程度上高于经济增长。发展经济的最终目的是为了提升人民的生活水平，如果在发展经济的过程中是以牺牲环境为代价，导致人民群众的生活环境受到破坏，那么这种经济发展模式与经济发展的初衷背

---

① 绿水青山就是金山银山 [EB/OL]．(2016 - 05 - 09) http：//www. xinhuanet. com/politics/szzsyzt/lsqs2017/index. htm.

② 习近平：坚决打好污染防治攻坚战推动生态文明建设迈上新台阶 [EB/OL]．(2018 - 05 - 19)．http：//www. xinhuanet. com/2018 - 05/19/c_1122857595. htm.

道而驰，这种"金山银山"不要也罢。

绿水青山就是金山银山。这一理念给了我们一个新的发展思路，那就是对绿水青山进行保护性的开发，将绿水青山转变为金山银山，不仅可以发展经济还可以保护生态环境，为决胜全面建成小康社会提供稳固的绿色根基。

"两山"理论大致可分为以下三个阶段。

第一阶段是改革开放以来到绿色生态文明思想提出之间，通过过度开垦自然资源、无视生态环境等粗放式的发展方式来寻求经济快速发展，盲目追求 GDP 的增长，没有考虑环境问题。

第二阶段"我们既要金山银山，也要绿水青山"，这时候经济发展与自然资源的匮乏、生态环境遭到破坏之间的矛盾日益凸显，人们开始认识到生态问题的严重性，开始考虑在发展的同时考虑生态环境的问题。

第三阶段，我们要认识到"绿水青山"可以源源不断地转换成"金山银山"，青山就是"造血干细胞"，能够给我们持续不断地"输血"，使生态经济变成我们的优势经济。一味地守着"绿水青山"也会出现问题，它并不能直接转化为财富。如果不把它变成"金山银山"，人民就不能从贫困当中走出来，这也是党和国家不愿意看到的。

"留得青山在，不怕没柴烧"。我们不仅要认识到生态环境的重要性，更要认识到发展经济的出发点是为了提高人民生活水平。如果只是单纯地发展经济而不考虑环境问题的话，反而可能会损害人民健康，降低人民生活水平，根本达不到发展的真正目的，就又回到了第一级阶段。因此，我们应该在发展过程之中牢记绿色发展理念，将"两山"理论融入发展当中。只有这样，我们才能真正提高人民的生活水平、提高生态环境质量，为我们的子孙后代留下宝贵的财富。

"两山"理论也是马克思主义中国化在人与自然和谐发展方面的集中体现，是中国特色社会主义生态文明观的重要组成部分。马克思认为，自然始终是与人的活动相联系，认为世界历史是一部劳动史，世界历史是通过人的劳动展开的，自然是人与人之间——社会关系的'中介'，自然在人与人之间起一个'纽带'作用。[1]《德意志意识形态》之中也指出："人们

---

① 马克思.1844 年经济学哲学手稿［M］//马克思恩格斯文集. 北京：人民出版社，2009.

对自然界的狭隘的关系决定着他们之间的狭隘的关系，而他们之间的狭隘的关系又决定着他们对自然界的狭隘的关系"①。中国特色社会主义生态文明思想以习近平生态文明思想为新时代的具体表现，坚持要把生态环境保护放在更加突出的位置，像保护眼睛一样保护生态环境，像对待生命一样对待生态环境，在生态环境保护上一定要算大账、算长远账、算整体账、算综合账，不能因小失大、顾此失彼、寅吃卯粮、急功近利。② 习近平总书记高屋建瓴地在中国特色社会主义的大背景下将人与自然、发展与生态等观念联系起来，把生态文明建设与人民的福祉联系起来，深刻指出生态环境不仅作用于生产力，也作用于生产方式；生态环境的本质就是生产力，是人民最宝贵的财富，是人民走向富裕的基础。

三、实现路径

脱贫减贫的重要途径是产业扶贫，通过发展当地产业为贫困人口提供就业机会，帮助贫困地区人民提高收入。而生态减贫，则是要求扶贫产业生态化，同时使生态产业化。

（一）产业生态化

当前，在绿色发展理念和"两山"理论的指导下，脱贫产业绿色化孕育而生。一是在减贫过程中，通过绿色发展可循环的模式形成绿色产业长效发展，在不损害、不破坏生态环境的前提下，将绿色产业效用最大化，为生态环境和经济发展带来双重效益，并在探索中形成自己的绿色高效产业。通常来说在产业的选择上主要以传统产业和新型产业为主。对于传统产业，改变生产方式，选择清洁高效的生产技术，无害或者低危害新材料、新工艺，实现低投入、低污染、高效率和高回报的生产方式。二是直接选择新型绿色产业直接改变贫困地区产业原有结构，帮助贫困地区在发展经济与生态环境保护之间找到结合点。

---

① 马克思，恩格斯.德意志意识形态：节选本［M］.北京：人民出版社，2003：26.
② 中共中央文献研究室.习近平关于社会主义生态文明建设论述摘编［M］.北京：中央文献出版社，2018：8.

绿色产业的选择应当因地制宜结合环境状况、人口素质、经济发展的公平性等因素。因此，其关键就在于选择适合的产业，而产业的选择则是依赖于政府的发展理念和政策观念。如果当地政府从开始就能够秉承着绿色发展理念和"两山"理论，那么就会找到适合当地发展的绿色产业。因此，在整个过程当中，不仅要强调贫困人口的生态保护意识，更应该强化权力部门的生态保护意识。

（二）生态产业化

环境与贫困问题的解决根本在于思想的转变，生态产业化理论体现了"两山"理论中第三阶段中的"绿水青山就是金山银山"的理念，即把生态资源当成是一种发展的基本要素，改变当前生产技术和管理机制，结合现代互联网信息技术创新商业模式，将生态资源实实在在转变为可见的财富，使生态资源效用最大化，使人民既摆脱贫困又能有个更好的生活环境。图4-1为绿色发展与生态减贫模式示意图。

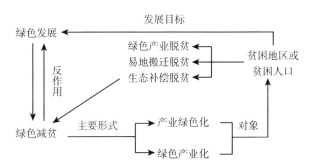

图4-1 绿色发展与生态减贫模式

生态资源相比于其他自然资源具有可持续性、可循环性和污染低等特点。生态资源的经济价值主要体现在两方面。一是生态资源具有一定的观赏价值和生产加工价值。利用生态资源的观赏价值可以兴办新型农村生态旅游产业，对于农业产业来说，利用其价值，结合当地的气候条件、地理条件、产业发展情况和现代信息化技术，形成集观光旅游、休闲娱乐、产品生产与外销于一体的农业产业观光模式，促进产业融合，解决第一产业难以融合其他产业发展的痛点，扩大第一产业经济价值，增加贫困人民的经济收入。二是生态资源可以作为生产要素投入到生产中，生产新型绿色产品，如可以将一些农产品进行进一步加工，增加农产品类别，扩大农产品产业链。

四、理论方法

生态减贫的创新和突破不仅仅在于它从经济角度强调贫困人口的脱贫，而是同时从生态、经济和社会的可持续发展角度出发，把建设生态、发展经济和社会效益统一起来。党的十八大以来，我国的生态减贫工作取得较为明显的成效，也积累了较多经验，具体包括以下四个方面。

（一）强化社会生态文明意识

收入高低不是评判贫困的唯一标准。生态减贫是统一了社会、经济和生态效益的一种新型减贫理念，强调在发展的过程当中，不能急功近利，要做到尊重自然和保护生态。为此，在减贫的过程之中，通过强化社会生态文明意识引导体制机制的创新、生产生活方式的转变等方面，从每个人做起、从现在做起。

要将生态文明理念和"两山"理论贯彻落实到各级政府和各项工作当中，尤其是引导基层干部和广大人民群众认识到绿色发展的益处，使他们能自愿地在工作和生活等方面贯彻落实。在体制机制方面，要将相关理念和顶层设计相互融合。把培育绿色发展和生态文化放在重中之重的位置。将绿色发展、生态文明纳入社会主义核心价值观宣传体系当中，加强绿色思想的宣传教育，提高全社会生态文明意识。

（二）经济发展与生态保护并行

促进经济发展和保护生态环境，这两者之间并不存在本质上的冲突，经济的增长未必就要走高投入、高消耗、高污染和低产出、低效益的发展路径。一方面，通过转变经济增长方式，强化绿色发展、科技创新发展，促进经济增长动力从要素投入到科技创新的转变，实现产业绿色化；另一方面，绿水青山就是金山银山，良好的生态环境实际上是一种可以转化出经济效益的优质资源，如发展健康养老、文化旅游产业。因此，节约资源、保护生态、科技创新、社会发展和繁荣都是发展的重要内容。牺牲绿水青山换来的金山银山，宁可不要；以牺牲人民群众利益为代价的经济增长，宁可不要；损害一个地区可持续发展根基的产业，宁可不要。

（三）倡导机会平等

当前，我国贫困人口主要集中在中西部偏远地区，这些地区是我国能否全面建成小康社会的关键所在，贫困地区人口的脱贫不仅可以体现在经济收入和生活水平的提升，更体现在平等获得各种机会上，包括教育资源、享受各种公共服务的机会等方面上，扶贫则表现为帮助贫困人口提升能力或者创造机会。只有保障机会的平等，贫困人口才能真正享受到经济发展带来的成果。因此，贫困地区能否真正做到益贫，关键在于将"两山"理论与生态减贫相结合，走绿色可持续发展的脱贫之路。只有将生态减贫带来的效益为贫困人口、贫困地区共享，才能进一步坚定贫困地区走可持续发展道路的信心。

目前，我国不同地区的经济发展过程中都存在或多或少的问题，如资源开发过程中导致利益分配的失衡。因此，有必要创新分配机制，完善税收制度，加大对资源开发与利用企业资源折旧与消耗核算，使资源受益实现共享，最终在各个贫困区域实现绿色可持续发展。

（四）激发扶贫脱贫的内生性

生态减贫的核心机制就在于其内在性，在保护生态环境过程中，创新思路，将绿水青山视为优质的经济发展资源。通过保护建设和适度开发，实现经济增长和生态环境保护的统一和良性循环。转变经济发展观念，需要政府创造好的外部条件，包括完善的公共服务、基础设施以及相应的体制机制，有利于绿水青山向金山银山的转化，让贫困地区找准发展方向，激发动力。

因此，生态减贫应该抓住公共服务这一部分，特别是要注重政府政策调控与服务，将生态补偿等绿色经济成果转化为良好的公共服务，特别是基础教育和基础设施的建设。一方面，高度重视贫困地区的基础设施建设，促进贫困地区与发达地区的经济联动，实现区域内部经济一体化，降低交易成本，为实现脱贫攻坚奠定基础；另一方面，要让贫困地区人民参与到减贫当中来，实现减贫从"要我富"到"我要富"的转变，从根本上激发贫困人口的内生动力，增强贫困人口自身的"造血能力"。

五、现实成效

案 例

光伏扶贫工程①

生态减负离不开产业扶贫，产业扶贫的实现路径是产业与生态相互作用的结果。就推进产业扶贫而言，光伏扶贫工程、旅游扶贫工程比较充分地解释了生态扶贫的内涵。

光伏扶贫工程包括：一是实施分布式光伏扶贫，支持片区县和国家扶贫开发工作重点县（以下简称"贫困县"）内已建档立卡贫困户安装分布式光伏发电系统，增加贫困人口基本生活收入；二是该贫困县因地制宜利用荒山荒坡、农业大棚或设施农业等建设光伏电站，使该贫困地区直接增加收入。光伏扶贫工程是生态减贫新渠道，通过帮助贫困人口安装分布式光伏发电系统，利用贫困地区的荒山、屋顶、庭院、农业大棚等资源建设光伏发电站，直接增加贫困人口的收入。2016 年，国家发展改革委、国家能源局等 5 部门联合发布《关于实施光伏发电扶贫工作的意见》，明确指出，重点在前期开展试点的、光照条件较好的 16 个省 471 个县约 3.5 万个建档立卡贫困村，以整村的推进方式，保障 200 万建档立卡无劳动能力贫困户原则上每年每户增加收入 3000 元以上。通过以上的措施，使生态减贫理念更加深入人心。

旅游扶贫工程②

旅游扶贫是指通过对旅游资源丰富、自然风光秀丽的贫困地区或者欠发达地区进行旅游资源的可持续性开发，发展旅游产业，并且通过旅游产

---

① 光伏扶贫 ［N/OL］. (2021 - 03 - 13). https：//www. caixin. com/hot/guangfufupin. html.
② 旅游扶贫 ［N/OL］. (2020 - 12 - 23). http：//travel. people. com. cn/GB/416140/.

业带动当地的经济发展，带领贫困群众开辟出一条脱贫致富的道路扶贫模式。旅游扶贫有别于一般旅游，它不仅要考虑经济收益问题，更需要考虑扶贫这一核心问题。旅游扶贫不仅要考虑旅游是否可行，更需要考虑旅游是否对当地的贫困人口有实实在在的帮助、贫困人口是否愿意参与到旅游扶贫建设之中。旅游扶贫是把贫困人民的经济收益放在首位，还要考虑到旅游扶贫项目对于生态系统所造成的影响。旅游扶贫不仅要做到减贫脱贫，更要创造出一条由贫困走向致富的道路，不仅要做到"真脱贫"，还要做到"脱真贫"。

实施以上工程就是在践行"绿水青就是金山银山"理念，是实现生态发展、生态减贫的一条重要的道路。这些工程的实施，将进一步统筹规划和协调发展农业产业、生态减贫和生态环境保护之间的关系。一方面，适应社会转型和转变经济增长方式，加强科技创新，将绿色发展思想融入经济发展之中。另一方面，"绿水青山"就是"金山银山"，良好的生态环境本身就是最好的资源，充分发挥生态环境的优势，大力发展农业产业绿色化，真正把"绿水青山"变成"金山银山"，实现经济发展与生态环境双重效益，早日打赢脱贫攻坚战，全面建成小康社会。

第三节

以绿色发展实现生态减贫

一、现 状

当前我国的减贫工作面临着巨大挑战。改革开放以来，我国已经脱贫的地区大多是在东部沿海地区，但是环境恶劣、交通不便的中西部贫困问题则更为严峻，并且随着经济的发展，两地区的经济差距越来越大。因此，我国的扶贫重点对象已经转移到中西部交通不便的山地、草原、荒漠等欠发达地区。在中国工业化进程不断加深的背景下，随之而来的就是巨大的生态环境压力，以往高消耗、低效率的发展模式不仅给生态环境保护和社会经济发展带来压力，人与自然关系的也愈发紧张。所以，绿色发展模式是我国未来的发展之路，包括贫困地区也要遵循绿色发展理念，坚持生态减贫的脱贫方式，注重保护好生态环境和物种多样性，减轻生态环境压力。

贫困是导致经济增长缓慢和社会发展停滞不前的重要原因，已成为世界各国社会经济发展过程中长期面临的最大挑战。消除贫困、促进发展、实现共同富裕，自古就是人类不懈追求的理想，也是当前各国亟待解决的重大难题。当前，我国扶贫工作面临着效率低、减贫难度增大、返贫加剧的危险。特别是在生态脆弱区，人口生存发展与生态环境保护的矛盾相当突出，减贫与生态改善很难兼顾。不仅如此，以增加收入为目的的扶贫开发必然会给生态环境造成更大的压力，进而加剧贫困。

1992 年联合国环境与发展大会上，与会各国代表一致认为：第三世界的贫困是许多发展中国家生态环境恶化的根本原因，生态恶化又会导致这些国家更加贫困，如此恶性循环，使发展中国家在环境与发展问题上步履维艰（王娅，1993）。事实上，在贫困与发展的过程中，找到一种发展模式解决经济增长与不平衡、贫困、生态环境的破坏之间的矛盾至关重要。那么绿色发展就是解决这些矛盾的一剂"良药"。

二、发展历程

在可持续发展和生态减贫的大背景和前提下，推动绿色发展，以绿色发展实现生态减贫是我国必须走的道路。我国绿色发展研究起步较晚，很长时间受到计划经济和工业文明不发达的影响，到 20 世纪 80 年代，国内对于绿色发展的研究还是少之又少。90 年代，中国的经济有了很大的进步，但是国内环境污染问题日益严重，绿色发展问题开始引起关注，相关研究也大多从这个时候开始。如中国社会科学院 1998 年发布的《1999 中国可持续发展战略报告》，国家环境保护总局在 1998 年发布了《中国生态报告》、1999 年则出版了相关论文集《市场经济与环境保护》。这些分析报告或者研究报告反映出我国环境问题的严重性，以及对国内可持续发展的较大危害性。21 世纪初，《中国人类发展报告 2002：绿色发展　必选之路》由联合国计划开发署发布，中国政府积极响应，不断探索绿色化的发展路径。在此背景下，一批有关绿色发展的成果相继问世。例如，胡鞍钢（2004）阐释了绿色发展的内涵，同时剖析了我国绿色发展的紧迫性与重要性，力争环境与经济的双赢；孙伟等（2012）认为优化绿色制度设计、创新绿色管理模式势在必行；李萌和李学锋（2013）认为，我国城市绿色发展转型的路径选择与政策安排要能推动生产体系、消费模式绿色化，强化绿色市场建设与绿色科技创新；秦书生和胡楠（2017）则认为推进绿色发展应加快推进生产方式和生活方式的绿色化，构建促进绿色发展的制度保障体系。

国外"绿色发展"一词出现得比较早，"绿色发展"最早由威廉·配第（William Petty，1662）提出，他认为自然条件会限制人类在财富创造方面的能力；马尔萨斯（Malthus，1798）对威廉的观点进行了传承与发展，他基于"人口理论"，提出了产生一定影响力的"资源绝对稀缺论"；到 20 世纪 20 年代，福利经济学的代表人物阿瑟·塞西尔·庇古（Arthur Cecil Pigou，1920）则突破性地提出了"外部性是环境问题产生的根本原因"的观点，他认为税收和补贴观点对解决这些问题大有益处。20 世纪中后期，国外开始对当前经济增长方式进行反思。1962 年，《寂静的春天》一书中，作者极力批判了重工业对生态环境造成的严重污染。再到近些年来，联合国计划开发署也开展了绿色发展、绿色经济的研究，这将有利于推动国际经济发展朝着绿色可持续发展的方向前进。

三、绿色发展的内涵

通常而言，经济增长带来的是更加两极分化和不平等的收入水平，并且经济增长的减贫效应存在着边际递减规律。即当绝对的贫困发生率下降到一个很低的水平时，经济增长的减贫作用就会逐渐下降，如果不采取措施加强针对性，不改变扶贫方式，减贫的速度会逐渐降低，甚至出现返贫的现象。

绿色发展的核心是实现经济增长与生态环境保护双赢。建设美丽中国，必须坚定不移贯彻创新、协调、绿色、开放、共享的发展理念。近年来，建设美丽中国、绿色发展、可持续发展、生态减贫等新型发展与治国理念也受到了党和国家的高度重视，这些新型发展理念自党的十八大以来在更大的广度和深度上付诸实践与探索。绿色发展不仅有利于扶贫工作的开展，还对于生态环境的保护、人民生活质量的提高以及最后达到建设美丽中国的目标有着深远影响。

绿色发展是实现可持续发展的工具，绿色发展能够提供扭转生态环境制约社会、经济、环境等方面可持续发展的契机。纵观整个世界，不管是发达国家还是发展中国家，在早期的发展道路上很少会去考虑生态环境这个问题，只顾社会经济的发展而忽略环境遭到破坏的问题。中国是人口最多、国土面积大、自然资源分布不均衡、发展不平衡的社会主义国家，为了建设美丽中国，打赢脱贫攻坚战，在2020年实现全面小康与共同富裕，人民生活美好，生态环境优良，就必须改变发展方式，走绿色可持续发展的道路。

绿色发展更加注重于实现经济发展与环境保护双赢的理念，绿色发展中的"绿色"不仅是指自然的颜色，不仅象征着自然界的生机，还代表着国家的希望、和平、安全、环保等，更代表着要保护好子孙后代赖以生存的环境和未来。积极转变传统的生产方式、发展方式、环境保护意识等，努力实现经济与社会的可持续发展，提高资源利用效率，增强人民环境保护意识，保障人民的基本生活质量和需求，真正做到人与自然和谐相处和人类的可持续发展。绿色发展是发展观的升华，是发展观上升到新的高度的体现，是一种全方位的、综合性的新的发展理念，彻底改变了传统的发展理念和发展模式，通过有限的自然资源，结合新的发展观念，创造可持续的财富，这种发展方式不仅能够为自身创造财富，还能为子孙后代留下更多宝贵的资源，造福子孙后代。

绿色发展是可持续发展的"升级"，绿色发展和可持续发展都是对传统发展模式的创新与改进，可持续发展强调的是我们不能为了自身的发展而去损害后代的利益，准确把握好人口与发展的关系，更加注重的是资源的合理使用和保护。绿色发展观与可持续发展观相比较，更加强调人与自然和谐统一，不仅注重对资源的保护和使用，而且更加强调发展人的本性，始终把人的发展放在首要位置，努力实现政治、经济、文化、社会和生态的可持续发展是绿色发展的目标，这些目标的实现都有一个共同的出发点——为人类生活生产提供更好的社会环境。

四、实现生态减贫的必然选择

（一）绿色发展解决经济发展不平衡问题

从经济发展和脱贫攻坚上看，当前贫困地区在空间上处于多重资本不利的叠加，即贫困地区的物质资本、社会资本、政治资本和人力资本低，形成空间贫困陷阱，要走出空间贫困陷阱，就要解决经济增长与收入不平等、经济增长与生态环境、贫困与生态环境等多个发展关系。理论研究表明，一般的经济增长是增加贫困地区人民收入的必要条件，但并非充分条件，经济的增长并非一定是益贫的，经济的增长与收入分配存在着收入库兹涅茨曲线，即随着经济的增长，人民收入水平提高，但是人民之间的收入差距将会越来越大，只有达到曲线改进的点，才能改变收入差距。只有穷人的收入增长速度快于富人的增长速度，经济增长才是绝对益贫的，因为收入差距的缩小是实现经济增长减贫效应的重要条件。

由此可见，经济增长与贫困、不平等、环境之间的关系过于复杂，特别是对于经济和环境较为落后的贫困地区来说，在脱贫攻坚和经济发展的过程中，既要实现贫困人口的全面脱贫，又要确保环境质量的稳定和提升，同时要尽力缩小发展中的收入差距，将更多的公共服务资源分配到贫困地区，能够使贫困人民享受同等利益。所以走绿色发展道路，能够实现贫困人口脱贫、收入差距缩小、生态环境治理和经济增长的目标。

绿色发展是减贫的根本，在生态得不到改善的情况下，"输血式"扶贫只能维持贫困人口在较低水平下的生存，但是政府会为此长期背上沉重的包袱，而"开发式"扶贫则可能继续破坏环境，陷入贫困与生态破坏的恶性循环之中。所以，以绿色发展新理念提升生态脆弱地区与环境的承载能力，才能解决贫困、经济增长、环境和不平等问题。

首先，绿色发展是贫困人口平等参与生态改善的前提。总的来看，生态型贫困发生的原因是人口压力过大，导致生态环境遭到持续破坏，但是更深层次的原因则是政策缺陷，是没有想到选择正确的发展策略，在发展的过程当中没有立足于区域资源，包括自然资源和人力资源。以前，把部分发展能力较差的人口排除在发展进程之外，导致区域发展失衡加剧。正是因为惧怕贫困人口参与会影响生态改善的效果，当地的居民在工程建设当中并不能享受到平等的机会。显然，部分居民被排除在生态建设工程之外，会增加建设成本，却不能从根本上减轻当地人口生存发展对资源环境的压力。绿色发展理念就是充分调动一切积极因素，努力将一切自然资源和人力资源效用最大化，让贫困人口参与到扶贫事业之中，努力改善生态环境、牢固生态脆弱区减贫和发展的基础。实施绿色发展战略将直接增加生态恶化的受害者参与环境保护的积极性。让以前被排除在发展之外的人口参与到生态改善和经济建设当中，这不仅可以使这些受害者得到更加公平的对待，也能增加贫困人口的收入，改善生态，从而到达益贫的效果。

（二）绿色发展是生态改善和减贫的持久动力

绿色发展理念的根本在于"绿色"，绿色发展具有低门槛的优势，将"绿色"融入当地产业中，优化生态产业，使之成为贫困地区的支柱产业。每一个贫困人口都能自己参与到扶贫中，如结合当地自然资源发展生态旅游产业，同时通过售卖当地的特色农家产品带动经济的发展。在经济建设的过程中，将绿色发展理念融入其中，转变贫困地区的经济结构、生产和生活方式。生态经济对自然资源直接消耗的依赖性较低，依托这些特色的生态资源发展生态经济，可以带动区域就业，且具备竞争优势，能够吸引外来投资，是兼顾和促进区域经济增长和生态环境保护为目标的经济发展方式。绿色发展不仅解决一般经济建设所带来的难题，更是实现减贫的持久路径与动力。

绿色发展是我国未来社会经济发展的一个大趋势，也是解决贫困地区扶贫问题与生态问题的重要途径，是实现贫困地区绿色发展、可持续发展的有效途径，同时也是实现脱贫任务的主要途径。以绿色发展实现生态减贫，是全面建成小康社会的现实需求，也是中国特色社会主义扶贫开发方式的发展趋势，以绿色发展实现减贫脱贫的目标是实现扶贫开发、经济增长和生态保护共赢。在实践当中，一定要把握绿色发展与生态扶贫的理论意义和实践价值，充分考虑当前的生态状况、扶贫情况、绿色产业发展状况，理论结合实际情况找到最好的解决方法，最终以绿色发展为导向实现生态减贫的最终目标。

五、实现路径

积极发展绿色金融。将生态减贫理念融入金融领域之中，鼓励金融机构直接参与到生态减贫中来，打破一直以来投资都是靠国家来提供的传统，充分发挥金融杠杆的优势。鼓励大型企业和海外华侨加入生态减贫工程中来，为贫困地区争取更多的扶贫资金。形成由政府主导，企业、海外资本、多方面参与的扶贫计划，加强政府与大型企业之间关于扶贫问题的合作，尽可能地为贫困地区提更多的扶贫资金。

将生态保护、生态减贫和绿色发展有机融合，在环境恶劣的贫困地开展适合的生态修复工程，比如退耕还草还林、沙化土地封禁保护区建设、湿地保护与恢复、发展生态旅游等，既可以保护生态环境，又能创造就业机会增加贫困地区的经济收入。同时，国家应该增加重点生态功能区转移支付，扩大政策实施范围，完善补偿方式，逐步加大对重点生态功能区生态保护与恢复的支持力度。将科学技术融入生态减贫之中，为贫困地区研发和实施低碳工程，为贫困地区提供如太阳能热水器、风能发电机、沼气池等一系列清洁能源设备设施，并且依托贫困地区地理优势，利用荒废山坡、家庭屋顶、庭院等实施光伏发电工程，不仅可以为贫困地区提供清洁的能源，还能增加经济效益，实现以绿色发展为理念的生态减贫。

第四节
以生态减贫促进绿色发展

一、现状

我国贫困人口在分布上具有地域性、民族性和历史性的特点，主要分布在中西部、偏远地区、少数民族聚集地和一直以都处于贫困的地区，都有着交通不便、生态失衡、经济基本无发展、教育落后、生活条件恶劣的特征。所以我们在进行扶贫工作的时候，应当充分地考虑不同地区的差异性，科学合理地制定绿色发展战略和生态减贫战略，因地制宜地推进绿色发展和生态减贫。

传统的减贫模式当中，减贫、发展和生态环境之间存在着一定的矛盾，在时效性和有效性之间存在不耦合的情况，传统扶贫方式还存在着建构生态扶贫体系面临社会阻力、生态扶贫的整体运行机制亟待完善、加快贫困地区生态扶贫政策的顶层设计跟进不及时等主要问题。

新阶段扶贫开发的基本方针仍然是开发式扶贫，它的基本含义是：以经济建设为中心，引导贫困地区群众在国家必要的帮助和扶持下，以市场为导向，调整经济结构，开发当地资源，发展商品生产，改善生产条件，通过发展生产力，增强自我积累、自我发展的能力。但在扶贫方针的认识上容易走进这样的误区，即只用经济指标衡量扶贫开发的效果，忽视生态上造成的影响，造成发展的低效率。走生态减贫发展道路、走生态文明建设道路是促进新时代社会经济发展和脱贫攻坚的必由之路。坚持走绿色可持续发展的道路，坚持以生态减贫方式为首要扶贫方式，坚持以生态减贫促进绿色发展。

二、发展阶段

第一阶段是 1978～1985 年，这时期的扶贫主要是以改变不适应社会发展的农村生产关系为扶贫的主要方式，通过调整生产关系以适应农业生产力发展来帮助农村贫困人口摆脱贫困，解决温饱问题。具体措施是实行土地家庭承包经营制。

第二阶段是 1986～1993 年，大规模开发的方式进行扶贫。20 世纪 80 年代中期，中国许多农村地区在经历将近十年的改革开放后，经济实现了快速的发展。但是中国国土幅员辽阔，许多的农村由于地理位置的束缚并没有得到很好的发展，导致经济发展依然落后，这些地区的经济发展的差距正在被拉大，中国农村发展不平衡、不协调、不充分的问题越来越严重。此时，党中央和国务院专门成立扶贫工作小组，划拨扶贫专项资金开展扶贫工作。

第三阶段是 1994～2000 年，社会各界力量共同参与扶贫工作。以

《国家八七扶贫攻坚计划（1994—2000 年）》的公布实施为标志，中国的扶贫开发进入到社会力量共同参与的历史阶段。

第四阶段是 2001 ~ 2010 年，进入 21 世纪以来，针对新的贫困问题，党和国家将扶贫政策对象转向村一级。2001 年国家首次强调这一时期的扶贫工作将以村级为单位，通过鼓励贫困人口参与到扶贫综合开发行动之中，以实际的任务和目标来激励和激发贫困人口参与新时期扶贫工作的主动性与积极性。

第五阶段是 2011 年至今，尤其是在党的十八大以后，中国的扶贫力度和任务是前所未有的。党中央和国务院明确了扶贫目标主要是消除绝对贫困，将 14 个连片特困区作为扶贫开发的主战场和重点区域。

三、生态减贫的内涵

一直以来，如何在贫困地区取得经济发展和生态环境保护的平衡一直是一个重要且严峻的问题。一方面，贫困地区急需外部资源的注入以谋求地区经济的发展；另一方面，贫困地区脆弱的生态环境却无法承受某些产业的布局。生态减贫作为一种理论源头为益贫式增长提供了一种有利于减贫的绿色增长模式，不仅发挥着可持续发展方面的作用，还能利用其概念、范式和方法，发挥更大的发展作用。

生态减贫的核心与本质是以人为本。党的十八大在生态文明建设方面特别强调了以人为本的绿色发展理念，党的十九大进一步明确了"以人民为中心"的理念，这也是与以人为本的本质和核心相契合的。同时，生态减贫也促进了发展观念和模式的转变，改变了发展理念、有助于提高发展质量。生态减贫已经是当今和未来世界各国发展的趋势与潮流，已经有很多国家和地区进行了实践与探索，生态减贫已经成为国际交流和讨论的重要议题。

生态扶贫是一种可持续扶贫方式，早在党的十五大上就已经将可持续发展战略作为我国现代化建设必不可少的战略之一。生态减贫理念体现着"绿水青山就是金山银山"的思想，生态减贫是在保护环境的前提下，通过绿色发展的方式满足当代人的发展需求，是不去预支消耗后代资源的发展模式。众所周知，人类的发展必须遵循自然发展规律，必须在环境与资源能承受的范围之内。当前我国的扶贫模式已经从"输血式"转变为"造血式"，生态减贫战略的提出，就是要更进一步，不仅仅要"造血"，还要"造好血"，就要将减贫方式与可持续发展理念、社会经济、生态环境有机融合起来，达到人与自然、人与社会、人与人的和谐统一相处。生态减贫这一可持续减贫模式，不仅可以消除贫困，改善人民生活质量，还能将生态环境建设得更好，是一种新扶贫理念。

四、促进绿色发展的必然选择

（一）克服生态扶贫减贫与发展之间的时效性矛盾

国内外实践研究显示，不管是发达国家还是发展中国家，大多数国家在早期都会经历"高消耗、高污染，低效率、低回报"的经济发展模式和扶贫方式，这种为了促进经济发展而忽略生态环境的经济发展模式，将会导致社会出现不安稳、不和谐等民生问题。我国一直坚持走中国特色社会主义的发展道路，以人民为中心，消除贫困，改善人民生活质量，缩小贫富差距，实现共同富裕，保护生态环境，是我国社会主义的本质要求，生态减贫作为一种资源消耗少、环境污染少的低碳发展模式应该被积极探索。生态扶贫首先改变经济发展观念，不以环境资源为代价，改变发展模式，把生态减贫思想融入经济发展中，做到消除贫困与保护环境与发展共同发展。

生态减贫并不是全盘否定现有的发展，而是对现有发展模式的补充和改善。立足于中国生态文明建设背景，打破当前中国面临的资源约束趋紧、环境污染严重、生态系统退化等发展桎梏。生态减贫注重保护原有区域的生态环境，避免以破坏环境为代价换取经济发展，注重贫困地区的可持续发展。生态减贫通过发展绿色新型产业，改变贫困地区现有的经济产业。发展绿色新型产业不仅可以保持经济的正常增长，改变传统的资源消耗、粗放和污染的经济发展模式，保护生态环境的同时还能将贫困群众融入绿色产业当中，做到持续性"造血式"扶贫，解决传统扶贫与经济发展之间不能够同时兼顾的不足。因为在传统的扶贫与发展当中，经济的发展并没有考虑到大多数的贫困人口利益和对生态环境的保护，扶贫也只是高消耗的经济发展进行的"输血式"扶贫，这种扶贫模式并不能做到益贫，当传统经济发展达到"瓶颈"的时候，这些地区不仅会大量出现返贫现象，生态环境也将毁于一旦。

经济的发展并没有与扶贫工作在时间上耦合，而是在经济发展后去带动扶贫工作，这种扶贫方式使扶贫工作效率低下。也不能真正有效地促进贫困地区的有益发展。生态减贫正是将扶贫工作、生态环境保护和经济发展联系起来同时进行，增强三者在扶贫过程中的联动。不仅能提高扶贫效率，更能在发展中保护环境和实现益贫，实现三者同步前进的可持续发展。

（二）生态减贫增强减贫与发展的有效性

以往的粗放式扶贫方式难以实现资源的优化配置，减贫与发展之间作用效率不高，造成了扶贫资源的巨大浪费。生态减贫从根本上杜绝了粗放式扶贫存在的体制与机制弊端，实现了资源的合理利用与优化配置。生态减贫思想通过人与生态环境和谐共生的价值理念指引，深入贯彻绿色生产力理念，将自然资源、经济资源以及社会资源深度融合，通过绿色循环的发展体系，大力提升资源配置的效率，进而实现了经济效益、社会效益与生态效益的最大化。生态扶贫将实现减贫与区域经济发展。生态减贫思想是一种科学的价值理念，在这一科学价值理念的指引下，生态减贫能够实现与区域经济发展与减贫的协调共进，解决在传统扶贫当中扶贫与贫困地区区域经济发展不协调、不匹配，造成资源巨大浪费，影响减贫工作的长远效果的问题。没有效率的扶贫脱贫将难以获得长久的生命力，只能在瞬息万变的市场洪流当中孤军奋战。生态减贫的引入则可以增强减贫与发展的联系性，在发展经济的同时实现减贫脱贫和环境保护，提高减贫脱贫与发展之间作用的效率，促进绿色可持续发展。

提高减贫与发展的时效性是生态减贫思想重要的作用。不仅可以改变扶贫模式、保护生态环境，让贫困人民共同参与到扶贫事业当中，还将促进贫困地区的绿色产业的发展。更重要的是，生态减贫思想的融入不仅是经济脱贫，对当地的社会、文化环境脱贫都将有一股绿色可持续发展的动力。

　　生态减贫将以人为本放在首要位置，是一种全方位、多维度的立体式扶贫方式，生态减贫不仅仅使贫困群众的收入增加，也能促进医疗、卫生、教育、环境等方面的发展，提高人民生活质量，保障人民基本权利，符合党和国家始终坚持的以最普惠、最高效的扶贫发展政策帮助贫困人口摆脱贫困的精神。坚持以人为本的扶贫方式，坚持全方位、多维度的立体式的扶贫方式，体现着生态减贫对于人类全面发展和人类需求的密切关注，不但关注着贫困人民收入的增加，而且关注着人类的健康卫生、教育水平、基本公民权利以及未来的发展前景。只有生态减贫才能满足人类全方位的发展需求，才是真正的以人为本的扶贫方式。

　　生态减贫改变经济增长方式，转变产业结构，发展低碳、附加值高的特色产业，将扶贫项目与贫困地区和贫困人口有机结合起来，把传统的产业扶贫方式转变成可持续发展产业，将"输血式"扶贫转变为"造血式"扶贫，提高民众参与扶贫的积极性与主动性，充分发挥生态减贫产业的引领作用，大力发展特色产业扶贫，提高绿色产业的开发效益，促进绿色产业的可持续发展。

五、实现路径

　　开展生态减贫，首先就要做好基础设施的建设。俗话说，"要想富，先修路"，路不通，农产品再好也销售出去，再美的风景也吸引不到游客。推进交通、水利、能源等各类基础设施向贫困地区延伸，改善贫困地区的人居环境，是促进贫困地区经济发展的重要保障。

　　脱贫是全国人民共同奋斗的目标，努力构建政府、市场、社会、贫困人民共同参与的多元合作的扶贫模式，强化政府引领，市场与社会协同发展机制，充分发挥市场这只"无形的手"的作用，鼓励先富带动后富，建立有效的扶贫机制，走出一条由经济发展带动脱贫致富的道路。国家还需考虑贫困地区获得均衡发展问题，对贫困地区实行政策倾斜，加大对贫困地区绿色发展和生态减贫的支持力度，以贫困地区的经济发展为出发点，在扶贫过程中应当积极探索创新扶贫机制，将扶贫工作与绿色发展、生态减贫理念相结合，提高扶贫效率，加快扶贫进度。

要真正实现生态减贫工作目标，首先必须有一套严格的、灵活的扶贫考核机制。生态减贫的核心就是生态和减贫，需要做到发展与减贫兼顾，要始终牢记"绿水青山就是金山银山"。将生态减贫考核工作纳入政府监管工作之中，通过政府对扶贫机制的考核来加强对生态减贫工作的管理。实施科学精准的扶贫考核机制至关重要。要改善考核机制，将经济发展、社会发展、人民生活和生态文明建设加入考核体系之内。加强生态减贫考核机制，为生态减贫实现绿色发展创造条件。因此，强化和完善生态减贫考核机制，建设统一的考核体系，成立专门的考核部门，结合现有的考核指数和考核体系，如人类发展指数、中国绿色发展指数等权威性的指标体系，建设具有中国特色的生态减贫考核机制。

其次，强化绿色发展理念，提升民众生态减贫意识。当前大多数的贫困地区主要分布在中西部地区，这些地区由于发展、社会、文化、民族和历史原因等使得他们的教育文化水平较低，这些地区的人民对绿色发展、生态减贫意识较为薄弱。所以，这就需要党和政府加强关于绿色发展、生态减贫意识的宣传，增强人民参与到扶贫当中来的积极性，为我国的生态减贫工作打下坚实的基础。

通过以上政策，能对推动生态减贫工作有着良好的效果，大大改善人们的观念，将绿色发展、生态减贫的理念传递到每个人心中，生态减贫是新时代下精准扶贫的升华，是我国深化改革与脱贫攻坚的产物，也是对全球实行绿色发展的响应。坚持生态减贫，是实现 2020 年我国在现行标准下农村人口全部脱贫的目标，实现全面建成小康社会的有效途径。

第五章

生态减贫理论架构[*]

本章将简要梳理和串联有关生态减贫的现有理论，为读者建立高屋建瓴的视角，以便于后续获得更加深入的理解。本章对理论的建构将从可持续发展理论开始，可持续发展有着内容丰富的定义和紧密联系的各要素，在长期的思考与实践中发展出了基础理论和核心理论，这对读者理解生态减贫所应该秉持的核心原则与最高精神至关重要。在此基础上，本章将进一步介绍二元经济理论，通过经典的经济学理论模型，解释为何一个经济系统中会逐渐产生不均匀和不平等，相对贫困从何处来，并探讨这种二元的不平等如何成为现代社会的弊病。而公共品理论则展示了生态环境、绿水青山等生态发展资源作为一种公共品，有不被人们重视、被滥用的风险，以更加现实的观察和洞悉呼应了可持续发展的理论。四大资本和收入分配则进入了具体如何减贫的讨论范畴，引导读者了解如何通过发展四个资本建立完善的收入分配机制等来促进地区间的均衡发展。这些理论共同构成了生态减贫的理论架构。

第一节

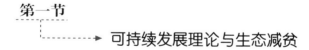

可持续发展理论与生态减贫

生态减贫是建设新时代中国特色社会主义的一项伟大工程。

---

* 戴洋港为本章做了大量工作，在此表示感谢。

在讨论这项伟大工程的丰富内涵之前，我们有必要首先回答的问题是：最根本的原则和标准出自何处？生态减贫之所以与其他减贫工程不同，其特殊之处首先就在于它秉持的是可持续发展的原则与精神，这一原则与精神是建设过程中需要不断回顾和呼应的立足之本和根本标尺。下面将对什么是可持续发展，可持续发展有哪些核心要素、哪些经典理论进行简要介绍。

一、可持续发展的定义与三要素

可持续发展（sustainable development，SD），又称"永续发展"，是指在保护环境的条件下既能够满足当代人的需求，又以不会损害后代人的需求为前提的发展模式。"可持续发展"这个术语最初是来自布伦特兰委员会，如今已经成为最为常用的对"可持续发展"的定义，即既能满足我们现今的需求，又不损害子孙后代能满足他们的需求的发展模式①②。1987年世界环境与发展委员会出版了《我们共同的未来》，第一次系统地阐述了可持续发展的思想。1992年6月，联合国在里约热内卢召开的"环境与发展大会"，通过了以可持续发展为核心的《里约环境与发展宣言》《21世纪议程》等文件。1994年，中国政府颁布了《中国21世纪议程——人口、资源、环境与发展白皮书》，首次把可持续发展战略纳入我国经济和社会发展的长远规划。1997年党的十五大把可持续发展战略确定为我国"现代化建设中必须实施"的战略。2002年党的十六大把可持续发展能力不断增强作为全面建设小康社会的目标之一。2020年10月，党的十九届五中全会进一步提出要深入实施可持续发展战略，推动绿色发展，促进人与自然和谐共生。

如果要进一步解释"可持续发展"的定义，那一定要追溯到人类历史上曾经经历过的长时间的单纯追求经济增长的发展模式所导致的环境破坏，在多种多样的自然环境危机浮现之后，人们终于开始意识到经济发展

---

① United Nations. Report of the World Commission on Environment and Development [R]. General Assembly Resolution 42/187, 11 December 1987. Retrieved：2007 - 04 - 12.

② Smith C. Rees G. Economic Development 2nd edition [M]. Basingstoke：Macmillan. 1998.

是受到环境承载力制约的，于是可持续发展应运而生。当时，由于20世纪60年代发达国家在非洲及南美大量收购农地种植咖啡和甘蔗，并用所得的金钱购买了大量的粮食供应给当地生活生产的居民。然而却由于土地发展过度，且缺乏现代意义上的生产规划，使得咖啡和糖的期货在短时间内迅速贬值，南美各国经济崩溃，再加上水土流失、滥用农药和过度消费等不注意保护环境的行为持续扩大，土地贫瘠和沙漠化甚至饥荒开始成为各国所必须面临的严峻问题，经济发展受到了环境严重的阻碍。而可持续发展之所以出现，就是要纠正过去人类社会曾经犯下的这些错误，避免其他国家重蹈这些国家的覆辙。可持续发展强调经济体系内的发展必须环环相扣，形成良性的生产循环，并得以自给自足。

然而可持续发展并不是简单地被等同于生态化或者环境保护，深入分析，它可以被分为三方面进行探讨，这三方面相辅相成，缺一不可。

首先是环境要素。这是指人类应该尽量减少对环境的损害。尽管这一原则已经能够得到各方人士的认可，但也必须承认，往往不同的社会群体对于社会发展的想象总是很不一样的，不同视角就会有不同的价值评判标准，从而对于问题也会产生完全不同的多样诠释。例如核电站，那些支持核电站的人士都坚持认为，发展核电能源可以减少温室气体排放，是一种环保的手段；但是反对人士也针锋相对，认为核废料有着长期放射性污染，核电站存在安全隐患是绝对不环保的。尽管对于环境保护的价值评判标准往往众说纷纭，但人类应该尽量减少对环境的损坏这一最基本的共识是各方一致维持的。

其次是社会要素。这是指仍然要回到人类自身，去设法满足人类自身的需求。值得注意的是，被大力提倡的可持续发展并不是要人类回到原始社会，虽然必须承认原始社会的人类对环境的损害是最小的，而是要在不破坏环境承载力的基础上，合理发展，实现人的全面发展。

最后是经济要素。这是指提倡可持续发展必须建立在经济上有利可图的基础上。这总共有着两个方面的深刻含义，第一层含义是，只有那些真正在经济上有利可图的发展项目才有可能得到推广，也只有真正在经济上有利可图的发展项目才有可能维持它的可持续性；第二层含义是，凡是在经济上亏损的项目就必然要从其他盈利的项目上获取补贴才可能勉强维持收支平衡正常运转，由此就必定会出现一个地方的环保要以另一个地方更加严重的环境损害作为代价才能实现。

为此，可持续发展概念强调以上三个要素的综合考量，倡导协调发展，促进社会的整体进步，一定要时刻避免其中有任何一方面的受益需要以牺牲其他方面的发展和社会总体受益为代价的情况出现。

二、可持续发展的基础理论

可持续发展的所有基本理论中，首先应该关注的自然是经济学理论，具体说来，可持续发展基本理论中的经济学理论又可以进一步分为增长的极限理论和知识经济理论。

可持续发展基本理论中的第一个经济学理论是增长的极限理论，它最初是梅多斯（Meadows，1972）在《增长的极限》中提出的一个有关可持续发展的理论。该理论运用了系统动力学的方法，将支配世界系统的物质关系、经济关系和社会关系进行深度综合，最后提出结论，人口的迅猛增长、消费的日益提高，同时伴随着资源的不断减少和污染的日益严重，必然会最终制约生产的增长，虽然教育推动科技的不断进步让人类的生产工具和生产方式不断更新升级，能一定程度上起到促进生产的作用，但是这种作用绝对是有一定限度的，因此他断言生产的增长是有限的。

可持续发展基本理论中的第二个经济学理论是知识经济理论。按照经济合作与发展组织报告《以知识为基础的经济》中的定义，知识经济是指建立在知识和信息的生产、分配和使用之上的经济。该报告提出，知识经济是和农业经济、工业经济相对应的一个概念，用以指当今世界上一种新型的、富有生命力的经济，是人类社会进入计算机信息时代后出现的一种经济形态（Foray and Lundvall，1998）。虽然不少学者对知识经济的理解是受上述观点启发和影响的，但对知识经济内涵的界定并不完全一致，表述也不尽相同，不过总体来说，知识经济理论都认为，经济发展的主要驱动力和最终驱动力是不会造成环境污染的知识和信息技术，环境友好的知识经济将会是未来人类最终可以实现的可持续发展的基础。而这似乎也在逐步成为现实，进入 21 世纪，世界经济正从物质经济向知识经济转变，知识对经济增长的推动作用越来越受到重视，经济中知识技术与科技创新的贡献率越来越高。世界银行副行长瑞斯查德说，知识是比原材料、资本、劳动力、汇率更重要的经济因素。美国管理学权威彼得·德鲁克认为，在现代经济中，知识正成为真正的资本与首要的财富。

同样，可持续发展基本理论里也囊括了不少非经济学的理论。

可持续发展的生态学理论根据生态系统的可持续性要求，人类的经济社会发展要遵循生态学三个定律：一是高效原理，即能源的高效利用和废弃物的循环再生产；二是和谐原理，即系统中各个组成部分之间的和睦共生，协同进化；三是自我调节原理，即协同的演化着眼于其内部各组织的自我调节功能的完善和发展的持续性，而非外部的控制或结构的单纯增长。

人口承载力理论认为，所谓人口承载力理论是指地球系统的资源与环境，由于自身自组织与自我恢复能力存在一个阈值，在特定技术水平和发展阶段下的对于人口的承载能力是有限的。人口数量以及特定数量人口的社会经济活动对于地球系统的影响必须控制在这个限度之内，否则，就会影响或危及人类的持续生存与发展。这一理论被喻为 20 世纪人类最重要的三大发现之一。

人地系统理论则提出，所谓人地系统理论，是指人类社会是地球系统的一个组成部分，是生物圈的重要组成，是地球系统的主要子系统。它是由地球系统所产生的，同时又与地球系统的各个子系统之间存在相互联系、相互制约、相互影响的密切关系。人类社会的一切活动，包括经济活动，都受到地球系统的气候（大气圈）、水文与海洋（水圈）、土地与矿产资源（岩石圈）及生物资源（生物圈）的影响，地球系统是人类赖以生存和社会经济可持续发展的物质基础和必要条件；而人类的社会活动和经济活动，又直接或间接影响了大气圈（大气污染、温室效应、臭氧洞）、岩石圈（矿产资源枯竭、沙漠化、土壤退化）及生物圈（森林减少、物种灭绝）的状态，即改变和影响着地球系统。二者相互关联，密不可分。人地系统理论作为地球系统科学理论的核心，是陆地系统科学理论的重要构成内容，也是可持续发展概念的理论基础。

三、可持续发展的核心理论

可持续发展的理论在经济学理论、可持续发展的生态学理论、人口承载力理论和人地系统理论的基础之上，还有其更为核心的理论构造，但可持续发展的核心理论，目前仍处于探索和形成之中。目前已具雏形的流派大致可分为几类。

一是资源永续利用理论。这一理论的认识论基础在于，它认为人类社会能否可持续发展，很大程度上取决于人类社会赖以生存发展的自然资源是否可以被永远地使用下去。基于这一认识，该流派致力于探讨使自然资源得到永续利用的理论和方法。

二是外部性理论。这一理论流派的认识论基础就在于：环境日益恶化和人类社会出现的不可持续发展现象和趋势的根源，是人类迄今为止一直把自然（资源和环境）视为可以免费享用的"公共物品"，而不承认自然资源具有经济学意义上的价值，并在经济生活中把自然的投入排除在经济核算体系之外。外部性是西方经济学的核心概念之一，是指个体经济单位的行为对社会或者其他个人部门造成了影响，却没有承担相应的义务或获得回报，也同时被称为外部成本、外部效应或溢出效应。基于这一认识，该流派致力于从经济学的角度探讨把自然资源纳入经济核算体系的理论与方法，减少忽略外部性带来的环境恶化与社会的不可持续性发展。

三是财富代际公平分配理论。这一理论流派的认识论基础在于，它认为人类社会出现不可持续发展现象和趋势的根源是当代人过多地占有和使用了本应属于后代人的财富，尤其是那些无法再生的自然财富，导致后代资源缺失，发展受到阻碍。基于这一认识，该流派致力于探讨财富，当然更加侧重强调包括自然财富在内的财富，在代际之间能够得到公平分配的理论和方法。

四是"三种生产理论"。三种生产理论流派的学者主张把人与自然组成的世界系统物质运动分为三类生产活动，即人的生产、物资的生产、环境生产，以此探讨三大生产活动之间和谐运行的理论与方法。

四、可持续发展与生态减贫

可持续发展理论的贡献之一就是指出了消除贫困不仅要注重人所依存的自然与社会的发展，还要关注人自身的发展，并充分考虑到贫困、环境破坏、欠发达状态下的"累积的因果"关系，长期系统地看待贫困问题。可持续发展理论的提出，"不但为人类的近期发展与长期发展指明了方向，也为生态扶贫的理论形成提供了契机和支撑"①。

生态减贫是中国的新型减贫模式，也是全球可持续发展的必然选择。在可持续发展理论的催生下，中国先后经历了"两山"理论创新、产业绿色化扶贫理论创新、生态产业化扶贫理论创新、生态减贫评价机制创新等一系列理论创新，在可持续发展理论上进行的这些创新，深刻反映出生态减贫是生态文明建设与减贫方式相结合的创新趋势，是一种符合生态文明发展、实现绿色增长和发展新方式的减贫新理念，是把生态文明与反贫困有机结合起来的减贫新战略，体现了党对我国经济社会发展阶段性特征的科学把握。②

第二节
二元经济理论与生态减贫

一、二元经济理论的基础模型

二元经济模型又称两部门模型，最早由美国经济学家威廉·阿瑟·刘易斯（William Arthur Lewis）在《劳动无限供给下的经济发展》一文中提出的著名发展经济学模型。

具体而言，"二元经济"中的"二元"所指代的正是发展中国家的两

---

① 颜红霞，韩星焕. 中国特色社会主义生态扶贫理论内涵及贵州实践启示［J］. 贵州社会科学，2017（4）：144－150.

② 张琦，冯丹萌. 绿色减贫：可持续扶贫脱贫的理论与实践新探索（2013－2017）［J］. 福建论坛（人文社会科学版），2018（1）：65－73.

个不同的经济部门，其中一个是维持生计部门，一般来说指向自给自足的农业及简单的、零星的商业与服务业，劳动生产率很低，边际劳动生产率接近零甚至小于零，非熟练劳动的工资极低，在该部门存在大量的隐蔽性失业，但容纳着发展中国家的绝大部分劳动力；另一个是现代部门，特征行业是技术较先进的工矿业、建筑业、近代商业、服务业，容纳的就业劳动力较少，劳动生产率较高，工资水平较高，在传统部门的工资之上，生产方式上一般使用再生产性资本谋取利润，具有典型的资本主义特征。

理论的另一部分是假设，存在着大量剩余劳动的传统部门的人均收入水平决定了现代部门工资的下限，现代部门从传统部门大量吸收劳动力，而其工资水平基本保持不变，高于传统部门。这也是该模型的理论核心。

现代部门的利润来自劳动产出大于工资总量的部分，并不断把利润转化为资本扩大再生产，直至传统部门的剩余劳动被全部吸收。于是，现代部门大大扩张，传统部门只有在剩余劳动被吸收完毕后劳动生产率才能提高，传统部门的就业者的收入才能改善。

二元经济理论认为，经济发展的实质是现代部门的扩张和传统部门的萎缩，在工业化进程中，传统部门为现代部门输送剩余劳动，用廉价劳动力为现代部门创造利益，扩大再生产资本。剩余劳动未输送完毕时，传统部门的劳动生产率会停滞。传统部门是次要的，居于从属被动地位，而现代部门则是积极能动的。

二、二元经济理论与中国的城乡差距

在中国，制度因素在城乡收入差距形成及演变过程中一直发挥着最为关键的作用。回到历史的视角，今天中国的城乡收入差距最早能够溯源到于20世纪50年代末开始正式实施的户籍管理制度，从那时起它在城乡之间稳定地进行了分割，成为"农业补贴工业、乡村支持城镇"的政策基础，农村和城市之间劳动力、土地要素流动的渠道堵塞，这在解释中国城乡的福利差距时起着至关重要的作用（蔡昉，2003）。制度上的城乡二元划分使城乡收入分配在违背了刘易斯的二元经济理论中理想的资源配置比较优势规律与状态，产生了长期的扭曲下的均衡，是中国的特殊国情。学术界有诸多文献都共同指出，这种出于城镇单方面利益考虑而分割城乡的做法不利于城乡经济的共同发展，阻碍了城乡从分割到融合的转变（陈钊和陆铭，2008），同时也显著地抑制了广大农村居民的消费水平及人力资本的积累，从而大大降低了整体的经济效率。已有文献研究证实和估算，中国的城乡收入差距占整体不平等程度的份额超过了50%，所以城乡之间的壁垒已经成为中国收入分配不平等的主要组成部分（林毅夫等，1998）。这意味着，只要致力于消除城乡收入差距，最多可以在整体的收入不平等程度里实现减半效果（万广华，2013）。因此，在更大程度上缩小城乡收入差距是一项既有价值又极其关键的任务，这是实现地区间劳动生产率趋同、促进区域协调发展、提高整体经济效率的有效途径。

2002～2012年，以胡锦涛同志为总书记的党中央主要针对的是"低水平、不全面、发展不平衡"的问题。在低水平这个问题上，这一届中央领导集体解决得十分精彩，在10年里，GDP年均增长率在9%以上，2010年时我国人均GDP已经达到4500美元以上，达到中等收入国家中的较低水平。当实现中华民族伟大复兴的步伐走到全面建成小康社会时，"发展中不平衡、不协调、不可持续问题"依然突出，这是以习近平同志为核心的党中央在党的十八大后面临的一个新的问题或者新的挑战。因此，以习近平同志为核心的党中央审时度势，提出当今时代社会的主要矛盾已经发生了转变，及时调整了对策，提出了"四个全面"的战略目标，其中的重要目标是以扶贫攻坚为突破口，在2020年完全彻底消除贫困，坚决实现全面建成小康社会目标，同时，为联合国减贫计划做出应有的贡献。

从本质上说，二元经济结构是导致中国城乡差距拉大的主要因素，而城乡差距的扩大又与扶贫减贫的事业紧密关联。城乡差距造成了相对贫困概念的产生。相对贫困，是指在一定的生产方式和社会经济基础下，个人仅依靠自身努力或家庭劳动所得可维持其食物基本保障，但无法满足在当地情况下除食物外的其他基本生活需求的一种状态。随着中国减贫事业的推动，绝对贫困已经被基本消灭，而随之而来的相对贫困问题成为了当前减贫事业的核心关注点。马克思的贫困理论认为，无产阶级贫困不仅表现在绝对贫困，也表现在相对贫困。针对相对贫困问题，有许多晚近的文献对其进行了研究，如杨舸（2017）指出，仅仅从满足基本生活需求的角度来扶贫是具有片面性的，贫困还包含社会排斥、相对剥夺等社会属性，并且往往是各种社会矛盾产生的主要诱因。他从城乡差距所导致的流动人口产生这一角度入手，对农民工群体的内部分化进行了数据分析，认为人口的相对贫困特征不仅反映在收入、消费方面，也反映在居住、教育、医疗等权益方面。许多学者也通过地区性的研究指出，相对贫困普遍存在。如朱姝等（2018）等对广东省连州市进行了调查，指出该地区存在许多相对贫困村，相对贫困村的空间分布受到自然、地理区位、经济、政策因素多重因子的影响，自然影响因素依然在发挥作用，但其他因素的制约作用也不容忽视。还比如张劲（2017）对渝东南民族地区进行了研究，认为该地区绝对贫困逐渐消失，然而相对贫困特征还较明显，基层扶贫干部与贫困农户对于贫困认知、扶贫评价、农户的脱贫需求和意愿存在不同程度的差别，贫困农户的生存需求、安全需求保障力度不足，社交需求和发展需求较为明显。

三、缩小二元差距的新时代探索

进入中国特色社会主义建设的新时代以来，我国对于缩小城乡二元差距也有了新的理论思考与指导。习近平总书记曾说，全面建成小康社会最艰巨最繁重的任务在农村①。特别是在深度贫困地区，要抓紧工作、加大投入，努力在统筹城乡关系上取得重大突破，特别是要在破解城乡二元结构、推进城乡要素平等交换和公共资源均衡配置上取得重大突破，给农村发展注入新的动力，让广大农民平等参与改革发展进程、共同享受改革发展成果。不要光顾着城市，还要考虑到农村；不要光考虑工业、非农产业，还要考虑农业的发展。这就是城乡关系、工农关系的协调与平衡。在这个方面，要用统筹的办法取得重大突破，也在一定程度上完成了对刘易斯二元经济理论的呼应。

---

① 习近平在深度贫困地区脱贫攻坚座谈会上的讲话［N/OL］.（2017－08－31）. http：// www. xinhuanet. com/politics/2017－08/31/c_ 1121580205. htm.

一方面，要破解城乡二元结构带来的不平等，首先要实现城乡要素的平等交换和充分流动，让公共资源均衡配置，实现城乡市场一体化，而生态减贫的举措在这个意义上发挥了巨大的作用，如今正如火如荼开展的易地搬迁，城乡劳动力互联互通，公平分享就业的机会，农民进城分享改革的红利，就很大程度上促进了城乡间资源要素的联通等，对城乡二元结构壁垒的消除起到关键性的作用。

而另一方面，想要破解城乡二元的不平等，更重要的还是要着眼于农村充分发挥出自己的比较优势，通过分类指导和综合施策，结合贫困地区的自然地理资源和文化资源优势，着力开展产业扶贫，激发脱贫内生动力，走建设"资源节约型和环境友好型"美丽乡村的生态脱贫之路，实现生态扶贫不失为一个行之有效帮扶措施。从"创新、协调、绿色、开放、共享"五大发展理念上讲，生态减贫是扶贫攻坚方式上的重大创新，而生态减贫也是工业、农业、教育和科技实现深度融合与相互促进的有利契机，将"行业技术较先进，劳动生产率较高，工资水平较高，在传统部门的工资之上"的现代部门优势融入中国的扶贫攻坚工作中去，尤其是要通过"互联网＋"等一系列现代科技平台，畅通贸易流通渠道，着力推广绿色低碳环保的特色农产品生产技术，建设优质高效的农村经济，可以大大地缩小城乡差距，这一方面是对二元经济理论的借鉴和参考，一方面也是对二元经济理论的发展和补充，体现出新时代中国特色社会主义下生态减贫的发展模式不仅是科学的，而且是创新的，不仅是高度理论化的，也是高度实践化的。

第三节
准公共品理论与生态减贫

一、公共经济学与准公共品理论

公共经济学对公共品的讨论和思考源远流长，一般主流的经济学都认为，社会产品总是可以被分为公共产品和私人产品。按照萨缪尔森（1954）在《公共支出的纯理论》中最为确切的学术定义，纯粹的公共产品或劳务是这样的产品或劳务，即每个人消费这种物品或劳务不会导致别人对该种产品或劳务的减少。而且公共产品或劳务具有与私人产品或劳务显著不同的三个特征：效用的不可分割性、消费的非竞争性和受益的非排他性。而凡是可以由个别消费者所占有和享用，具有敌对性、排他性和可分性的产品就是私人产品。介于二者之间的产品称为准公共产品。

首先，公共品往往具有非竞争性。非竞争性，是指当一个人消费该商品时，不会减少其他人对这种商品的效益。因此，同一个公共物品每增加一名消费者，所带来的边际成本等于零。

同时，公共品还往往具有非排他性。非排他性是指某人在付费消费一种商品时，不能排除其他没有付费的人消费这一商品，或者排除的成本很高。公共物品的效用不可分割的影响着公众，而不管其中任何个人是否付费。

二、作为公共品的生态环境

生态环境是全人类生存、生活的基本条件。环境中的所蕴含的各种自然资源成为人类生活和生产的物质基础，同时它又拥有一定的容纳并净化废弃物的能力。这种自我净化和再生能力满足了人们持续的生态需要，为人类生存质量的提高提供了物质支持。环境就其本身固有的属性来说，具有公共性和非排他性，任何人都不能把环境资源视为自己的私有财产，而任何人又不能被排除在对环境资源的享用之外。另一方面，公共产品还具有非竞争性，即一个使用者对该物品的消费并不减少它对其他使用者的供应。然而，环境资源作为一种物品时并不是无穷无尽的，当一个人使用了一部分这些资源时，其他人能够使用到的就会减少，因此它们具有竞争性。

而回到生态减贫的语境中看，生态资源由于产权难以被确切分割，只具有一定的非竞争性和非排他性，而学术界几乎所有针对准公共品的探讨都集中在拥挤效应和过度使用的问题上，公共产品的存在意味着个人能够持免费搭车的态度任意使用。市场主体通常只从自身的角度考虑所面临的各种选择的成本和收益，将环境作为没有固定价值的无偿之物对待，而将经济过程中的环境成本和代价转嫁给社会及未来。这种负影响使社会中存在一种强烈的浪费生态资源倾向，这会使得环境质量大为恶化，最终上演"公地悲剧"。正因为生态资源有着公共品的性质，"绿水青山"极易发生"公地悲剧"——"公地"是由公众拥有使用权的一项资源或财产，但没有人有权禁止他人使用，因而造成资源过度使用和枯竭。譬如过度砍伐森林、过度捕捞渔业资源等事件都是"公地悲剧"的典型。在这一过程中，每个当事人都明知资源在过度使用下会枯竭，但每个人都对阻止事态恶化无能为力并抱着占便宜的心态加剧事态恶化。公共物品因产权难以界定而被过度使用或侵害，这就是"公地悲剧"。而其社会受益大于个人收益，从生态资源转化成经济收入的时间也很长，这些性质共同决定了生态减贫的过程中需要国家力量的参与，个人和市场缺乏维护生态的激励和能力，依靠个人和市场的力量是无法自动完成生态减贫的工作的。

对于生态环境的公共产品属性，已经有许多文献进行了研究。如徐月亮（2006）指出，要走出环境保护的困境，就应该对现有路径做出调整，促使政府和各个利益主体在环境保护中打破自身利益局限，走上群体合作的道路，使集体中的共同利益具有可预见性，形成一种自我激励的方式，才能引导他们在环境保护中选择有利于民众福利的决策。朱颖等（2018）以公共产品供给理论为视角，分析了资金投入和劳动力投入对森林旅游、造林面积和林分面积的弹性影响效果，结果表明资金投入对森林生态产品供给产出效率影响最大，应拓宽森林等生态产品的资金供给的渠道，优化生态产品供给资金的结构，完善生态供给技术体系和服务体系，以便提升生态产品的产出效率。综合各类文献来看，可以说，无论是生态资源还是生态减贫的发展成果都是需要国家力量干预和促进的准公共品。生态减贫的发展成果有可能凝聚成为有旅游价值的自然风光和有着环境保护价值的防护生态产品，其中的观赏价值和环保价值都是全民共享和共有的财富。在这个意义上，扶贫被赋予了更加丰富的内涵，其中不仅仅意味着国家要通过供给扶贫资源干预贫困者的资源稀缺状态，从而减少初始资源禀赋的差别，是一次有针对性的国家收入再分配，也是一次收入再分配的深化改革，还意味着以国家的力量介入公共品的提供，及时避免"公地悲剧"的出现，让所有想要最大限度利用财富的理性人能够做到自己脱贫致富的同时也让社会财富不至于减损，使个人的幸福和社会的进步同步实现，并行不悖，同时实现最大限度的财富创造和最大范围的公共利益，那么就暗合了准公共品理论中公共品能够给全社会人民福祉做出贡献。

三、准公共品理论与生态减贫

生态减贫不仅仅是通过精准地找到提高生产力水平的可持续的绿色生态的发展路径，发展生态经济，更在于增加精准扶贫内生力量。在生态发展理念指导下，扶贫产业开发要有效利用资源，发展生态产业，以市场需求为导向，加快培育地理标志产品，提高贫困地区产品的商品化率，带动贫困户探索出生态环境友好型的生态脱贫之路，实现人与自然的和谐共处，守住生态底线，打造精准扶贫生态屏障，注重生态产业在扶贫系统中的效益，合理利用开发生态资源，促进贫困地区生态资源良性循环，促进生态资产转向社会化和市场化，让生态科技精准发力，实现生态资源的效益最大化，以生态效益加固扶贫开发的成果的同时，最根本的是要让所有的贫困人口都在这一场生态建设中平等地获得更多实惠，否则，被帮扶的贫困户是脱贫了，但是又会产生新的贫困户，脱贫很快就会陷入一筹莫展的境地。

从具体的生态减贫路径来说，生态补偿即是对准公共品理论的一种现实回应。生态资源作为一种公共品具有一定的正外部性，因此有必要对因为保护生态环境而受到了发展限制的贫困地区进行资金补偿，通过地区间的转移支付和政府的资金支持推动贫困地区在保护生态环境的过程中获得适当的补偿，以增加其保护生态环境的动力。现有的许多研究已经注意到了生态补偿机制正是对这一理论的回应。

范明明和李文军（2017）认为，生态补偿的概念自提出便受到学界和政府决策者的广泛关注。他们梳理了生态补偿理论发展及构建的过程，将其总结为生态系统服务概念的提出、生态系统服务价值评估方法的建立，以及生态系统服务市场机制的构建三个主要阶段，并综述了目前对生态补偿理论的讨论及争议，认为在处理"社会—生态"关系的核心问题上，尤其在一些长期依赖并利用自然资源的传统地区或者民族地区，目前学术界和政策决策者均对此问题缺乏深入的理解。又如王德凡（2017）指出，我国的生态补偿机制由政府补偿与市场补偿两种方式构成，政府补偿占据主导地位，市场补偿是补充手段，两者共同发挥作用，不仅为环境资源外部性问题的内部化解决提供了保障，而且为区域协调发展开拓了新路径。并且从扶持生态产品生产厂商、构建生态服务交易市场、构建市场化生态补偿机制三个层面入手构建了一套现代生态补偿机制。也有学者对生态补偿的具体标准进行了研究，量化了生态资源这一公共品在现实制度设计中应该被给予的考量。如林秀珠等（2017）通过分析流域生态补偿存在的问题，建立了基于机会成本和生态系统服务价值的流域生态补偿标准计算方法，并从理论补偿标准入手，引入生态补偿系数，以闽江流域为例，对2005～2014年流域上游地区保护成本及生态服务价值进行了测算。

总的来看，改革开放以来，尤其是党的十八大以来，减贫事业不断取得新的成就。人们往往把中国减贫的巨大成功归结于过去40多年快速的经济增长，也就是人们通常所说的水涨船高。这种说法不无道理，因为没有增长，就几乎不可能使贫困指标下降。但增长仅仅是减贫的必要条件，而非充分条件。不少国家在经历增长的同时，贫困并没有得到改善，甚至有可能上升。这里的关键在于穷人是否从增长中得益，也就是所谓的增长的普惠性问题。显然，中国减贫成功的秘诀需要从普惠性的角度去寻找。而生态减贫的发展模式，从公共品理论的视角下看，在很大程度上是公共产品的均等化供应与合理利用，正是能帮助有效降低贫富差距的普惠性的最杰出代表。

第四节

四大资本理论与生态减贫

一、四大资本理论的理论基础与中国实践

首先，必须明确一个概念，即什么叫资本？按照马克思主义政治经济学的观点，资本是一种可以带来剩余价值的价值，它在资本主义生产关系

中是一个特定的政治经济学范畴，它体现了资本家对工人的剥削关系，因此，资本并不完全是一个存量的概念。然而，当今学界再单独研究宏观经济存量核算时，通常以"资本"泛指一切投入再生产过程的有形资本、无形资本、金融资本和人力资本。从投资活动的角度看，资本与流量核算相联系，而作为投资活动的沉淀或累计结果，资本又与存量核算相联系。资产＝资本＋其他积累＋负债，价值规律揭示的核心观点是，资本总是流向高利润行业。在现实生活中，资本总是表现为一定的物，如货币、机器、厂房、原料、商品等，但资本的本质不是物，而是体现在物上的生产关系。资本的主要特征有：（1）资本是能够带来剩余价值的价值；（2）资本是一种运动；（3）资本是一个历史范畴，它体现资本家剥削雇佣工人的关系，是资本主义生产方式的本质范畴。

其次，现代宏观经济学角度下的资本分为：人造资本、自然资本、社会资本、人力资本，它们之间相互作用，相互依存，互为条件，不同的资本并不是完全可以替代的，有时甚至呈现出相互对立的矛盾关系，比如：人造资本日益丰富而自然资本逐渐稀缺。18世纪以来，全球经济和人口规模发生了翻天覆地的变化，根据《雄关漫道从头越》一书中北京大学经济学院副教授季曦的《人造资本诚可贵，自然资本价更高——经济发展应该保持合适的资本丰度》学术报告论述："我国正面临着一个人造资本日益丰富而自然资本逐渐稀缺、经济福利日益增加而生态福利日益减少的状态。我国经济高速增长的背后伴随着高流量的自然资源消耗，人造资本迅速积累的背后伴随着自然资本的逐渐消失，人们在享受经济增长所带来的社会福利时也逐步牺牲了优质的生态系统服务。由于经济规模的不断扩张，生态系统已经不堪重负。经济规模日益庞大，不断被消耗和破坏的自然生态系统对于经济扩张的制约日益显著。"① 由此可见，自然资本和人造资本在一定条件下是可以相互转换的，事实上，它们之间存在着某种程度的此消彼长的关系，而我国正经历着人造资本的增长与自然资本的减少。

物质资源、自然资源、人力资源、社会资源是创造社会财富的基本要素，只有在一定条件下将这些资源转化为资本，再将资本转化为社会福

---

① 孙祁祥. 雄关漫道从头越［M］. 北京：北京大学出版社，2018：100 – 102.

利,才能实现脱贫致富和经济发展。我国改革开放40年经历了高速的经济发展,然而是以过量的生态资源消耗为代价的,近年来的生态问题昭示着,发展经济不能以牺牲生态环境为代价,片面地追求经济发展规模而不顾环境资源的承载能力,势必会遭到客观规律的惩罚。党的十八大提出"创新、协调、绿色、开放、共享"的发展理念,是完全符合我国经济发展实情的。有研究表明,21世纪头十年,中国经济的主要目标是促增长,然而进入21世纪第二个十年后,能源、水资源等重要战略性资源的枯竭,雾霾等城市生活环境恶化等问题凸显,中国政府开始逐渐意识到盲目追求经济规模的扩张所带来的诸多负面效应。2012年两会《政府工作报告》将中国经济增长目标调低至7.5%,是2006年以来首次下调至8%以下。2015年以来对于调节经济增长预期的讨论越来越多,党的十八届五中全会通过的《中共中央关于制定国民经济和社会发展第十三个五年规划的建议》将经济增长预期设定为2020年比2010年翻一番,也即"十三五"期间经济增长目标大约为6.8%,说明我国政府开始更加重视经济增长的质量,而不是单纯地追求经济增长。2017年《政府工作报告》提出,过去一年中经济运行缓中趋稳、稳中向好,经济发展的质量和效益明显提高,2017年国内生产总值增长预期再次降至6.5%左右。在新的时代背景下,既要稳中求进发展经济,确保2020年前全面完成扶贫攻坚任务,确保全面建成小康社会的战略目标顺利实现,确保全面完成联合国减贫计划,也要减少经济增长带来的负面效应,必须坚持保护与开发并重,切实转变发展方式。

二、 生态减贫对多种资源的整合效应

扶贫的方式有很多种,其中包括产业扶贫、健康扶贫、教育扶贫、社会保障、危房改造等,而生态扶贫就是将生态环境保护、自然资源利用、扶贫项目开发、贫困户劳动力就业等诸多要素有机结合起来,也是将自然资源(包括生态资源)、扶贫资金、项目建设、科技成果、环境保护等高度整合,实现经济效益、社会效益、环境效益三者之间的有机统一。现阶段,全国上下都在开展最后阶段的脱贫攻坚工作,各级政府和扶贫单位应

当按照中央的统一部署，立足本地优势，通过精准识别、精准帮扶、精准脱贫、精准退出，在满足生态和环保要求的前提下，着力发展当地有影响力的高效生态农业、林业、畜牧水产业等种养产业以及农副产品深加工，还有发展光伏产业、乡村旅游产业等，调动一切积极因素，加大对扶贫领域的资金投入力度，最大限度将有限的资源（主要指自然资源和人力资源）和资金有效转换为资本和财富，充分激发贫困户的内生动力，切实提高贫困人口收入，使贫困户的家庭人均纯收入达到或超过当地上年度人均纯收入最低标准，以最终实现贫困户稳定脱贫目标。总体而言，扶贫攻坚工作是一项政策性很强、涉及面广、工作任务重的系统性工程，尽管扶贫工作耗费了大量的人力物力，但是，扶贫工作切实增加贫困人口的实际收入，大大增强了人民群众的获得感和满意度，同时，发展扶贫产业不是以牺牲资源和破坏环境为代价，而是以低能耗、可持续开发利用自然资源，坚持低碳生态发展模式，能够在经济发展的同时维护贫困地区的生态环境。它是通过资源资产到资本再到财富的价值确认—实现—保值升值进而实现减贫目标的一个概念，它有别于传统单纯性开发式扶贫中基于增量收益扶贫的做法，更加强调资产性收益，强调增量收益与存量收益并重扶贫的一种方法。[①]

事实证明，中国的生态减贫已经取得很大成功。党的十九大报告明确指出：到 2017 年时，我国脱贫攻坚战已经取得了决定性进展，已经有 6000 多万人口稳定脱贫，贫困发生率从 10.2% 下降到 4% 以下。这一伟大成果的取得，得益于中国政府和人民在以习近平同志为核心的党中央的正确领导下，全面贯彻落实"绿水青山就是金山银山"的生态发展理念，勇于创新，开拓进取，走出了一条适合中国国情的生态减贫之路。党的十八大以来，各级政府立足现实，深入研究，充分利用贫困地区得天独厚的自然地理和生态旅游资源，通过政策引导和宏观调控，打造生态低碳环保品牌，生产更多更好优质公共产品和商品，促进资源向资本和财富有效转换，建立一整套切实可行的自然资源向资本和财富的生态转化机制，因地

---

① 雷明. 论农村社会治理生态之构建［J］. 中国农业大学学报（社会科学版），2016，33（6）：5-13.

制宜地将绿水青山转化为金山银山，形成可持续减贫和生态发展的双赢局面。由此可见，将资源变为资本，再由资本创造财富，才是减贫富民、科学发展的根本之路。

第五节

→ 收入分配理论与生态减贫

一、收入分配理论的架构

收入分配理论是指国家以税收、社会保障或其他财政转移支付手段进行的收入分配。

收入分配理论在国外微观经济学中分为收入初次分配理论和再分配理论。收入初次分配理论是以新古典经济学的分配理论为基础，同时吸收了信息经济学研究的成果，收入再分配理论则以市场失灵论和功利主义与自由主义的政治哲学为基础，形成了收入初次分配与再分配相统一的理论体系。

收入初次分配理论主要涉及的是边际生产力论和供求均衡论。一方面，边际生产力论是微观经济学收入分配理论的基础和核心，它认为，某种生产要素参与收入分配是以该生产要素的边际物质产品为基础的。由于边际收益递减规律的作用，生产要素的边际物质产品是递减的，而厂商对某种生产要素的需求是根据利润最大化原则，由该生产要素的边际物质产品与边际成本决定的。不仅不同的生产要素参与收入分配是以边际生产力为基础的，而且，各种生产要素所获取的收入在国民收入分配中的份额也是由其边际生产力决定的。边际生产力论是微观经济学分析收入分配的最重要的理论工具。

另一方面，收入分配理论在微观经济学中仅仅是价格理论的一个特例，因此，各种生产要素价格的形成过程，也就是各种收入的形成过程。收入分配也是由市场供求关系来决定的，市场的供求均衡理论也是收入分配理论的基础。生产要素的边际生产力所决定的边际收益产品，决定了厂商对生产要素的需求。由不同生产要素的供给与需求所形成的生产要素的均衡价格，也就是生产要素的所有者所获取的收入。

而涉及收入再分配理论，则显得更为深刻和复杂。一方面是市场失灵论，微观经济学占支配地位的观点认为，由边际生产力和要素的供求均衡所决定的收入分配，在完全竞争的条件下能够保证效率，但不能保证收入分配的平等。这是因为：由于财富占有的不平等，必然由此产生收入分配的不平等；同时，由于人们劳动的努力程度、受教育的程度和运气的不同也必然产生收入分配的不平等。因此，在市场供求决定收入分配的情况下，财富与收入分配的不平等将不可避免，甚至令人难以接受。为了实现收入分配的平等，政府干预收入分配是十分必要的。

另外，收入再分配理论的政治哲学基础不容忽视，西方微观经济学研究人员普遍认为，对于平等这类伦理问题，作为单一学科的经济学不能给出答案。

第一，功利主义哲学的收入再分配理论所做的努力。边沁（Bentham，1996）是功利主义的奠基人，功利主义认为，效用是衡量福利的尺度，是所有公共和私人行动的最终目标，政府的正确目标是使社会每一个人的效用总和最大化。功利主义者主张实行收入再分配是根据边际效用递减的假设，随着一个人收入增加，从增加的 1 美元收入中得到的额外福利是减少的，那么，一个穷人额外的 1 美元收入给这个人所带来的额外效用大于富人额外 1 美元收入带来的效用。因此，政府通过收入再分配，将富人一部分收入转移给穷人，就可以增加整个社会的总效用或总福利。

第二，自由主义政治哲学的收入再分配理论。罗尔斯（Rawls，2009）是这种主张的典型代表。《正义论》是罗尔斯先生最具有里程碑意义的关于政治哲学与伦理学的著作，于 1971 年出版，在该书中，罗尔斯尝试用社会契约的衍生方式来解决分配公正（distributive justice）的问题，由此产生的理论被称为"justice as fairness"（以公平体现的正义，或作公平即正义），该理论导出了他的正义两原则：自由原则和平等原则。其中平等原则详细表述为机会均等原则和差别原则。在这本书中，罗尔斯主张"自由"和"平等"的原则性调和，其核心包括了提供正义的环境以及在此环境中为参与者提供公平选择的机会。而要为参与者提供公平选择的机会，则涉及罗尔斯最经典的关于"无知之幕"的论述。"无知之幕"是罗尔斯所提供的关于公平选择的模型，在这个模型中，参与者们将假想性地选出相互都可接受的正义原则。罗尔斯相信，在这样的约束下，参与者们会发现对他们有利的正义原则有着特别的吸引力，胜过其他诸如功利主义和右翼自由意志主义等方面的考量。设想在"原初状态"下的一方，他们对自己所拥有的技能、品味和地位的情况一概不知。而于此状况下让他们对权力、地位和社会资源通过一定的原则分配予诸人。比如说，一个假定的奴隶制社会当中有50%的奴隶，于是做"无知之幕"思想实验的人们将会基于"进入这个社会的50%的人将会是奴隶"来做出选择，而不会只去认为自己是自由民。这个概念是为了在分配社会合作的原则正义与否时抹除一己之私，或是减弱自我阶层的私利而创造的。例如，在一个想象中的社会里，一个人知道自己是否聪明、富有或者出生在优等阶级。但一旦被无知之幕挡住，这个人可能会出生在社会中的任意位置，这驱使人从社会最不幸者的角度来考虑问题和设计社会制度。所以最后罗尔斯得出结论，处于原始状态的人会特别关注处于收入最底层的可能性，因此，在设计公共政策时，目标应该是提高社会中状况最差的人的福利，即政府的目标应该是使社会上状况最差的人的福利最大化。罗尔斯同样认为，与买保险类似，如果社会选择向富人征税用来补助穷人，人们就为自己成为穷人家庭成员的可能性进行了保险。

二、收入分配理论在减贫实践中的应用

以上关于收入分配的理论为生态减贫提供了更加充分深厚的理论依据。在微观经济学中收入分配理论一方面是对市场经济收入分配机制的总结，另一方面也反映了市场经济条件下收入分配制度的特征。目前，我国的经济体制是中国特色社会主义市场经济体制，是以公有制经济为主体、其他非公有制经济作为必要补充的多种所有制并存的经济形式，现行收入分配制度是按劳分配为主体，按劳分配与按生产要素分配相结合的多种分配方式并存。尽管我国现行分配制度总体上是好的，但具体执行起来很难达到理想效果。分配不公和收入差距的不断扩大，已经成为构建和谐社会和全面建成小康社会的一大障碍。因此，吸收和借鉴国外微观经济学收入

分配理论及其政策主张的合理成分，改革现有分配制度中与社会主义市场经济体制不相适应的部分已经成为当务之急。

我国政府已经在研究并采取措施加快收入分配制度改革。一是努力增加农民收入。要采取一系列强农惠农政策，多渠道增加农村居民收入。二是加大对低收入群体的扶持力度。千方百计提高低收入群体的收入水平，以提高低收入者收入水平为着力点，充分发挥市场对初次分配的基础性调节作用，更加注重发挥政府再分配的调节作用，进一步调整国民收入分配格局。从扶贫政策层面来看，我国政府把扶贫攻坚作为三大战略任务之一，通过政策倾斜加大财政投入和公共产品的提供，不但大大改善了贫困地区落后的基础设施状况，而且显著增加了贫困地区农民的实际收入，尤其是深度贫困地区的建档立卡贫困户在社会保障、教育、医疗、就业、产业帮扶等诸多方面，都实实在在享受到了改革发展红利。事实再一次证明：政府通过政策手段行政干预收入分配的扶贫措施是正确的，它将收入分配调整改革与生态减贫有机结合，不能不说是收入分配理论的有益尝试和扶贫攻坚工作的深入探索，随着扶贫攻坚国家战略的进一步推进，收入分配理论的发展必将在生态减贫实践中得到更加充分和广泛的运用。

第六章

生态减贫模式选择[*]

实施生态减贫，关键是要找准减贫和绿色发展的结合点，找到贫困地区、贫困群众和产业发展之间的联系，制定合适的生态减贫模式。进入新时代，各地围绕生态减贫模式进行了诸多探索，本章旨在对近年来贫困地区实施的生态减贫模式加以归纳总结，试图为其他贫困地区选择生态减贫模式提供可借鉴的经验。

第一节

理论基础

党的十八大以来，立足于习近平总书记的"两山"理论和生态文明思想，全国各地围绕生态减贫进行了实践探索，产生了各具特色的生态减贫模式。值得注意的是，生态减贫并没有一个统一的模板，不同的模式都有各自的适用范围和优劣之处，对于贫困地区而言，如何选择和发展适合自身的生态减贫模式至关重要。一般系统理论、科学发展观理论、比较优势理论和社会资本理论为生态减贫模式的选择提供了理论依据。

一、一般系统理论

不同地区相互作用、相互关联的元素（或部分）组成的具有

---

* 林奕宏为本章做了大量工作，在此表示感谢。

一定结构或功能的有机体被称作系统。简单来说，系统就是元素和结构的总和。系统论最早为一般系统论，是 1937 年由奥地利生物学家贝塔朗菲（Bertalanffy）创立的关于逻辑和数学领域的科学。一般系统论的核心在于确立适用于一切系统的一般原则，根据其本质属性使得系统最优化。系统论的主要观点包括以下四个层面。第一，整体性。系统的整体功能可以大于组成其元素或部分的功能之和，任何元素一旦脱离整体就不再具有其原本的功能。因此，对于系统问题的处理要重视把握结构和功能的关系。第二，关联性。系统与环境之间、系统与其子系统之间和各子系统之间都存在着相互作用、相互依存的关系。系统处于不断发展的过程中，并非一成不变。第三，层次性。一个系统可看成由若干子系统组成，而其本身又归属于一个更大的系统，这就是系统层次性的含义。不同层次的系统其运动方式也有所不同。在研究复杂系统时，应从较大的系统切入，分析其上下左右的关系。第四，统一性。与层次性相对，各层次系统运动一方面存在着特殊性，但另一方面不同层次上的系统运动都具有组织化的倾向，不同系统之间存在着系统同构。

系统随处可见，一般系统理论为选择生态减贫模式提供了相应的理论支撑。首先，生态减贫模式作为一个有机的整体，是由模式识别、模式实施和模式管理三部分组成，生态减贫模式的成功依赖于这三个子系统的相互关联和相互作用。从而在选择生态减贫模式的过程中，要充分运用系统的理念考量不同环节、不同过程在系统运行过程中的作用，要从系统整体与各子系统之间相互依赖、相互制约的关系中摸索生态减贫模式的特征和规律，要从最优化的角度保障各子系统的有效运作。其次，系统与环境密不可分，任何一个系统的运转离不开环境的保障。而环境本身又是一个比系统本身更为复杂和高级的存在，环境的变化势必会对系统产生较大的影响。生态减贫模式的选择与当地自然环境、市场需求状况甚至是国家的社会经济环境都有着或多或少的联系。比如，生态环境脆弱的地区就不适宜发展旅游扶贫；当市场对农产品的需求不旺盛时，农业扶贫就不是最优的策略；国家旅游市场环境的改变以及扶贫政策的调整等都会对生态减贫模式选择产生影响。因此，生态减贫模式的选择要注意与外部自然环境、宏观环境的协调，使两者达到最优的适应状态。最后，根据关联性，系统总是处于动态的变化过程之中，贫困地区也应以发展的眼光看待生态减贫的模式，密切关注系统内部和外部环境的种种变化并及时作出调整，以实现通过绿色发展达到减贫发展的目标。

二、科学发展观理论

科学发展观作为中国特色社会主义理论体系的重要组成部分，其第一要义是发展，核心立场是以人为本，基本要求是全面协调可持续，根本方法是统筹兼顾。这一理论为指导选择生态减贫模式提供了依据。

生态减贫模式的选择要以促进贫困地区的可持续发展为落脚点。判断生态减贫模式的优劣应以其是否有利于贫困人口脱贫，是否有利于贫困地区经济效益的提升，是否有利于生态环境的发展为标准。如果不能促进实际的发展，看起来再完美的模式也终究只是"纸上谈兵"。"以人为本"是选择生态减贫模式时的核心价值追求。以人为本就是要以广大人民群众的根本利益、根本需要为本，让发展的成果惠及全体人民，促进贫困人口的全面发展。生态减贫强调"真扶贫"和"扶真贫"，通过帮扶不仅直接提高贫困人口的收入，更重要的是激发其主动脱贫的意愿，提升其能力，从而使贫困人口走向自立自强的道路。在实施生态减贫模式时，应时刻关注贫困人口的反响和需求，结合实际情况及时调整民众负面意见较大的生态减贫模式。除此之外，生态减贫模式的选择还应遵循"全面协调可持续"的基本要求，扶贫不仅仅强调经济层面上的脱贫，更要追求生态、文化、社会等全方位的发展。从一定意义上看，"发展的可持续性是环境、资源、生态对人口增长、人的发展及其需求增加的承载能力问题"[①]。可持续性作为生态减贫区别于其他扶贫模式的一大亮点，在实践过程中，贫困地区更应充分贯彻落实，选择可持续性强的发展模式。在"统筹兼顾"层面，贫困地区通过实施合理的生态减贫模式，促进当地社会经济发展，统筹经济社会；推动生态建设，统筹人与自然和谐；带动农村地区发展，减小城乡差距。

[①]　陈文通. 科学发展观新论［M］. 南京：江苏人民出版社，2005：66.

三、比较优势理论

1817 年，比较优势理论由大卫·李嘉图在《政治经济及赋税原理》一书中第一次提出，在亚当·斯密的绝对优势理论基础上，进一步解释国际贸易产生的原因。比较优势理论认为，不同国家由于历史、自然的因素，所具备的资源禀赋、技术水平等生产能力存在差异，由此生产各种产品的相对成本存在差别。若两个国家生产两种产品，则一般来说这两个国家会在不同的产品上存在比较优势。为了最大化经济效益，每个国家都应遵循"两优相权取其重，两劣相衡取其轻"的原则，大力生产并出口本国具有比较优势的产品，进口其他国家的比较优势产品。按照比较优势理论，各国即使是处于绝对劣势的国家都可参与到国际分工当中，国际贸易使得参与者都能获利。

比较优势理论在生态减贫模式的选择上有着重要的运用。与发达的沿海地区相比，贫困地区无论是农业、工业还是服务业的产业基础、技术资本水平都相对薄弱。在自然资源层面，由于我国大部分的贫困地区和生态脆弱地区存在着高度的耦合性，贫困地区的自然资源也比不上某些沿海地区丰富。再加上近些年来城镇化和劳动人口流动的加速，廉价劳动力不再是优势，贫困地区反而经常出现劳动力短缺，年轻人外出打工，村里只剩老人和小孩的现象。可以说，我国的一些贫困地区在经济发展所需的各种要素禀赋层面都不如发达地区。在这种情况下，贫困地区若想在激烈的市场竞争中占有一席之地就必须选择合适的发展模式，充分发挥比较优势。这里的比较优势具有三层含义：一是贫困地区相对于其他经济发展水平较高的地区要发挥比较优势，比如城市土地昂贵，旅游产业开发少，则处于近郊的贫困地区就可采用旅游扶贫的模式，以乡村旅游为平台，满足游客远离城市喧嚣、回归原始自然的需求。二是不同贫困地区之间应发挥各自的比较优势。由于不同的贫困地区所处的区位、所拥有的自然资源、所具备的产业发展基础和扶贫政策等要素禀赋都不同，因此在进行模式决策时，要考虑到实施不同模式的机会成本，以最终确定具有比较优势的减贫模式，同时考虑到市场的需求有限，注意避免"扎堆"选择相同减贫模式。三是参与模式的扶贫人口应具有比较优势。不同扶贫模式的参与需要参与者具备一定的能力，包括识字、身体素质、技能、资本等，并且由于一种模式所能提供就业机会往往是有限的，因此并非所有人都适合或能够参与到同一减贫模式中来。对于在特定模式中不具备比较优势的贫困人口，应选择其他的扶贫方式给予支持，帮助其成功脱贫。

四、生态减贫模式的分类

万君和张琦（2017）立足于利益联结机制和经济业态这两个不同的视角对生态减贫的模式分类做出了论述。利益联结机制的关键在于对不同利益主体的组合模式、联系机制和利益分配机制进行探讨。在具体的实践中，各地大多是依据农村集体产权制度改革，对贫困地区集体掌握的各种自然绿色资源，通过"折股量化"等技术性手段落实到个人，同时留存一部分比例归于集体经济，再据此进行市场化的运作。根据利益联结机制，生态减贫模式分为企业主导模式、大户主导模式、集体经济主导模式、政策主导模式和资产收益模式这五种模式。经济业态视角则是从产业融合的角度切入。近些年来，在《中共中央 国务院关于打赢脱贫攻坚战的决定》的指导下，生态减贫模式一定程度上从传统的"帮扶导向"转为"改革导向"，形成了几种较为典型的模式：一是以循环农业、林下经济为代表的农业内部产业融合形成的生态减贫模式；二是由农业产业链延伸形成的生态减贫模式，诸如电商扶贫；三是农业与第二、第三产业融合形成的生态减贫模式，包括旅游扶贫和观光农业模式；四是借助新兴技术推动形成的生态减贫模式，较为典型的有光伏产业扶贫和大数据产业扶贫。

龚晓宽（2006）认为扶贫模式由扶贫主体、扶贫受体、评价体系和传导机制四部分组成。扶贫主体需全面充分地了解扶贫受体，才能设计或选择出最优的生态减贫模式。据此，将贫困农户大致分为三类，并根据其行为特点选择不同的行为模式。第一类属于自身能力差、基本生产生活条件落后但经帮扶可解决温饱从而脱贫的贫困农户，农业生产是其主要的收入来源，对生产经营投资表现出较大的差异并且经常外出务工。针对这类人群，应采取开发式和参与式的扶贫模式。第二类属于居住在生态环境恶劣、资源严重匮乏地方的贫困农户。对于这类人群可采取整治环境和扶贫措施相结合的方法，对于生活环境极其恶劣的农户，应采取易地扶贫搬迁的模式。第三类是以独居老人、因病因残丧失劳动能力为代表的特殊贫困农户。这类人群只能直接通过民政救济、社会捐赠扶贫。

雷明（2017）将生态扶贫模式分为原地生态扶贫和易地生态扶贫。原地生态扶贫主要有三种模式，包括特色生态产业扶贫模式、乡村生态旅游扶贫模式和生态建设扶贫模式。易地生态扶贫模式种类较多，包括山上搬山下模式、依托退耕还林模式、土地和房屋置换模式、开垦耕地模式、依托龙头企业模式、依托旅游景区模式、依托小城镇模式、依托产业结构调整模式、自助式移民模式等十种模式。

由于利益联结机制、经济业态和贫困农户行为特点均是模式选择需要考虑的诸多角度之一，因而难以面面俱到地对生态减贫模式选择进行全方位的论述。本章主要借鉴最后一种分类方式，将生态减贫模式大致分为就地式和易地式两大类，并根据每一类别在实践中涉及的具体情况进行详细分析。

第二节

就地式

就地式扶贫主要是针对区位条件较好或产业基础较好地区的贫困人口，以及一些因传统文化、习俗等差异难以移出原居住地的少数民族贫困人口而实施的减贫开发模式。对于就地式扶贫而言，经济建设和生态建设可持续性发展的关键在于得到市场经济的认可，在激烈的市场竞争中占有一席之地。因此，"开展就地式扶贫就是要落脚于绿色资源优势，以产业为根本、以市场为导向、以政策为保障，努力实现经济效益、生态效益、社会效益的'三赢'局面"[①]。目前，就地式扶贫主要包括特色生态农业扶

---

① 雷明. 绿色发展下生态扶贫 [J]. 中国农业大学学报（社会科学版），2017，34（5）：87-94.

贫、光伏产业扶贫、乡村旅游扶贫、生态建设扶贫以及电商扶贫五种模式。

一、特色生态农业扶贫模式

国务院办公厅 2016 年印发了《关于推进农村一二三产业融合发展的指导意见》，该文件提出要把新技术、新业态和新的模式引入农业，用现代理念引导农业，用现代技术改造农业，通过加快农业结构调整、促进农业产业链的延伸、开发农业的多种功能、大力发展农业新型业态等方式，加快建立现代农业的产业体系，从而提高农业竞争力。对于处于农村地区的贫困人口而言，长久以来大多以从事农业劳动为生，农业是贫困地区的民生产业和基础产业，因此发展特色生态农业扶贫自然也就成为生态减贫的新方向。特色生态农业扶贫的核心是在保护生态环境的同时促进农业的发展，实现生态保护和减贫开发的良性互动，基础是农业产业内部的产业融合，通过整合农业产业内部上下游之间及各子产业之间的资源，形成新型的农业产业，帮助贫困人口增收。由于大部分生态农业扶贫的技术门槛较低，加之农户、合作社、工商业资本均能参与其中，该模式的适用范围较广，能较直接地提高贫困人口收入。

（一）理论综述

雷明（2017）认为贫困地区应将自身的绿色资源和市场需求相结合，着力打造特色农业，通过引进先进技术，形成规模种植，重点开发比较优势明显、市场需求旺盛、产品附加值高的绿色生态农业。同时注意节约资源利用和生态保护，实现农业生产的可持续性发展。王振颐（2012）提出许多国家级贫困地区拥有丰富的自然资源，对于这些生态资源富足的贫困地区，仅依靠农业产业化扶贫并不能有效解决贫困人口的返贫问题。生态富足区一旦为了农业开发而过度利用山地、林地，必然会导致生态环境的恶化，甚至变为生态贫困区，农业产业基础受到破坏，农民收入不升反降，为了生存，贫困人口进一步开发农业，生态环境继续恶化，进而贫困地区陷入恶性循环，贫困人口无法真正实现脱贫。在此基础上，王振颐提出生态资源丰富地区必须采取农业产业扶贫和生态扶贫并举的模式，二者相互促进、相互补充，最终实现贫困人口的脱贫。刘北桦和詹玲（2016）认为，我国农业产品存在多而不优的问题，无法满足居民日益提高的消费需求。贫困地区要适应消费结构升级的变化，突出特色选产业，将农产品做精、做优、做特，从而提高农产品的供给效率和质量。在绿色资源方面，贫困地区应统筹生态保护和农业生产，在环境承载力范围内加快转变经济发展方式，确保农业的持续性发展。在产业融合方面，大力推进农产品加工业，尝试打造区域品牌。

（二）实践探索

生态减贫要求贫困地区不能污染环境，不能破坏生态，不能浪费资源，而在实施特色生态农业扶贫，进行正常的农业生产过程中不可避免地会产生废弃物或是污染物。因此，发展循环经济就显得尤为重要，其出发点是"四个更"原则，即以更少的资源消耗、更低的环境污染和更多劳动就业来追求更大的经济效益。通过发展农业循环经济模式，安徽省阜南县实现了生态减贫的目标。

案例 --

安徽阜南农业循环经济模式，变废为宝，生产优质产品①

地处淮北平原的阜南县人口众多但资源匮乏，是国家级重点贫困县。2007年被批准为全国唯一的"农业（林业）循环经济试点示范县"。在扶贫攻坚中，阜南县将发展循环经济继续融入生态减贫工作。自2001年起，作为淮河流域重要行蓄洪区的阜南县蒙洼和洪洼大力推行林权制度改革，在荒坡地、低洼地大量种植杞柳和杨树。通过发展柳编加工业，解决了4万人就业；通过发展杨树板材加工，解决了5000人的就业；种草、造林、发展经济作物等方面解决了17万人就业；在低洼水面养鱼、养鸭、养

① 阜南县案例相关内容整理自网络资料。科技扶贫·精准脱贫信息共享暨成果交易平台. 范琪: 安徽省阜南县将循环经济与扶贫攻坚相结合的做法与经验［EB/OL］.（2017－02－20），http://www.stdaily.com/kwtwpai/ktp/2017－02/20/content_516639.shtml.

鹅，在草地上放牧，解决了 4.5 万人就业。全县累计解决 20 万以上贫困人口的就业问题。阜南县的循环经济模式具有以下特点。一是发展优质蔬菜产业。阜南县秉持着安全原则、有机种植方式，以会龙镇为中心，辐射带动周边十多个乡镇种植蔬菜 10 万余亩，重点发展辣椒、番茄、早春马铃薯等蔬菜品种，带动贫困人口增收。王家坝的浪湾村还成立了专业合作社，打造了"浪湾"牌香葱，种植香葱的亩均纯收入大于 5000 元，促使贫困人口人均增收 1500 元以上。二是深度利用农作物秸秆。为将秸秆肥料化、饲料化利用，全县投入秸秆粉碎机 1433 台，青贮机械 200 余台，使得旱季秸秆还田利用量为 25.7 万吨，2015 年饲料化利用 17.6 万吨。与此同时，大力开展利用秸秆栽培食用菌，基料化运用秸秆，截至 2015 年，累计解决 1.6 万贫困人口就业问题。三是积极推广沼气工程。阜南县形成了"蓄—沼—粮（菜）""林—草—牧—沼—菌"等多种循环农业模式，仅洪河桥秸秆沼气集中供气项目就带动了数十户贫困户脱贫，户均增加纯收入 2 万元左右。

从上述农业循环经济模式案例中，我们可以总结出如下经验。首先，特色生态农业扶贫模式要注重提高农产品的质量。近些年来，随着生活水平的不断提升，人们的追求也从"生活温饱"转向"高质量生活"，廉价的农产品在市场竞争中不再具有绝对优势。贫困地区必须充分利用自然资源，生产出优质农产品，才能在市场中站稳脚跟。其次，注重打造专属品牌。正如浪湾村的"浪湾"牌香葱，树立一个优质品牌不但能增加自身产品的独特性，更能与消费者建立信任的纽带，增强认同感。品牌效应使得"回头客"比例大大增加，并且对当地其他农产品的销售也能起到较好的辐射作用。最后，注重废物利用、变废为宝。对于农业生产所产生的"废物"应充分利用其潜在的经济价值，这不仅有利于提高农户的经济收入，更能起到保护生态环境的作用。

特色生态农业扶贫为贫困地区指明了减贫脱贫的大方向，但贫困地区具体应采取何种方式来实现脱贫还应结合当地的特异性因素进行考虑，比如贵州毕节就结合自身生态环境的特点进行探索，发展出了一套立体农业模式。

案例 --

贵州毕节立体农业模式，因地制宜，打造品牌[①]

　　贵州省毕节市是典型的喀斯特岩溶山区，生态环境极度脆弱。在进行生态建设之前，由于当地长期以来不合理的开发，造成大量植被被破坏，水土流失严重，导致土地石漠化。2008年，国家启动石漠化综合治理试点，毕节所有县区全部被纳入试点范围，石漠化治理取得了显著的成效。近年来，毕节各县区更是将石漠化治理与农业产业发展相结合，探索生态减贫的新模式。毕节的立体农业模式因地制宜，独具特色。一是"五子登科"建设立体农业。毕节充分利用山地资源优势，探索出"山上植树造林戴帽子、山腰搞坡改梯拴带子、坡地种植绿肥铺毯子、山下发展庭院经济抓票子、基本农田集约经营收谷子"的"五子登科"立体农业开发模式。二是"五轮驱动"发展林下经济。毕节充分利用当地的绿色资源优势，采取"高位推动、政策撬动、龙头带动、基地推动、品牌拉动"的"五轮驱动"促进林下经济发展，加快绿色资源变为资产、资产转为资本的进程，在实现减贫目标的同时，走上了生态保护的绿色发展道路。此外，毕节探索了林果、林茶、林菜等多种生态产业经营模式，连片种植经果林面积达393.5万亩，以规模化、园区化、品牌化为方向，打造了"中国樱桃之乡""中国竹荪之乡"等品牌。

　　从上述立体农业模式的案例中，我们可以总结出如下经验。一是贫困地区应因地制宜选择生态减贫模式。毕节立体农业的探索是基于地区山高、坡陡、谷深的实际情况，根据当地生态环境的特殊性选择的发展模式。其他生态脆弱的贫困地区不能照搬毕节成功经验，而应深入了解当地的绿色资源和农业产业情况，通过不断实践摸索适合自身经济生态发展规律的模式。二是对生态脆弱的贫困地区而言，生态减贫模式更应注重环境保护。"绿水青山就是金山银山"，生态环境恶劣地区在实现减贫发展的过程中，应先注重环境治理，维护好当地珍贵的绿色资源，再在此基础上开

---

　　① 毕节市案例相关内容整理自网络资料。史开云：生态建设的毕节实践［EB/OL］.（2018 - 07 - 18）http：//news. gzw. net/2018/0718/1292469. shtml.

展农业生产，追求经济效益的提高，避免走"先开发，后治理"的错误道路。

二、光伏产业扶贫模式

光伏是太阳能光伏发电系统的简称，光伏产业是以光伏发电系统为核心所构成的各类组件、设备、电池片以及光伏发电市场的总和。光伏产业扶贫通过支持片区县和国家扶贫开发工作重点县内已建档立卡贫困户安装分布式光伏发电系统，支持贫困村村集体安装村级光伏电站，直接或间接增加贫困人口的基本收入，从而达到减贫的效果。截至 2019 年，光伏产业扶贫项目累计建成光伏电站总规模 1224 万千瓦，惠及约 3 万个贫困村的 180.6 万户贫困人口。光伏扶贫既是创新精准扶贫脱贫的重要途径，也是促进新型生态产业发展的有效措施。

（一）理论综述

安文静（2018）认为根据光伏电站的并网模式、装机容量、运作方式、产权的不同，可以将光伏产业扶贫分为地面集中式光伏电站、村级光伏电站、户用分布式光伏发电系统以及农光互补四种模式。地面集中式光伏电站只在少数地区开展，建设在贫困村的荒山荒坡或空地上，扶贫力度较小。该模式一般由企业全额或者政府和企业共同出资承建光伏电站。建档贫困户每年可获得发电收益的一部分，从而实现增收的目的。户用分布式光伏发电系统发电规模较小，在贫困户屋顶或院子空地即可建设，深受贫困户欢迎，适合大范围推广。该模式一般由政府全额或政府和贫困户共同出资承建，电站生成的电在满足贫困户自家用电需求的基础上若存在富余，可卖给国家电网，从而获得收益。村级光伏电站以村集体为建设主体，一般由政府扶贫资金加上金融贷款出资。光伏电站发出的电全部卖给电网公司，卖电收益及国家给予的发电补贴全部依比例分给村集体和贫困户。农光互补模式是将农业种植和光伏发电有机统一，建设现代化农业综合体。该模式技术要求高，周期长，目前仅在个别县实践。四种模式的比较及光伏发电国家补贴标准见表 6-1 和表 6-2。

表 6 – 1 四种光伏产业扶贫模式的比较

模式	规模	建设位置	资金来源	贫困户收益
户用分布式	3～5 千瓦	贫困户屋顶或院子空地	政府＋贫困户/政府	获得全部卖电收益
村级光伏电站	100～300 千瓦	村空地	政府＋金融贷款	获得不低于60%卖电收益
地面集中式	>10 兆瓦	荒山荒坡	政府＋企业	获得企业捐赠的部分股权收益
农光互补	1～100 兆瓦	农业大棚棚顶		获得不高于60%卖电收益

资料来源：安文静，《我国光伏产业扶贫机制与模式研究》[D]．太原：山西财经大学，2018.

表 6 – 2 2018 年全国光伏发电上网电价 单位：元/千瓦时（含税）

资源区	光伏电站标杆上网电价		分布式发电度电补贴标准	
	普通电站	村级光伏扶贫电站	普通项目	分布式光伏扶贫项目
Ⅰ类资源区	0.55	0.65		
Ⅱ类资源区	0.65	0.75	0.37	0.42
Ⅲ类资源区	0.75	0.85		

资料来源：国家发展改革委，《关于2018年光伏发电项目价格政策的通知》。

丁传磊（2017）认为集中式的光伏布局模式产出效益高，是分布式的2.66～3.34倍。但分布式建设周期短，流程简单、运营快，更受村民喜爱。贫困地区可尝试将自行建设分布式与投资入股集中式有机结合，兼顾收益和村民接受程度。宿盟和李志红（2016）就光伏产业扶贫的资产收益问题进行了研究，指出光伏产业扶贫存在贫困户参与程度低、实践中缺乏对经营主体的监督机制和对农户的管理机制、过度依赖政府投资、收益分配不均等问题，并且建议贫困地区在进行光伏产业扶贫项目时应提高贫困人口的参与度，对帮扶对象实行动态管理，定时将脱贫农户舍去同时纳入新的扶贫对象，制定向失能贫困户倾斜的收益分配机制。

（二）实践探索

户用分布式光伏发电系统发电规模较小，在贫困户屋顶或院子空地即可建设，有着可推广性强的优点。然而贫困户若是想安装这些发电系统则需要筹备一定的启动基金，这对于许多贫困户是一个不小的困难。江西省永新县为推动光伏扶贫项目早开工、早建成、早见效，创新方法，妥善解决了资金难题。

··

江西永新分布式光伏发电模式，统贷统还，解决资金难题[①]

　　江西省永新县由于处于丘陵地带，地区光照分布不均。为最大限度利用光能，永新县利用屋顶安装光伏发电系统，从而避免地面电站受土地、林地指标等因素的影响。截至 2017 年 6 月，建成贫困户屋顶分布式光伏发电系统 2763 个，覆盖全县所有乡镇和贫困村，每户光伏发电站装机为 3.12 ~ 5.3 千瓦，总装机容量 13.88 兆瓦。同时，由于部分贫困户的房屋无法满足安装双辐发电设备的要求，县里就利用礼堂、学校等公共屋顶和农户房前空地建设了 268 个装机容量 10 ~ 200 千瓦的分布式光伏发电系统，惠及全县 106 个贫困村的 1248 户贫困户。这些集中安装点的收益通过贫困户购买公益性岗位的方式进行分配。由于光伏扶贫项目需要贫困户投入一定的资金，而大部分贫困户都难以筹备项目所需的启动资金。为解决贫困户资金短缺的问题，永新县政府通过旅投平台，统一贷款光伏产业建设所需的资金，之后每年再从收益中抽出部分用以还款。同时，为了减轻农户还贷压力，县财政制定了"10 年还贷、5 年贴息"的还贷政策：前 5 年，对蓝卡户实行 100% 贴息、红卡户 75% 贴息、黄卡户 50% 贴息；同时，第一年贫困户不需还贷，发电收益全部作为收入，贫困户几乎不用花销便能得到收益。

　　从上述分布式光伏发电模式的案例中，我们可以总结出如下经验。首先，因地制宜选择光伏发电模式。在实际过程中，各地应综合考虑地区地形、光照、贫困户意愿等多方面因素，选择合适的模式，如永新县根据自身丘陵地带的特点采取户用分布式的发电模式。同时，应创新资金获取途径。光伏产业扶贫项目需要一定的启动资金，在贫困户出资无法达到要求时，政府可出面发挥作用，帮助贫困户集体向银行获得低利息的贷款，实现"借鸡生蛋"。对于还贷有困难的贫困户，政府可给予差异化的补助政

[①] 永新县案例相关内容整理自网络资料。江西省发展和改革委员会. 永新县光伏扶贫工作的实践与探索 [EB/OL]. (2017 - 07 - 11). http：//www.jxdpc.gov.cn/gzdt/sxfgwdt/201707/t20170711_201462.htm.

策，确保贫困户能获得收益。其次，扩大贫困户的参与面。光伏扶贫项目存在群众参与程度低的问题，为避免出现"制度养懒汉""空手套白狼"的现象，在项目建设中可设置一些公益性的岗位优先招募贫困户。这样既扩大了其参与程度，又能使贫困户了解一些光伏发电知识，有利于其自身能力的提高。

与分布式光伏发电模式遇到的前期资金短缺难题不同，集中式光伏发电模式由于通常都是由上级政府和企业牵头，村民不需担心启动资金的问题。但对于集中式模式，项目后期的利益分配问题值得贫困地区仔细考虑，如何通过分配有限的收益来实现贫困户效用的最大化。山西省天镇县的做法或许能给其他地区一些启发。

案 例 --

山西省天镇县集中式光伏发电模式，收益差异化分配[①]

山西省天镇县地处晋、蒙、冀三省（区）交界处，周围山势连绵，属于国家二类光照资源地区，实施光伏扶贫有先天的优势。为了更好地实现市场化运作，天镇县成立了县营性质的"天镇县保利光伏产业开发有限公司"，统一负责公开招标、电站建设、监督管理、设备维护等事务。2016年，与晋能光伏合作建成规模40兆瓦的地面集中式光伏电站，是当时全国最大的光伏扶贫项目。该项目总投资金额为3.5亿元，其中晋能光伏和当地政府各出资10%，其余80%靠贷款。项目投产后，政府可获得净利润的50%，并每年分出480万元的扶贫资金，剩余资金用于还贷。按照国家每户25千瓦的扶贫标准，该电站可满足1600户贫困户、持续20年、总额达9600万元。在收益分配方面，实行二次差异化分配。村集体从公司获得收益后，对年老体弱、丧失劳动能力者进行救济性分配；通过设立垃圾清运、村级日间照料中心等公益性岗位进行劳动性分配。

从上述地面集中式光伏发电模式中，我们可以总结出如下的经验。首

---

① 天镇县案例相关内容整理自网络资料。天镇县精准扶贫：光伏发电站照亮致富之路［EB/OL］．（2018－06－10）．http：//dt．sxgov．cn/content/2018－06/10/content_8810536．htm．

先，成立一个建管主体，避免"政企不分"现象。对于大规模的光伏电站建设，由政府牵头成立一个统一的建管主体可大大提高在电网建设、并网发电过程中的工作效率，避免因多头请示浪费时间。其次，实行梯度收益发放，保障二次分配公平公正。由于地面集中式光伏电站大多是由地方政府集中建设、统一管理，因此如何将收益公平公正的分配就至关重要。在分配时，应注意贫困户的异质性，优先考虑无劳动能力或深度贫困的农户。对有劳动能力的贫困人口，可通过设立公益性岗位来激发其脱贫的内生动力。

三、乡村旅游扶贫模式

乡村旅游扶贫即在绿色旅游资源条件较好的贫困地区，通过扶持地区开发旅游资源，兴办旅游经济实体，形成一定规模的旅游产业，进而带动地区经济发展，实现脱贫致富。值得注意的是，旅游扶贫与一般旅游开发在目标和实现路径上有所区别。一般旅游开发的目标是为投资者、经营者谋取最大利益，而旅游扶贫的最终目标是帮助贫困地区及贫困人口摆脱落后局面，实现脱贫致富。在实现路径上，一般的旅游开发往往不关注生态效益，甚至会为了获利进行一些破坏生态环境的行为；而旅游扶贫开发旅游资源时更加注重保护地区生态，以实现地区可持续发展。近年来，乡村旅游扶贫发展迅速，逐步形成了四种子模式，包括景区辐射型、交通依托型、城郊休闲型和新兴业态型。

（一）理论综述

邓小海等（2015）认为在精准扶贫的背景下，旅游扶贫的精准识别有利于提高旅游扶贫的精准度。旅游扶贫的精准识别包括目标人群的识别以及旅游扶贫项目的识别。要针对"可扶之人"提出有利于贫困人口发展的扶贫项目。文章引入了市场甄别机制，构建"意愿—能力"模型来识别目标人群并提出 RHB（resource，humanity and benefit）识别框架帮助贫困地区识别旅游扶贫项目。陈秋华和纪金雄（2016）提出乡村旅游精准扶贫是由乡村旅游精准扶贫识别、帮扶和管理三部分组成，三者相互联系、相互作用，构成一个动态的有机系统。其中，识别是乡村旅游精准扶贫的前提，帮扶是关键，管理是保障。旅游扶贫的实现路径多种多样，可通过促进三大产业融合，延伸农村产业链、树立"本土化、创意化、乡村化、低碳化、景村一体化"的五化理念，打造乡村旅游精品等途径实现"扶真贫"和"真扶贫"的目标。在乡村旅游扶贫模式效果的测度上，王志章和王静（2018）从可持续发展理论出发，以云南省文山壮族苗族自治州为例，运用层次分析法从经济效益、生态效益、社会效益和文化效益四个层面分析测度当地旅游扶贫绩效，发现该区域扶贫效果明显但各项指标与标准值间均存在差距，可持续发展能力有待提高。杨建花（2017）基于 AHP - 熵权法构建的旅游扶贫效果测度指标体系体现了生态环保、经济发展、社会进步及精神文化四个维度，并基于此对甘南州 2006～2015 年旅游扶贫效果进行了深入研究。结果表明，甘南州旅游扶贫发展趋势良好，呈现逐年增长态势，四类子效果亦呈增长趋势但增幅出现不均衡现象。

（二）实践探索

景区辐射型是以旅游景区为中心，开发周边村落作为承接景区休闲娱乐、文化民俗体验的载体。由于是景区辐射型，因此该模式的成败很大程度上取决于中心景区的吸引力。中心景区必须要能吸引足够多的人流才能为周边产业发展提供需求。贵州的西江千户苗寨景区就是通过实施"景区带村"的带动战略，对周边村寨和全县的脱贫致富产生了积极的促进作用。

案 例 --

贵州省雷山县景区辐射型乡村旅游扶贫模式，景区带动产业发展[①]

由于地理、交通、环境等因素的限制，"贫困"一直是贵州省雷山县西江村的标签。2007 年，村民的人均年收入仅有 1700 元。由于村里缺乏创收渠道，"收入靠打工、吃饭靠种地"是当年村寨的真实写照。为摆脱贫困，2008 年在"贵州省第三届旅游产业发展大会"后，当地政府先后投

---

① 雷山县案例相关内容整理自网络资料。西江千户苗寨景区旅游扶贫"黄金十年"的道路与经验［EB/OL］．（2018 - 08 - 02）．http：//www.rmzxb.com.cn/c/2018 - 08 - 02/2130880.shtml.

入上亿元资金建设西江景区，西江苗寨更是一举成为 4A 级景区，声名大振。2009 年，西江千户苗寨文化旅游发展有限公司正式成立，继续推进景区数量、质量建设。西江苗寨景区的成功也带动了周边村寨的发展，主要体现在产业带动和就业带动两个方面。在产业带动层面，得益于西江旅游的迅猛发展，脚尧、黄里等村的茶产业得到了发展，"银匠之乡"控拜、麻料也因游客对西江银饰的大量需求而发展迅速。位于西江西街服务区的营上村自 2017 年建立后开办了几十家酒店。截至 2018 年，西江苗寨已接纳了 1300 多户业主入驻，形成了集"吃、住、行、游、购"为一体的旅游产业链。在就业带动层面，随着景区规模的扩大，所需的服务人员也日益增加，吸引和接纳了 2000 余村民直接从事旅游服务行业，担任环卫、安保、司机、文化表演等岗位，每月平均工资 3000 元，成功实现"脱贫摘帽"。与此同时，为有效保护民族文化遗产，自 2011 年起实施"利益共享"机制，将每年景区门票收入的 18% 作为文化保护经费，用于奖励那些吊脚楼保护程度好的家庭。2017 年，共有 1410 户农户受到奖励，户均奖励 2.13 万元。

从上述景区辐射型乡村旅游扶贫模式，我们可以总结出如下的经验。首先，旅游产业集中管理，打造品牌，树立大格局意识。与村民自发办旅游相比，成立单独的建管主体专门负责统筹地区资源，进行景区建设有利于集中精力打造地区品牌，宣传力度大。在前期规划时，应充分考虑市场容量等因素，将旅游开发形成一条完整的产业链，保证旅游扶贫的可持续性。其次，充分发挥优质景区的辐射作用，实施"景区带村"战略。类似"先富带后富"的思想，率先得到发展的景区周围的村落可发展旅游周边产业，吸引景区游客前来消费。这一方面有利于周边村落的经济发展，另一方面也有助于景区打造完整旅游产业链。最后，注重对绿色资源、文化资源的保护。旅游扶贫是为了促进贫困地区经济发展，但其最终目标并不仅限于此，环境保护是旅游扶贫必须坚守的底线，切莫盲目追求经济效益，以生态效益换经济效益。

城郊休闲型乡村旅游模式是发展以农家乐为主体的观光休闲农业，满足现代人"逃离城市喧嚣，回归原始自然"的需求。这种模式大多是在近郊地区，并不需要贫困地区拥有绝美的自然风光，发展的门槛较低。但另一方面，门槛较低也意味着潜在的竞争对手更多，因此形成地区特色就显得至关重要。重庆奉节在挖掘地区旅游特色、促进贫困户就业等诸多方面进行了有益的尝试。

案 例 --

重庆市奉节县城郊休闲型乡村旅游扶贫模式，产业融合求发展①

2016 年，重庆市奉节县进行产业结构转型，首先通过"百日关矿"行动关闭了 37 个煤矿。此后，奉节县尝试"公司＋农户"、土地入股等多种方式将旅游业和农业交叉融合，充分挖掘地方特色生态资源、文化资源，发展体验旅游、民宿旅游，建成集旅游点、农家乐、生态农业观光采摘园、农庄、民宿为一体的旅游景区。当地村民可通过提供售卖土特产、提供原生态农产品、直接参与就业、入股分红等多种方式享受旅游扶贫的效益。公司成功流转土地 1500 亩，配套生态特色水果采摘园，保证贫困户和土地流转户优先务工，对特困户实行土地入股联结，保底分红 10%。与此同时，奉节县为农户提供免费技术培训、种苗等服务，实施"订单农业"模式，成功带动 1000 余户农户发展种植业，户均增收 1.3 万元。

对比景区辐射型乡村旅游扶贫模式，可以发现城郊休闲型乡村旅游扶贫模式的一大亮点就是原生态体验。城郊休闲型旅游并不依靠奇特的自然风光或珍贵的文化遗产，它给予游客的是轻松的原生态体验。久居繁华城市的游客可以在乡村放慢脚步，通过采摘林果、享受天然美食、住特色民宿回归本真，发现生活的乐趣和自然的美好。

新兴业态型主要指各地新形成的一些有特色、可复制的旅游扶贫模式。随着多档以扶持贫困地区经济发展为目标的综艺节目的播出，衍生出了综艺与扶贫相互助力的新模式。如《亲爱的客栈2》，通过综艺的平台使得扶贫获得了大众的更多关注，从而为贫困地区经济发展提供了新途径。

---

① 奉节县案例相关内容整理自网络资料。重庆市扶贫开发办公室. 奉节县"乡村旅游＋"模式激活脱贫动力［EB/OL］. (2017－05－04). http://www.cqfp.gov.cn/contents/106/99722.html.

案 例 ┈┈

内蒙古白狼镇新兴业态型旅游扶贫模式，
综艺 + 扶贫，激发新活力①

阿尔山市白狼镇地处大兴安岭中段岭脊南侧，位于阿尔山市东南部，西与蒙古国交界，是经济发展靠后的贫困镇。作为国家重点旅游扶贫示范区，白狼镇有着丰富的旅游资源，现辖一个白桦林社区和林俗村、鹿村两个特色产业村。然而由于气候和季节的原因，当地的旅游产业发展受到限制，每年只能营业半年。为了助力当地旅游产业升级，湖南卫视《亲爱的客栈2》采取"综艺 + 公益帮扶"模式，在白狼镇鹿村进行录制。这档综艺节目的播出，让更多的人知道了白狼镇鹿村这个美丽的地方，了解非物质文化遗产树皮画的精美，对当地旅游产业起到了很好的宣传推广作用。"授人以鱼不如授人以渔"，客栈的明星经营者不仅和当地村民一起搭建经营客栈，还将管理服务客栈的理念传递给了当地居民。伴随着节目的杀青，节目组也将为节目录制搭建的客栈捐赠给白狼镇人民政府，以帮助当地继续践行生态环保的发展理念，助力旅游扶贫。节目播出期间，此次文艺帮扶发展旅游经济的有益尝试已初见成效，鹿村已经迎来了不少游客，阿尔山市的网络搜索度持续飙升，这片祖国的宝地正在被越来越多的人关注。

上述白狼镇鹿村"综艺 + 公益帮扶"的发展模式启示我们文艺帮扶或可成为未来乡村旅游扶贫的新方向。与其他生态减贫的模式相比，乡村旅游扶贫的一大难点就是宣传。在大多数情况下，旅游扶贫地区发展落后并不在于旅游资源不够丰富，而是宣传力度不够，很多人可能都不知道祖国有这般的"大好河山"，正如白狼镇，在节目播出以前，民众普遍都不知道它的存在。而作为文艺工作者，号召力强是他们的优点。如果能借助这些文艺工作者的号召力通过综艺或是其他公众平台宣传贫困地区的旅游资源无疑会助力当地的旅游扶贫项目的推广。然

---

① 白狼镇案例相关内容整理自网络资料。《亲爱的客栈2》杀青：把公益植入综艺，探索精准扶贫新方式［EB/OL］．（2018 – 12 – 06）．http://zixun. hunantv. com/hntv/20181206/1149527005. html.

而，必须承认的是，不是所有贫困地区都能得到这样的宣传资源而且文艺宣传只能帮助地区获得短期的关注度，要想可持续性地发展旅游扶贫模式，最终还需加强自身旅游产业链的建设，突出地区特色，让游客流连忘返。

四、生态建设扶贫模式

生态建设扶贫主要是以政府为主导，结合国家实施的一系列重点生态工程、生态保护工程、国土绿化工程，如退耕还林还草、退牧还草、京津风沙源治理、三北防护林体系建设等工程，挖掘生态建设与保护就业岗位，引导贫困人口向生态工人转变，从而提高贫困户的经济收入。2016年，国家林业局会同财政部、国务院扶贫办开展了选聘建档立卡贫困人口担任生态护林员的扶贫工作，当年安排中央投资 20 亿元。2017 年，中央财政共安排资金 25 亿元，37 万名建档立卡贫困人口通过生态护林员选聘上岗就业。2018 年 1 月，《生态扶贫工作方案》出台，以中西部 22 个省（区、市）为重点，落实生态护林员资金 35 亿元，选聘建档立卡贫困人口生态护林员 50 多万名。按照《生态扶贫工作方案》，2019 年拟新增选聘 20 万名生态护林员、10 万名草管员。生态护林员、草原管护员等生态管护公益岗位的大规模设置，在推动生态精准脱贫过程中发挥着重要作用。[①] 这一模式的主要实现途径，一是通过参与工程建设获取劳务报酬。建立造林专业合作社，采取以工代赈等方式，组织贫困人口参与生态工程建设。二是通过生态公益性岗位得到稳定的工资性收入。政府以生态环境的管护为重点，设立生态护林员等岗位，让有意愿且符合岗位要求的贫困人口参加生态管护工作，实现就地脱贫。习近平总书记提出，增加重点生态功能区转移支付，扩大政策实施范围，让有劳动能力的贫困人口就地转成护林员等生态保护人员。[②]

---

① 生态公益岗实现生态保护与精准扶贫双赢 ［EB/OL］. （2019 - 11 - 26）https：//www.gmw.cn/xueshu/2019 - 11/26/content_33349518.htm.

② 习近平：脱贫攻坚战冲锋号已经吹响 全党全国咬定目标苦干实干 ［EB/OL］. （2015 - 11 - 28）. http：//www.xinhuanet.com//politics/2015 - 11/28/c_1117292150.htm.

（一）理论综述

章力建等（2008）认为我国贫困人口主要集中于生态恶劣地区且生态保护政策偏向于生态恶劣地区，生态建设和扶贫工作实施区域具有较高的重叠性，因此实施生态建设扶贫模式，兼顾减贫和改善生态环境，对于建设社会主义新农村具有积极意义。曾贤刚等（2014）认为，生态建设的直接目标是修复被破坏生态系统的结构、功能并使之达到健康的状态。其成果也是一种生态产品，具有生态价值且在长期具有潜在的社会经济价值，从而生态建设也可商品化、市场化。张永亮等（2013）通过对全国3375个样本农户连续16年的追踪调查，发现生态建设工程改善了农村农业生产条件、农村生产要素配置，加速了农村产业结构调整，有效增加了农民收入。史玉成（2018）指出受资金投入、实施力度等因素的限制，生态建设扶贫本质上仍属于"输血式"扶贫，只能缓解"点"的问题，无法推广到"面"。要想破解生态建设扶贫的困境，需要国家加强建设力度，实现生态扶贫机制常态化，同时出台相关法规明确扶持工作。

（二）实践探索

案例 ···

河北省赤城县生态建设扶贫模式，向生态要岗位[①]

赤城县位于河北省西北部，是矿业大县、林业大县和畜牧业大县。同时，赤城县有贫困村185个，贫困人口18095人，是国家扶贫开发重点贫困县。近年来，赤城县秉持着"绿水青山就是金山银山"的理念，坚持生态保护与减贫开发并重，先后拒绝了70多个可能造成污染的合作项目，整改59家污染性企业，在生态建设扶贫方面取得了优异的成绩。投资造林绿化工程13.94亿元，遍及83.6%的贫困村，雇用2000余贫困人口务工，向贫困户发放土地流转资金25万多元；实施地下水超采综合治理和高效节

---

① 赤城县案例相关内容整理自网络资料。河北赤城：走生态扶贫路 向绿水青山要金山银山 ［EB/OL］．（2018－09－13）．http://www.cnfpzz.com/column/fupinzixun/quanweishengyin/2018/0913/13169.html.

水灌溉工程，总投资 947.38 万元，惠及 6 个乡镇 7 个村，3274 人；实施生态清洁小流域综合治理工程，治理面积 150 平方千米，总投资 9750 万元；实施京津风沙源治理工程，投资 8483 万元，完成水土保持综合治理面积 288 平方千米；在 500 万元国家生态护林资金基础上，县财政每年投入 2000 万元，选聘 6943 名建档立卡贫困户为生态护林员，年人均增收 3600 元，累计为全县建档立卡贫困户提供生态护林员公益性岗位 5322 个。这一系列生态工程建设的实施，既使得当地数千名贫困人口有了稳定的收入来源，生态环境又得到了极大的改善。

赤城县的生态建设扶贫模式启示我们经济发展不能以牺牲环境为代价，加快贫困地区经济结构转型，及时整改、关停污染型企业，保护珍贵的"绿水青山"。与此同时，在进行生态建设扶贫时，应密切关注中央政策，找准切入口，激发贫困群众的内生动力，向生态要岗位。

五、电商扶贫模式

电商扶贫即电子商务扶贫开发，就是"将近些年迅速发展的电子商务纳入减贫开发模式体系，通过教育培训、市场对接、资源投入、政策支持等形式，帮助贫困户从网上交易中获得收益，达到减贫效果"①。虽然电商扶贫是新兴事物，但全国各地已涌现出许多通过电子商务成功脱贫的案例，有以基层政府推动为代表的甘肃陇南"陇南模式"，以农户自发组织为代表的江苏睢宁"沙集模式"、广东揭阳的"军埔模式"、重庆的"网上村庄"，以及最近吸引广泛关注的阿里巴巴农村战略。

（一）理论综述

张岩和王小志（2016）认为在贫困地区发展电子商务一方面能让当地农民及时掌握市场需求情况和价格信息，降低因信息不对称可能带来的风险。另一方面"互联网＋电商扶贫"的行动战略可以打破地域限制，农户

---

① 张岩，王小志. 农村贫困地区实施电商扶贫的模式及对策研究［J］. 农业经济，2016（10）：58－59.

不再是弱势生产者，解决农村商贸服务"最后一公里"问题。林广毅（2016）认为农村电商主要有两条作用机理：一是扶贫主体通过为贫困人口提供资金、场地、服务，或为其进行技术培训，让贫困人口能参与电子商务相关工作，甚至自行开设网店；二是扶贫主体通过扶持企业、产业或改善电商环境来促使贫困地区电子商务的发展，进而为贫困人口创造更多的就业、创业机会。然而，电商扶贫模式在实践中仍存在诸多挑战，如农产品容易腐烂、需要保鲜特点的限制，文化程度偏低的农民对新兴电子商务交易方式接受度不高，农村基础设施存在道路状况差、物流发展落后等一系列问题（卢迎春等，2015）。

（二）实践探索

案 例 ┄┄

阿里巴巴电商扶贫模式[①]

阿里云计算、全球化和农村战略是阿里巴巴集团的三大战略。2014 年10 月，农村淘宝项目正式成立，意在打通"网货下乡"和"农产品进城"的双向流通功能。2015 年，为培养农民的电子商务销售技能和当地政府的网络销售意识，阿里巴巴建立了农村淘宝服务站。目前，农村淘宝已遍布217 个国家级贫困县，建设了 33 个淘乡甜种植示范基地。阿里巴巴电商扶贫模式的经验可从以下几个方面概括。一是注重打造品牌。通过与当地政府、企业合作，阿里巴巴采用订单农业的方式，精选了 4 万亩优质产区水稻，成功树立"兴安盟大米"品牌。无独有偶，在脱贫基金的资助下，从元阳红米、巴楚香瓜到吉木乃有机高筋小麦粉，10 个脱贫样板县都拥有自己的特色品牌。二是"明星＋县长＋主播"的宣传形式。2018 年，阿里巴巴采用"明星＋县长＋主播"的特色模式，举行了超过 15 万场的农产品直播，吸引了超过 4 亿人观看。通过直播，拉近了生产者和消费者之间的距离，让消费者能立体感受农产品的质量，同时生产者也能在第一时间了

[①] 电商扶贫案例相关内容整理自网络资料。阿里巴巴农村战略——"创新电商脱贫模式 惊艳的百亿销售总额" ［EB/OL］.（2018－12－24）. http：//www. cnfpzz. com/column/lanmu3/she-huifupin/2018/1224/13845. html.

解顾客的真实需求，从而对产品进行及时调整，倒逼产业升级。三是提升农民技能和产品质量。阿里巴巴联合自身团队、政府相关专家形成产业联盟，对产品品质高标准、严要求，同时在技术上不断探索如何提高农民的农业技术水平，从源头上解决产品技术问题。

结合上述五种就地式生态减贫模式的典型案例，我们可以总结出一些共性经验供其他贫困地区参考。第一，因地制宜发展生态减贫模式。就地式生态减贫模式的关键在于充分利用当地的绿色资源，促进经济发展。然而，中国幅员辽阔，地理生态环境的多样性决定了各贫困地区先天比较优势的差异性，加之各地文化习俗、风土人情也有所不同，因此，在具体落实生态减贫方案时，各贫困地区应综合考虑自然人文因素，因地制宜地制定出一套扶贫的最优方案。第二，提高质量，打造品牌。无论是特色生态农业扶贫还是乡村旅游扶贫，抑或是新兴的电商扶贫模式，几乎所有的案例都指向提高产品质量，打造当地的特色品牌。在市场化经济的当代，政府助力推广和销售地区特色只是权宜之计，贫困地区要想在激烈的市场竞争中取胜，获得长期发展，关键还是要靠高质量的产品，用实力说话。第三，积极发挥政府的作用。由于一些就地式扶贫模式如光伏产业扶贫前期需要投入大量资金，因此资金缺乏一直是贫困地区发展的"拦路虎"。在这一点上，当地政府可以出面采取如统贷统还等方式，帮助贫困农户获得必要的资金，并在还贷方面针对不同贫困程度的农户提供倾斜性的政策支持。

第三节

易地式

易地式生态减贫模式主要指易地扶贫搬迁模式。"其主要以风沙及荒漠化威胁严重、省级以上自然保护区、水源涵养林区等区域为重点，将生活在不适宜生存地区的贫困人口搬迁到其他地区，并通过调整安置区的经济结构、改善生产生活条件和拓宽增收渠道，实现贫困人口脱贫"①。从易

---

① 雷明. 绿色发展下生态扶贫 [J]. 中国农业大学学报（社会科学版），2017，34（5）：87-94.

地的目的来看：一是可以通过易地开发，逐步改善贫困人口的生活状态；二是可以避免人类对生态环境的继续破坏，为下一步恢复和重建生态系统打好基础；三是减小自然保护区的人口压力，使自然景观、自然生态和生物多样性得到有效保护。由于我国农村目前最小的行政单位是村委会，因此贫困户搬出原村委所管辖范围即可算作"易地"。2001~2015年，全国累计搬迁贫困人口1200万以上。"十二五"时期，国家发展改革委加大了易地扶贫搬迁工程的投入力度，累计安排中央预算内投资231亿元，是前10年投入的1.75倍，累计搬迁贫困人口394万人，是前10年的1.37倍，易地搬迁成效更加明显。[1]"十三五"时期，新一轮的易地扶贫搬迁面临着前所未有的挑战。一是搬迁任务繁重，5年需搬迁约1000万名建档立卡贫困人口。二是安置资源约束日益凸显，待搬迁人口高度集中于中西部生态脆弱区域，适合搬迁的区域受限。三是搬迁对象贫困程度更深，工程实施难度更大。但已取得了较为显著的成果，"十三五"规划的易地扶贫搬迁建设任务已基本完成，有930万贫困人口乔迁新居，走出大山和自然条件恶劣的地方，有920万人通过搬迁实现脱贫，各地工作重心已从工程建设全面转向搬迁群众后续扶持。[2]

一、理论综述

孙永珍和高春雨（2013）认为易地扶贫搬迁模式应遵循政府主导和群众自愿相结合的原则，坚持人口社会资源与环境协调发展的原则，坚持降低搬迁成本与提高长期收益相结合的原则，以及坚持扶贫搬迁与产业发展相结合的原则。在理论溯源层面，生态贫困理论、"推—拉"理论和区位理论认为恶劣的生态环境是造成地区贫困的主要原因。系统理论、现代化理论等从整体的角度认为易地扶贫搬迁是集理论、机制、行动和政策为一体的有机系统。社会冲突论、社会排斥论等阐释了移民搬迁必须实现搬迁

---

① "十三五"易地扶贫搬迁：伟大成就与实践经验［EB/OL］．（2021-06-30）．https：//www.ndrc.gov.cn/xwdt/xwfb/202106/t20210630_1285081.html?code=&state=123.

② "十三五"易地扶贫搬迁建设任务基本完成［EB/OL］．（2020-03-07）．https：//www.gov.cn/xinwen/2020-03/07/content_5488241.htm.

人口内源式的发展，增强其经济发展和社会适应能力，才能避免社会排斥现象的发生。

易地扶贫搬迁并不仅仅是一个经济层面的问题，还涉及政策调整、社会适应和社会影响等各个方面（叶青和苏海；2016）。何得桂和党国英（2015）经调查发现，易地扶贫搬迁在实践过程中存在"见户不见人""搬富不搬穷"等执行偏差现象，从而影响政策实施的公平性、加重搬迁对象的经济负担以及阻碍移民搬迁的均衡发展。

在易地搬迁扶贫模式效果的测度上，曾小溪和汪三贵（2017）利用中西部16县建档立卡搬迁户问卷调查数据，发现有92.67%的农户因生存性困难或发展性困难需要搬迁。建档立卡搬迁户搬迁意愿强烈且有部分搬迁支付意愿。陈胜东等（2016）对赣南原中央苏区的易地搬迁扶贫项目进行实证分析。文章以非移民户为参照，通过抽样调查获取问卷数据，分析搬迁移民行为对移民农户基本需求、人力资本等六类生计资本的影响。结果表明，易地搬迁后农户的生计资本有较为显著的提高，净增效应为0.239，其中物质资本的净增效应最大为0.148，其次是社会资本，这说明易地搬迁能提高农户的生计资本，实现减贫的目的。金梅和申云（2017）基于云南省怒江州贫困农户易地扶贫搬迁的准实验数据，采用DID模型对相对贫困户和绝对贫困户在不同搬迁模式下的生计资本变动状况分析。研究发现，山上搬山下模式和依托企业带动模式对提高贫困户生计资本具有正向促进作用，有助于降低农户交易成本；依托退耕还林逐步安置模式对生计资本不存在显著影响但却有利于提升农兼型为主的相对贫困户的生计资本，导致"搬富不搬穷"的现象；依托小城镇集中安置模式有利于提升农兼型和兼农型农户的生计资本，对纯农型农户的生计资本的变动影响不大。邰秀军等（2017）根据宁夏回族自治区10个移民村的调查数据，采用FGT贫困测度指标、偏相关分析方法，探讨了集中连片和集中但不连片两种安置方式的减贫效果。结果显示，生态移民户的减贫效果除与民族、搬迁年限、可获得的生计资本有关外，安置方式也与之相关。集中连片安置的生态移民户贫困缺口率、贫困发生率及贫困强度指数等各项指标都高于集中但不连片安置的生态移民户。此外，集中但不连片的安置方式还有利于促使移民户转换生计方式，形成就近务工，从而帮助移民户实现减贫脱贫。

二、实践探索

根据搬迁和安置方式的不同，易地扶贫搬迁模式主要有山上搬山下模式、依托小城镇或企业带动安置模式和依托土地和房屋置换模式。山上搬山下模式是在以工代赈项目的支持下，在不调整原有土地的基础上，将由于文化、历史原因长年居住在生态环境恶劣、基础设施落后的山上居民搬迁到山下居住条件较好的安置点，如云南省怒江州；依托小城镇或企业带动安置模式主要指依托新型城镇化建设，在小城镇或龙头企业、工矿企业附近设置移民安置点，贫困户通过到这些企业工作或城镇企业从事第二、第三产业工作以获得收入来源，如贵州省从江县；依托土地和房屋置换模式是一种梯级搬迁安置模式，将贫困地区中拥有一定技能或具有一定经济实力并有搬迁意愿的农户搬迁到城镇等地安置，再将因居住于生态环境恶劣地区需要搬迁的农户迁入置换户的住所，并继承其耕地进行耕种，从而达到"搬一松二"的目的，如贵州省德江县。接下来，我们将通过案例分别对这三种易地搬迁模式进行详细论述。

案 例 ··

云南省怒江州山上搬山下模式①

云南省怒江州地势陡峭，可耕地面积少，垦殖系数不足4%。37万贫困群众人均年纯收入低于2300元，有2.5万农户仍住在茅草房内。境内的蛮赖村由于存在山体滑坡隐患，于2009年实行整村搬迁，从大山上搬到公路边，交通便利。从前在山上居住，建房成本高，农户几乎隔几年就要将所赚的钱全部用于修缮房屋。搬迁到山下后，房屋大而美观，村民除做农活外还可发展副业，生产生活条件得到了根本性改善。与此同时，怒江州秉持着"林果上山、农民下山"的原则，实施百万亩林果基地建设，使全州森林覆盖率提高近5个百分点，生态环境也得到了改善。

---

① 怒江州案例相关内容整理自网络资料。云南怒江：10万乡亲"挪穷窝"［EB/OL］.（2019 - 04 - 16）. http：//www. yn. xinhuanet. com/newscenter/2019 - 04/16/c_137981044. htm.

从上述山上搬山下的模式中，我们可以总结出该模式的一些优点。其一，不涉及耕地调整，搬迁成本相对较低。山上搬山下模式只是将原来居住在山上的居民搬到山下居住，农户还是在农村生活。与城镇相比，农村的土地价格低，因此安置点的建设成本相对较低。其二，与原居住地距离近，农户接受程度更高。由于该模式并没有完全改变农户较大范围内的生活圈，使农户完全脱离原本的生活轨道，农户与原居住地仍可保持密切联系，从而在情感上农户易于接受。其三，有利于改善原居住地生态环境。由于迁移距离较近，当地政府可组织搬迁到山下的劳动力进行山上的生态工程建设，改善贫困地区的生态环境。

案 例

贵州省从江县依托小城镇或企业带动安置模式①

在贵州省从江县，海拔高、环境恶劣的两山地区②居住着许多贫困人口，为了改善群众的居住环境，从江县采取"一把手"包保安置点办法，2016年搬迁来自加勉乡、刚边乡等乡镇的1188户5270名贫困群众到修建好的洛香镇万户侗寨社区安置住房内。为了保证搬迁户能在城镇有一份稳定的工作收入，避免"返贫"现象的出现，从江县继续推进后扶发展保障等工作，搬迁人口中，952人在县内企业打临工就业，19人被安排公益性岗位，1589人选择外出务工，配套的社区广场建设帮助352人就业。为了进一步提供搬迁户资金保障，从江县整合易地扶贫搬迁对象脱贫贷资金3000万元，量化到300户搬迁户的股金投入县食用菌产业，按照年利润6%保底分红；为稳定增加搬迁对象的收入，从江县将易地扶贫后续发展基金5000万元量化为570户2248人搬迁对象的股金，入股贵州都柳江公司，用于经营从江县智能停车场、农贸市场改造等项目，按照6%进行保底分红，项目经营纯利润的50%再进行二次分红，确保搬迁户能在新地安居落户。

---

① 从江县案例相关内容整理自网络资料。从江县易地扶贫搬迁：搬出深山天地宽［EB/OL］. (2018－03－26). http://www.gz.xinhuanet.com/2018－03/26/c_1122592554.htm.

② 两山地区指雷公山地区和月亮山地区，是贵州省扶贫开发的重点区域之一。

从上述依托小城镇或企业带动安置模式中，我们可以总结出如下经验。首先，增强扶贫主体间的互动合作，提高资源利用效率。政府应发挥领导作用，加强与社会力量、市场力量的合作，将"碎片化"的扶贫资源统筹整合，给予搬迁群众充足的资金支持和高质量的公共服务。其次，促进搬迁户的社会融入感。在搬迁至小城镇后，贫困群众失去了其原有的生计资本，若此时新的生计方式不能及时建立则易造成搬迁户社会融入感不强等现象。为减少贫困户搬迁后面临的生计风险，相关部门可通过引进密集型产业或对其进行必要的职业技能培训，帮助其顺利获得一份稳定的收入来源，增强搬迁户的社会融入感。

案　例

贵州省德江县依托土地和房屋置换的易地扶贫搬迁模式①

贵州省德江县位置偏远、人口居住地分散，既无大面积连片的可耕土地，也无发达的工业和林场可依托。借着 2001 年国家把贵州省列为西部四个易地扶贫开发试点之一的机遇，德江县提出依托土地和房屋置换的易地扶贫搬迁模式。将贫困地区的相对富裕户和有一技之长的农户（置换户）置换到城镇发展第二、第三产业，搬走时政府兑现土地和房屋置换应得的资金。空出的土地和房屋则由政府调整给生产生活条件极其恶劣的贫困户（搬迁户）。置换户类型多为长期外出打工、可投靠在城镇就业的子女、可从事农业劳动也可从事非农劳动者以及人少地多型农户。这些置换户大多不愿或不能直接从事农业劳动，从而造成土地、房屋的闲置。对于搬迁户而言，迁入了生活环境、基础设施较好的村落，可立即开展农业生产，短时间内就可实现脱贫。2002 年，龙泉乡当年安置的 46 户 205 人已基本跨过温饱线。2004 年，龙泉乡、沙溪乡的贫困搬迁户人均纯收入从 2001 年的 400 余元上升至 1200 元。

从上述依托土地和房屋置换的模式，我们认为其亮点在于投资少、见效快。依托土地和房屋置换模式在实施过程中，国家新投入的资金在 5000

---

① 张萍. 德江：点击"置换式"扶贫［J］. 当代贵州，2005（3）：32 – 33.

元/人范围内，安置1户搬迁户耕地转让费和房屋转让费在2万元左右，耕地转让费占60%以上。搬迁户在搬迁后1~2年即可脱贫。除此之外，该模式促进了人口、资源、生态的协调发展。原本的闲置土地得到了充分利用，搬迁户也不会像原先为了生存对生态环境乱砍滥伐，脆弱的生态环境得以恢复。

结合上述三种易地式生态减贫模式的典型案例，我们可以总结出一些共性经验供其他贫困地区参考。第一，实现搬迁人口内源式的发展。对于易地搬迁的农户，其生活圈子甚至是生计方式都存在着变化。因此，增强农户的经济发展和社会适应能力就显得尤为重要。在搬迁后的初期，政府可优先提供农户合适的工作岗位，帮助农户融入新生活，从而避免返贫现象的发生。第二，注重成本收益分析，选择最优的易地搬迁模式。与就地式扶贫模式相比，易地搬迁扶贫需要将农户整体迁出，成本往往较高，且不同的搬迁模式成本差异悬殊。因此，政府在初期就应全方位地考察当地情况，征集农户意见，比较不同搬迁模式的成本和收益，在一定的预算约束下，做出最优选择。

第七章

生态减贫实现路径[*]

生态减贫的重要性在之前几个章节已经有所呈现，而从认识到实践，将是生态减贫的关键一步。本章将以历史上的生态减贫经验与教训为背景，结合生态减贫中的中国特殊性，提出生态产业化和产业生态化这两条生态减贫的实现路径并予以详细的论证。

第一节
生态减贫的路径探索

对于生态减贫的路径探索，其实并不是一件新鲜事，国内外都有很多的实践和尝试。但是，目前取得突出成效的、经得起时间检验的实践并不多。因此，回顾这些已有的生态减贫实践，对于从中国国情出发来探索中国生态减贫的实现路径来说是有现实意义的。

一、生态减贫的历史经验与教训

在生态减贫的过往实践中，国内外均有不同的尝试。其中，中国贵州的"大生态，大扶贫"和以色列的"规模绿色农业"都是比较具有借鉴意义的实践，而巴西亚马逊热带雨林地区的实践

---

* 王子宁为本章做了大量工作，在此表示感谢。

则为我们提供了教训。

（一）贵州的生态减贫实践

位于中国西南边陲的贵州自古以来就常常和"贫穷"一词相关联。地理位置偏僻、交通运输条件差等因素都制约着贵州的经济发展和百姓脱贫。在过去，贵州也按照工业化的基本模式，利用其所具有的山区矿物资源、水资源，尝试发展重化工业，期望以此来实现脱贫。但是由于运输成本高、信息闭塞等问题，贵州的重化工业并没有很高的收益率，工人工资水平也没有显著提升，而同时随着矿产资源的无节制开发、肆意排放污水，贵州部分地区的生态环境也发生明显恶化。贵州似乎进入了发展的"死胡同"。

但是在改革开放后，特别是 20 世纪 90 年代末，贵州开始尝试建立以生态文明为主线的毕节试验区。在试验区内探索人、自然、发展三者之间的和谐共生方式，并且取得了突出成就。以试点的成功经验为蓝本推广开来，贵州省用了 20 年的时间（1999～2018 年），将全省的第一产业比重从 29.8% 降到 14.6%，将第二产业比重从 39.7% 降到 38.9%，将第三产业比重从 30.5% 提升到 46.5%，实现了经济发展模式的结构性转变。城镇居民可支配收入从 4935 元提升到了 31592 元，农村居民可支配收入从 1375 元提升到了 9716 元。[①]

贵州省通过调整产业结构，抓住新兴产业动向的脉搏，从比较优势出发，找到了现代山地高效农业、文化旅游、健康产业、新型建筑材料、大数据这五大适宜当地发展的产业，将产业发展与发展减贫结合，推行大生态、大扶贫战略，有力地减少了贫困发生。

（二）以色列的规模绿色农业

以色列的生态减贫实践主要体现在规模绿色农业。以色列作为一个滨海小国，实现了粮食生产的完全自给自足，并且有一定量的粮食出口，这

---

① 贵州统计年鉴 [EB/OL]. （2019 - 03 - 04）. http：//hgk. guizhou. gov. cn/publish/tj/2019/zk/indexch. htm.

主要归功于其规模绿色农业的实践。

以色列境内河流不多，其主要水源是雨水补给和地下水，这样的自然条件就对农业发展提出了挑战：雨水补给不具备稳定性和长期性，不能成为主要依仗的农业灌溉水源；地下水的过度开采会带来地表塌陷以及海水入侵。因此，以色列选择从三个方面出发探索规模绿色农业的发展路径。首先，以自愿性质的集体农庄（Kibbutz）为农业生产单位，集中安排灌溉等农业生产活动；其次，选择耐旱、节水作物，后期依托高新技术产业种植基因改进的节水型作物；最后，以滴灌为主要灌溉方式，后期实现了根据土壤湿度实时动态调整的滴灌系统。在这种模式下，以色列实现了农业增加值的逐年提升，从1995年的17.59亿美元到2018年的42.35亿美元（现价美元），年增长率为3.7%，这对于一个小国来说，是巨大的农业发展成就。[①]

（三）亚马逊雨林地区的普遍贫穷

亚马逊雨林地区在处理生态和减贫二者关系时陷入了"普遍贫穷"的陷阱之中。在早期，这一地区的农民经常采用毁林开荒、焚烧堆肥等手段来发展农业生产，这种低效率、低集约化程度的生产模式不仅没有使当地农民快速脱贫，反而造成森林面积的大量减少，生态环境恶化。近年来，受国内财团和国际压力的影响，亚马逊雨林地区把生态环境的保护放在了较为优先的位置，而且甚至是过分优先，在一些领域限制了农民的大部分生产活动。但是，我们应当认识到生态环境是有自身的循环和再生产能力的，只要在合理的使用范围内，就可以既从自然资源中获利，又可以保持生态环境的总体稳定。亚马逊雨林地区在处理生态和减贫二者关系的时候过于极端化，没有辩证地认识经济发展与生态环境的关系，使得亚马逊雨林当前仍处于普遍贫穷之中。

二、生态减贫工作中的中国特殊性

从以上历史经验与教训中可以看出，生态减贫工作必须以两个思想为

---

① 世界银行国民账户数据和经合组织国民账户数据文件［EB/OL］.（2018 – 12 – 31）. https：//data.worldbank.org/indicator/NV.AGR.TOTL.CD?end = 2018&locations = IL&start = 1995.

前提：因地制宜与统筹平衡。因此，探索中国生态减贫的可行路径也需要从中国的国情出发，兼顾生态和生产两个效益。

早在中国古代，就已经有了生态扶贫的原始思想。"天人合一，和谐共生"所强调的是人与自然和谐相处；荀子的"经纬天地而材官万物""天之所覆，地之所载，莫不尽其美，致其用"则直接点出要用自然资源来发展生产，为人所用。因此，生态扶贫在中国是有根可寻的，是有实践和推广的思想基础的。

但是在中国进入工业文明时期后，特别是在传统与现代的二元对立中对现代性的追求占据上风后，人与自然的和谐关系就被动摇了。

生态文明的起点是工业文明。若想通过生态减贫真正实现生态文明进步，就需要首先理解工业文明的内在逻辑。工业文明的行为逻辑是机械理性和工具理性，是更关注于外显的、短期的成本收益计算的行为逻辑。因此，在中国生态减贫工作的特殊性就包括了对工业文明发展理念的辩证革新。

三、生态产业化与产业生态化的合理之处

以国内外生态减贫的历史经验与教训为背景，结合中国生态减贫工作的特殊性，我们可以概括出生态减贫工作需要包括的两个要点：发展经济要利用好当地的自然资源条件；利用自然资源的同时必须要以生态友好为底线。因此，我们可以提出，中国生态减贫的一条可行路径就是生态产业化和产业生态化。

生态减贫包含两层含义，第一层含义是"既要金山银山，也要绿水青山"，其本质是站在生态环境角度进行减贫，要求在减贫开发过程中把握住生态环境保护这一底线，因此务必要在产业发展过程中做到尊重生态、保护环境，达到产业生态化的要求。第二层含义"绿水青山就是金山银山"就是通过对贫困地区的生态资源进行开发使其产生经济价值，使得贫困地区群众可通过生态资源的合理开发收益实现脱贫，即实现生态产业化。

以下，我们将对生态产业化和产业生态化的理论依据、核心要点和具

体实施途径进行详述。

第二节

生态产业化

一、理论依据

生态产业化的理论依据主要包括产业经济学和文化生态学两个方面。

产业经济学对生态产业化的理论支持主要包括产业结构理论、产业发展理论和产业布局理论。

产业结构理论关心的是在既定要素禀赋条件下，各要素在一二三产业之间的分配情况以及各产业最终在总产值中的比重。产业结构理论强调结构决定资源配置的效率，并且会影响经济运行的走势。按照产业结构理论，一个地区的产业结构影响着一个地区的发展走向和发展态势，而产业结构则是由该地区的要素禀赋结构所决定的，哪一要素相对充裕，哪一要素具有比较优势，那么依托于此要素的产业便是在该地区产业结构中占据主导地位。对于一些生态资源具有比较优势的地区，将生态资源转化为生产要素，就是产业结构理论的题中之义。风力、水利、太阳能资源丰富，就可以发展风光互补等能源产业；山区面积广大且生物多样性丰富，就可以发展特色种植业和与之相伴生的深加工产业；自然风光奇特、地貌条件具有复杂性和多样性的地区可以发展以旅游业、养老产业为代表的第三产业。

产业发展理论关心的是单个产业的生命周期过程，包括产业的诞生、扩张、衰退等阶段。生态产业化的一个重要前提是重新设计产业的宏观和基础性结构，这就需要把握当地农业、工矿业、服务业等所处的生命周期阶段，以此为依据来选择生态产业化的方向——以特色农业为主要发展方向或者以文化产业、旅游产业为发展方向。产业发展理论是生态产业化的前提，奠定着整个生态产业化的发展基础和发展脉络，是"精准把脉"的一个过程。

产业布局理论是指导产业分布和资源分布相匹配的理论。产业布局理论关注的是一个小区域内的要素禀赋具体为何，以及有前景的产业需要的要素有哪些，然后将二者进行匹配，选取适宜的产业。在产业布局理论指导下，一个地区的生态资源会成为产业布局的重要考虑因素，通过和朝阳产业的发展需求进行匹配，就可以实现资源的合理配置。

产业经济学更多的是对生态产业化的初期设想、宏观布局进行指导，是更偏向于宏观的。而在微观层面，也有许多理论可以为生态产业化提供支持，比如文化生态学。

文化生态学强调文化是与其生存、发展的自然、社会、经济环境是作为相互影响、相互制约的生态系统而存在的（谢江沛等，2012）。具体来说，即一个地区的生态环境孕育一个地区的文化，不同的生态环境中就包含着各具特色的文化。从文化生态学的角度出发，对一个地区生态资源的开发利用不仅仅是对其物质上的、可见的自然资源进行开发，而且是对其所蕴藏着的文化资源进行开发。理解生态资源和文化资源的辩证关系，就能够在产业发展规划中设计关于文化资源的发展项目。具体来说，民俗文化旅游业就是文化生态学理论指导下的生态产业化的重要实践。

二、概念诠释

生态产业化的本质是对生态资源及具有对生态环境无害属性的产品的市场化开发。生态产业化是指通过有效利用生态资源的多重属性，完成生态资源本身价值向生态减贫价值的体现，及生态资源价值向经济、社会和生态价值的转化，形成贫困地区核心内源驱动减贫动力（张琦和冯丹萌，2018）。

生态产业化同其他发展方式相比具有不小的难度，既要将生态转化成具有经济效益的产业，又要实现在产业发展的过程中达到减贫的目的。生态产业化的一个核心目的是减贫，这既是其历史使命所在，也是其难度所在。将生态资源转化为经济效益的实践已经屡见不鲜了，但是关键是如何提升农民在这之中的参与感和获得感，即使得产业发展的成果能够真正地惠及减贫的对象。这不仅是一个分配的问题，还涉及产业的产权结构问题和人力资本的选择与投入问题。以减贫为生态产业化的目的，就可以防止其成为简单的圈钱工具。

生态产业化的推进需要紧紧把握两个要点：理解产品与业态的关系、依托于市场土壤。

生态产业化，顾名思义，落脚点是在产业化。产业化意味着要以产业链的视角来审视产业的发展方式。既然生态产业化的最终目的是为了实现减贫，那么就一定要使得有限的生态资源能够衍生出更多的工作岗位并且生产出更多的高附加值产品。因此，就要以供应链的角度来思考究竟高附加值的生态产品需要哪些附加要素，这些要素在本地是否存在；若不存在，能否以较为廉价的方式从外地引进；这些附加要素是否可以通过组合而形成供应链中的一个独立环节。产品的强竞争力需要依托于一定的业态。这一逻辑关系的演绎包括两个方面：首先，生态产业化的过程中，上下游形成了有机整体，这样可以减少因信息不对称、信息传导慢而造成的效率损耗和资源错配；其次，当用业态的视角来看生态产品的规划和生产，可以实现产业集聚，以此减少寻找供应链各环节所耗费的时间成本，并且增强产业的抗风险能力（这对于农村来说尤为重要）。只有以这种方式来思考生态产业化的发展模式，才能够使生态资源的效益及关联效益被完全挖掘，实现单位生态资源的效益最大化。

产业化意味着产品是要面向市场的，所以生态产业化必须依托于市场土壤，以洞察市场消费动向作为选择产业的方式，以观测市场要素价格变化作为产业链调整的依据，以消费立场作为产品的生产初衷。以旅游产业为例，在消费升级、新旅游业逐步形成的背景下，人们对旅游已经不再只满足于游山玩水，而是会去追求一些特色体验和特色服务。如果生态产业化的过程中选择发展旅游业只是停留在旅游景区基本开发，那么就会失去一大批消费者的青睐。产业是逐利的，而利润来自于消费。只有以市场为土壤，准确把握市场动向，才能够真正实现利润最大化。

因此，一方面要因地制宜不断扩大生态产业的发展规模和空间，带动更多的贫困户就业，使其掌握一定的就业技能。在产业发展方面培育新型生态农业经营主体，为生态产业培养主力军；在生态安全方面，划定并永久保护功能生态区，构建多层次全方位的生态安全屏障（黄振宣，2018）。另一方面，培育新兴产业，推动新型产业在产品品牌、价值链、附加值等方面实现产业升级，利用生态减贫机制和市场选择引导产业优胜劣汰，监控、限制和淘汰生产方式不环保、环境污染严重的落后产业，加重生产经济利益获得者的环境保护责任，提高生态资源的利用率，控制和禁止污染源的转移。鼓励农民、企业在发展设施农业、规模种养业、农产品加工业、休闲农（林、牧、渔）业、林下经济、农产品流通、农业电子商务、农技推广、农资配送、农业信息服务等领域创业兴业。

通过生态产业化实现减贫，主要是要发挥各个地区的生态资源优势，利用生态发展给当地经济注入新动能，把生态发展变成带动贫困户增收的"金饭碗"。生态产业化不仅符合经济发展的新常态的要求，同时也是贫困地区实现脱贫致富的新机遇。

三、具体措施

通过生态产业化实现减贫的前提条件是绿色资源的开发不能超过环境的承载能力，这就要求在贫困地区进行生态产业化布局时要立足于现有的产业基础和资源禀赋，突出区域特色，保障生态友好。在通过产业扶贫带动贫困户增收的同时，要引领产业向绿色化、智能化、服务化、集约化转型发展，整体推进贫困地区生态产业体系转型升级。通过产业升级加强贫困户对生态资源的保护意识，实现生态开发和生态保护的同步推进。

从贫困地区发展生态产业化实际情况来看，生态产业化扶贫主要是充分利用贫困地区的资源禀赋，在充分开发当地生态资源的基础上带动贫困户就业，增加贫困户的收入。在实行精准扶贫以来，很多贫困地区在围绕壮大贫困地区生态产业经济，培养生态产业集群和形成生态农业产业化发展集群等方面不断引导贫困户从单一产业向规模化、品牌化方向发展。贵州省的生态产业政策就取得了卓越的成效，贵州经济增速连续九年位居全国前三，近三年连续位居全国第一，总量在全国的排位从第 25 位上升到第 22 位；森林覆盖率达 59.95%，近年来每年增长 1 个百分点以上，县城以上城市空气质量优良天数比率达 98%，地表水水质状况总体为优。2020 年上半年经济增速由负转正、增长 1.5%，增速继续位居全国前列。①

《生态扶贫工作方案》中提出，要在加强保护的前提下充分利用贫困地区生态资源优势，结合现有工程，大力发展生态旅游、特色林产业、特色种养业等生态产业。

除了以上这些较为传统的、已形成固定发展模式的产业选择外，还可以注重创新型与知识型产业的发展，如乡村文化的建设，将乡村文化与互联网结合，发展乡村文化产业。"乡土""乡情""乡愁"已经逐步成为巨大的消费市场，其也必将成为乡村经济新的增长点。以下，我们将以安徽省阜阳市颍东区瓦大农场、河南省西峡县猕猴桃产业和贵州省赤水市黎明村为案例，详析生态产业化的具体实施方式。

案 例 --

阜阳市颍东区瓦大农场②

阜阳市颍东区瓦大农场是通过对传统农业生产模式的产业化来实现减贫目标的。

瓦大农场主要是发展有机作物种植，比如有机茄子种植，通过全产业链的方式来提升单位土壤资源所能产生的经济效益。瓦大农场的建立经历了三个阶段。首先，土地确权。土地的使用权、所有权、承包权"三权"分置，农民可以通过出让使用权而使得农场内的土地都集中到集体手中，农民借此获得土地租金收入，而大面积的土地也可以集中安排生产活动。其次，瓦大农场大力实施"四带一自"政策，通过园区、大户、企业、社会组织带动，让贫困户加入到产业发展的过程中来，调

----

① 贵州省委书记撰文谈学习贯彻习近平生态文明思想：践行"两山"理论，守牢"两条底线"，书写新时代百姓富生态美多彩贵州新篇章 ［EB/OL］. (2020 - 08 - 17). https：//baijiahao. baidu. com/s?id = 1675201576616375535&wfr = spider&for = pc.

② 阜阳市颍东区"瓦大红旗农场"的产业扶贫实践 ［EB/OL］. (2017 - 12 - 23). https：// www. sohu. com/a/212336941_615751.

动起尽可能多的积极因素。最后，瓦大农场专注于茄子生产的全产业链开发，包括绿色生产、冷链物流、电子商务等各个领域，即瓦大农场的茄子产业从生产、冷藏、加工、销售的各个环节都被纳入瓦大农场的业务范围之内。

在这样的框架之上，瓦大农场首先提高了单个茄子产品的附加值——凭借其保鲜、绿色的特点，其次扩展了销路，通过电商途径让茄子的销售摆脱了地理位置的限制，降低了茄子滞销的可能性，提高了农户的抗风险能力。在这条生态减贫路线下，瓦大农场带动了 170 多户贫困户脱贫，当地农民每个月除了 2000 多元的工资，还有土地流转、入股分红等多项收入，经济状况发生了显著改善。

从瓦大农场的案例中可知，瓦大农场的生态产业化之路包括三个部分：各种要素所有权的确认、发动企业等社会主体参与到农村的产业发展之中、注重发展冷链物流和电子商务。瓦大农场成功实践的关键在于真正调动起了所有可能的积极要素——包括本地的尚未被发掘的资源以及本土缺乏而外部具有的要素。瓦大农场土地要素、劳动力要素均较为充足，而资本与技术要素较为稀缺。因此通过土地确权，瓦大农场实现了规模生产和劳动力要素的集中，为全产业链生产提供了要素基础。全产业链的发展分散了瓦大农场的经营风险，并且增加了就业机会，真正使产业发展惠及更多的百姓，助力瓦大农场农民减贫目标的实现。

在讨论生态产业化的时候，不能忽视已有重要生态资源的集约化利用。生态产业化不一定非要选择一些新兴的产业来做，还可以通过对已有生产模式进行产业化来实现减贫的目标。生态产业化的核心思想就是提高生态资源的利用效率，从无到有是一种提高，从低到高也是一种提高。因此，对于一些已进行农业开发或其他生态资源开发的地区，提高单位资源的利用率和收益率也是生态产业化的重要途径，其中的关键点在于产业化。以农产品种植为例，集体经营之下的产业化是一条比较好的实施路径，其包括了土地确权、政府企业农户多主体参与、全产业链开发几个步骤。这条路径对生态资源的要求较低，是具有可推广性的。

案 例 ···

西峡县猕猴桃产业①

西峡县猕猴桃的种植历史非常悠久，但是其产业化的发展大概开始于 2009 年，而且也确实凭借猕猴桃种植实现了当地农民的收入提升。西峡县猕猴桃产业本质上属于特色种养业，一方面依赖于当地特有的生态资源，另一方面也和传统的作物种植模式有着一脉相承的联系，属于较容易推广且经济效益高的生态产业化模式。由于其可推广性强且经济效益佳，我们将在这一部分依托于一手统计资料重点回顾西峡县猕猴桃产业的发展。

我们获取的数据包括 2009~2018 年西峡县猕猴桃产业的产量、产值、政府补贴、单位面积成本等，数据来源于西峡县林业局、扶贫办和猕猴桃种植合作社。

首先，从图 7-1、图 7-2 可知，西峡县猕猴桃产业在 10 年内的发展势头总体上是较为迅猛的，无论是产量还是产值，都总体上保持快速增长。

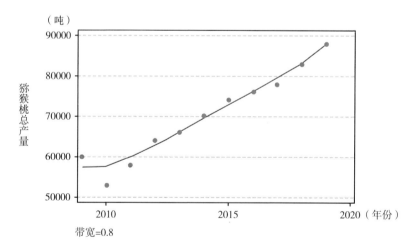

图 7-1　2009~2018 年西峡县猕猴桃总产量局部加权回归平滑图

---

① 案例数据主要来源于西峡县林业局、国土资源局，由笔者整理形成。

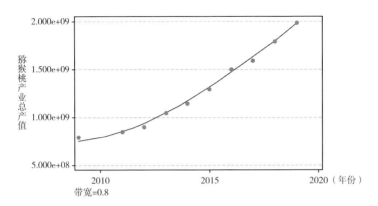

图7-2 2009～2018年西峡县猕猴桃总产值局部加权回归平滑图

如图7-3所示，西峡县猕猴桃产业单位产量的产值基本上呈现出逐年提升的态势，可以看出其猕猴桃产品的附加值在不断提升。同时，如图7-4所示，西峡县猕猴桃产业的产值占地区生产总值的比重从2010年开始不断提高。

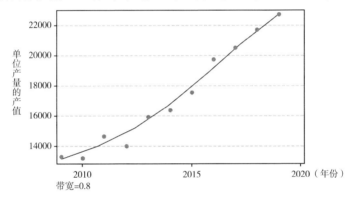

图7-3 2009～2018年西峡县猕猴桃单位产量的产值局部加权回归平滑图

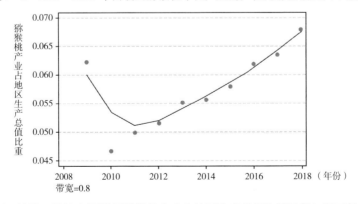

图7-4 2009～2018年西峡县猕猴桃产业占地区生产总值比重局部加权回归平滑图

如图 7-5 所示，猕猴桃重点生产区的农民仅猕猴桃生产的人均年收入
就从 2009 年的 7000 元左右提升到了 2018 年的 15000 元左右，而且猕猴桃
的生产也逐步从重点生产区扩散开，从图 7-6 可以看出，猕猴桃重点生产
区的产值占总产值的比重从 50% 下降到了 29%。

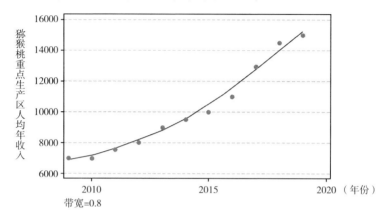

图 7-5 2009~2018 年西峡县猕猴桃重点生产区人均年收入局部加权回归平滑图

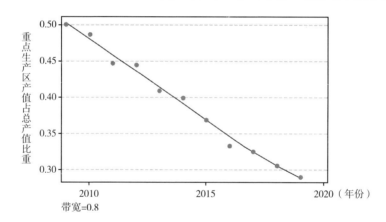

图 7-6 2009~2018 年西峡县猕猴桃重点生产区产值占总产值比重的
局部加权回归平滑图

在经济效益不断提升的同时，西峡县猕猴桃产业区的生态环境也得到
了保护。如图 7-7 和图 7-8 所示，在野生猕猴桃开发面积不断增大的同
时，西峡县野生猕猴桃保护区的面积在 2009~2018 年这十年内能够保持稳
定。野生猕猴桃保护区如果被过度开垦，那么在卫星调查和国土普查中就
不会再划定其为野生猕猴桃保护区。

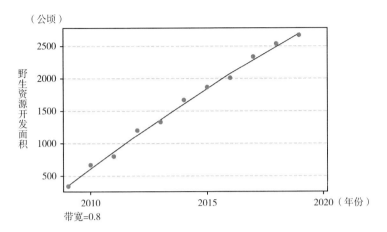

图 7 - 7　2009~2018 年西峡县野生资源开发面积局部加权回归平滑图

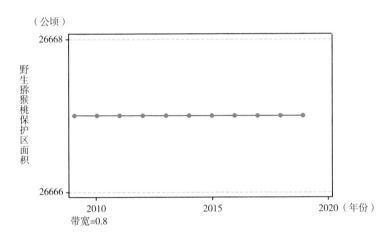

图 7 - 8　2009~2018 年西峡县野生猕猴桃保护区面积的局部加权回归平滑图

从以上描述性统计结果可知，西峡县猕猴桃产业的生态产业化之路确实是可持续的、环境友好的，并且是有高经济效益的。

西峡县猕猴桃产业的生态产业化之路能够实现生态建设与生态发展的共赢，在于其背后有着不同于其他地区、其他实践的关键因素。那么，这背后的运作机制和深层原因究竟为何呢？以下，我们将通过一些统计检验和简单建模来探究西峡县猕猴桃产业发展的一些关键因素。

首先我们来探究西峡县猕猴桃产业单位产量产值不断提升的原因。

通过计算多组皮尔逊相关系数后可以发现，猕猴桃单位产量产值和良种率、野生资源开发面积具有较强的正相关关系。

因此，我们建立多重线性回归模型，来拟合良种率、野生资源开发面积对猕猴桃单位产量产值的影响（见表7-1）。良种率指的是遗传品质和播种品质都较为良好的比率，反映了猕猴桃品种的优良程度，部分决定了猕猴桃果品的质量；野生资源开发面积是指对县域内野生猕猴桃果林的开发面积。之所以要建立多重线性回归模型，是因为良种率和野生资源开发面积这两个变量之间并没有显著的线性关系，因此可以判定其在统计上为相对独立的两个变量。在此条件下，就需要用多重线性回归模型来拟合良种率、野生资源开发面积、猕猴桃单位产量产值之间的关系。

表7-1 　　　　　　　2009~2018年良种率、野生资源开发面积
对猕猴桃单位产量产值的影响

变量	模型
良种率	18447.686 **
	(9337.024)
野生资源开发面积（公顷）	3.304 ***
	(0.577)
常数项	-697.406
	(5741.078)
样本量	11

注：括号中为标准误；* 表示 $p < 0.1$，** 表示 $p < 0.05$，*** 表示 $p < 0.01$。

从表7-1中可以看到，良种率、野生资源开发面积这两个自变量分别在5%和1%的水平上显著，而他们的回归系数分别为18447.686和3.304。其所表示的含义是，良种率每提升1个百分点，单位产量产值就能够提升约184.48元；野生资源开发面积每增加1亩，全部猕猴桃生产的单位产量产值就能增加约3.30元。由此我们可以归纳出西峡县猕猴桃产业单位产量产值不断提升的两个原因：良种率的提高和野生资源的开发。良种率的提高和单位产量产值之间的关系是很容易理解的，因为良种率的提高就意味着猕猴桃质量水平的提高，其也就凭借"优质品""特级品"等名号而可以卖出更高的价格。野生资源开发面积和单位产量产值之间的关系之所以能够成立是因为野生资源意味着更独特的品种、更少的污染、更长的生长周期，果品质量要优于人工种植品种。而且很多猕猴桃人工种植都是大棚种植，其时令度、新鲜度均不如季节性很强的野生猕猴桃资源。在消费升

级的背景下，越来越多的消费者愿意为打着"野生""纯自然""零污染"等标签的食品买单，因此野生资源开发可以提升单位产量的产值。同时，野生资源的开发也是在帮助西峡县猕猴桃产业形成品牌特色——野生、天然，这就以品牌资产的形式提升了西峡县猕猴桃产业的发展水平。

那么，单位产量产值的提升，是否也提升了猕猴桃种植者的收入呢？

由图7-9可知，猕猴桃单位产量产值和猕猴桃种植者猕猴桃单项收入之间是存在线性正相关关系的。

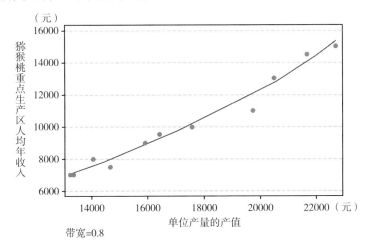

图7-9 2009～2018年西峡县猕猴桃重点生产区
人均年收入局部加权回归平滑图

通过简单线性回归可知，在显著性小于0.01的条件下，单位产量的产值每增加1元，猕猴桃种植者的单项收入就会增加0.83元（见表7-2）。由于以产业为单位的猕猴桃生产不只包括猕猴桃种植者这个单一主体，因此，这个收入的增加额还是非常可观的。

表7-2　　　　　猕猴桃单位产量的产值对种植者单项收入的影响

变量	模型
单位产量的产值	0.834 ***
	（0.051）
常数项	−4252.489 ***
	（894.053）
样本量	11

注：括号内为标准误；* 表示 p<0.1，** 表示 p<0.05，*** 表示 p<0.01。

西峡县的猕猴桃生态产业化实践的成功经验在于其首先以可持续的方式利用好了野生猕猴桃资源，提升了整体的猕猴桃品味，并且通过不断加大技术投入，培育良种，提升了猕猴桃产业的优良品种率，实现了单位产值的大幅度提高。同时，西峡县的猕猴桃产业的发展也确实提升了猕猴桃种植农户的猕猴桃单项收入，达到了生态减贫的目的。

在发展特色作物种植的过程中实现生态产业化，要合理地、可持续地使用野生资源，这不仅有利于提升种植产品的品位，而且能够避免资源浪费。此外，要注意先进技术在种植业发展中的重要作用，特别是考虑到当前食品消费不断升级的现实情况，应当结合市场需求利用知识技术升级产品。

贵州省赤水市黎明村①

贵州省赤水市黎明村是生态产业化路径中生态旅游方案的践行者，并且通过这一方案实现了脱贫摘帽。

黎明村位于贵州省的西北部，距离贵州省各主要城市的距离均在300公里左右，地理位置不算偏僻。黎明村是国家 AAAA 级景区赤水大瀑布的所在地。黎明村位于丹霞地貌区，而赤水大瀑布是我国丹霞地貌上最大的瀑布，凭借这一自然地理环境的优越性，黎明村具有了发展生态旅游的自然基础。但是仅凭借自然地理环境的独特，黎明村的生态旅游并不足以支撑其实现减贫脱贫——因为丹霞地貌区的道路建设、景区维护成本都非常高，因此，90 元的旅游门票收入仅能够维持景区的基本运转和部分再发展。因此，黎明村采用了一条"全村参与"的生态旅游路线。

黎明村百姓中的住宅面积充裕者通过办体验式农家乐，让游客愿意待在景区内，在景区内的时间越长，就会有越多的消费，无论是饮食消费还是纪念品消费。那些善于烹饪的百姓则办特色餐厅，以竹筒饭等当地特色食品作为主营食品，满足消费者对当地美食的好奇和需求。在体验式农家乐创造的高单位游客停留时间的支持下，黎明村的本土小吃行业也发展得有声有色。餐饮行业是净利润率很高的行业，农家乐的运营成本也很低。

---

① 案例内容主要来自笔者调研并经整理而成。

在这种景点参观、农家乐体验、特色餐饮三结合的"全村参与"式生态旅游路线下，黎明村实现了减贫目标。

在这个大路线下，黎明村百姓还践行着文化生态旅游的特色路线，并且在旅游中也加入了体验元素。赤水大瀑布被寓予了一些神话传说，比如"龙女潭""佛光环"等，使得赤水大瀑布的旅游带上了神秘的色彩和文化底蕴，这便对当地的生态旅游资源进行了再赋能，增强了其吸引力。赤水大瀑布景区不仅有一般的游览项目，而且有漂流等体验式项目。漂流紧张刺激丰富了游客的旅游体验，而且其高单价、低维护成本的特征也增加了旅游本身的收入。

透过现象，我们可以看到的是，黎明村生态旅游业的基础是集体经济。生态旅游业不是一家一户可以自己搞好的。而集体经济的一个好处是能够整合分散的资源。通过集体经济的统筹，黎明村把资金、技术、劳动力整合在一起，以集体为主体去开发、运营旅游资源，然后集体中的每一个人都可以从中获益。在黎明村的生态旅游开发中，国家扶持村集体经济投入了100万元，全村村民集资入股80万元，按投工投劳折算30万元，占地折算10万元，在此基础上成立了生态旅游公司，当地村民也由农民变成了员工。

黎明村的生态旅游业发展离不开政府的财政支持，但是更离不开每个村民的积极参与。黎明村的生态旅游业真正把产业链做长了，囊括了餐饮、住宿、文化消费等各个环节，实现了就业增长点和利润增长点的充分挖掘。黎明村的生态旅游业的可持续性不仅体现在产业链的全面，而且还体现在黎明村对自然旅游资源的"文化赋值"，使得自然景色成为一个文化符号，这样不仅有利于扩大黎明村自然景色的知名度，而且有利于延续生态产业的繁荣。

归纳来看，生态产业化中的生态旅游路线若想真正实现减贫的目标，需要以下几个要素：首先，国家的专项拨款，可以以参股方式进行投入，以此调动起村民的积极性，并为集体开发奠定资金基础；其次，当地村民必须形成合力，必须调动起地区内的所有积极因素，以集体的形式来推进开发、共担风险；在具体开发方面，要增加旅游的体验元素、文化元素，同时打造"泛旅游"生态圈，以特色餐饮、民俗体验、农家乐等高净利润率的产业提升整个生态旅游的收益率。高收益是高分红的基础，也是集体经济下的生态旅游减贫的必要保证。

四、措施总结

通过以上案例，我们可以总结出生态产业化有三个殊途同归的已被证明可行的方案。第一个方案是传统生产模式的全产业链改造。在保持原先种植基础的背景下，通过土地确权、集体合作来形成全产业链发展动力，延长农产品的产业链，绿色生产、冷链物流到电商销售等农产品的附加产业都可以成为全产业链的重要一环。第二个方案是特色经济作物产业。以当地具有特色的自然资源为产业核心，结合产业化和生态资源开发，不断加大技术投入，实现单位产量产值的提升和生态环境的优化。第三个方案是特色乡村旅游业。依托于农村集体参与，在开发当地旅游资源的同时加入文化元素和体验元素，以旅游业、餐饮业、农家乐三行业结合来提升生态产业化的整体效益。这三条路线并没有优劣之分，关键是要因地制宜，依据本地的生态资源禀赋，选择出一条适合当地发展的生态产业化之路。

需要特别注意的是，生态产业化的一个核心要义是一切产业化手段都必须是可持续的，不能对环境造成不可逆的损害。

第三节
⤷ 产业生态化

一、理论依据

关于产业生态化，最普遍的是对工业的生态化强调，主要是由于工业对生态的负效应。而农业，以及农村的其他产业，作为对环境依存度非常高、资源依赖型的产业，也需要注意产业生态化的问题。特别是中国当前部分农村地区生态环境不断恶化的情况下，更需要关注农村在脱贫过程中的产业生态化。

国外关于产业生态化概念的研究可追溯至 1956 年。苏联学者格拉西莫夫提出：生态学方法着重审视主体与环境之间的相互关系，而这种相互关系则是生态关系。① 1993 年保罗·霍肯在《商业生态学》一书中指出，产业生态第一次提供了一种大规模、整合的管理工具以设计产业基础结构，使其成为与全球自然生态系统密切相关的人工生态系统，这也代表着第一次将生态系统的概念应用到整个产业运作之中。

产业生态化的理论主要依托于生态学和生态系统理论，产生于第一次工业革命结束之后，以工业化的环境污染为背景。随着理论的发展，产业生态化的概念也拓展到了各个行业之中，并对于农村来说同样适用。

从生态关系理论出发，产业生态化是以如何正确处理人与自然的关系，如何以生态系统为出发点来进行产业的运作为关注点的。生态关系理论把人的生产活动和生态的循环与演进联系在了一起，提供了一个认识产业与生态关系的视角，是产业生态化的宏观思想基础。

在产业生态化的微观理论基础上，生态系统循环理论扮演着重要的角色。生态系统循环理论是老三论中"系统论"的具体延伸。系统论强调研究系统的结构、特点、行为、动态、原则、规律以及系统间的联系（魏宏森和曾国屏，1995）。生态系统循环理论便是在生态结构的视角下，找寻生态系统的运作特点（特别是生态系统循环的特点），监测和跟踪生态系统中各主体的行为，把握生态系统的动态变化过程（尤其是循环的流程），总结出生态系统循环的最一般规律。生态系统循环理论主要有两个观点对于农业生态减贫中的产业生态化有重要指导意义：能源循环利用理论和保持水土理论。

能源循环利用理论关注的是农村生产建设之中的能量可循环化。中国的大多数农村都不是动力丰裕型的，因此能源的使用必须要做到循环利用才能提高单位能源的收益率以及防止能源的枯竭。能源循环利用理论依托于可循环发展理念和可循环生产技术，首先强调在生产的过程中生产者必须自觉注意能源的可循环，然后投入资本进行可循环生产技术的购买或者

---

① 裴青萍. 新疆旅游业生态化发展的实证分析及预测［D］. 乌鲁木齐：新疆财经大学，2010.

开发。一些观点认为能源循环利用理论并不适用于减贫，主要是由于可循环的生产技术成本较高。但是实际上，可循环的生产技术有水平高低之分，对于减贫来说，一些简单易用的技术也可以实现能源的节约和生产率的提高。比如对于通过大棚种植来实现脱贫的地区来说，大棚内的温度控制等都可以借助于沼气和光伏能源——沼气的开发成本并不高，而且可以将养殖业产生的粪便等作为原料，光伏扶贫本来就是扶贫的一项基本政策，也不会为农民带来过高的成本。因此，能源循环利用对于农村来说是一项一次性投入换来可持续回报的工程。

保持水土理论其实是中国自古以来的农业生产中都在践行的理念。但是当机械化的水利设施、高单位产量的作物等不断普及，中国农村的水土保持情况就有了很大滑坡。水资源和土地资源是农业生产赖以维系的根基，也是生态产业化在很多种场景下所必需的条件。保持水土的核心是在保持自然水土状况的基础上开发农业生产所必备的水利设施以及合理安排作物种类与生产密度。

正如在本章第二节所详述的，在生态产业化的过程中，除了传统的农业种植之外，还会有一些工业生产，比如以猕猴桃的深度加工为代表的食品加工业，就属于工业生产的一部分，也需要用产业生态化的理念去指导发展。对于工业的产业生态化，工业生态系统理论是一个很好的理论依据。

工业生态系统理论是在生态重组的理念指导下，用工业代谢理论作为工具去捕捉问题并且改进。生态重组强调对不符合生态最优化的要素配置状况进行改进重组。工业代谢理论的方法论在于建立物质结算表，估算物质流动与储存的数量，描绘其行进的路线和复杂的动力学机制，同时也指出它们的物理的和化学的状态（赵琼和齐振宏，2006）。工业代谢理论的一个案例就是"碳足迹"——通过碳足迹，可以捕捉单个产品的生产过程中各个环节所产生的碳，进而判别不同环节的环境友好度。

产业生态化在实操领域主要是要践行 3R 理论——减少（reduce）、再利用（reuse）、再循环（recycle）。关于这一理论在实践领域的具体操作方式，将在本节的案例展示中予以呈现。

关于政府在生态减贫的产业生态化中的作用，可以以波特假说作为理论依据。波特假说提出适宜的环境规制强度可以促使企业进行更多的创新活动能够激励企业技术创新，而这些创新将提高企业的生产力，从而抵消由环境保护带来的成本并且提升企业在市场上的盈利能力，提高产品质量。在波特假说指导下，政府在生态减贫的产业生态化过程中设计适宜的环境规制强度，有利于环境的保护与产业的发展。关于环境规制的适用对象，一些学者提出，波特假说只对非国有企业和高污染密集行业的企业适用（刘和旺等，2018）。

二、概念详释

以上理论内容为铺垫，结合我国生态减贫的具体实践，我们可以归纳出，产业生态化的目的是充分利用资源，消除环境破坏，实现自然、社会与经济的协调发展（王信敏和丁浩，2017）。产业生态化过程中的核心要素有以下三个：以生态和谐为目标、以减污减耗为抓手、以经济发展为基础。

生态和谐是整个产业生态化过程的指导理念，是产业生态化所要实现的最终目标，是为了消解农村产业化发展中对环境的负效应以及由于环境污染、资源枯竭所导致的经济发展的后劲不足。生态和谐是产业生态化的出发点，也是贯穿于工作各环节之中的重要要素。

减污减耗是产业生态化的抓手，是对生态和谐的具体落实。减污，就是减少减贫实践和产业发展之中的污染，具体而言就是减少农业生产中的化肥使用、农药使用，对农村地区工矿业的污染物排放进行过滤，杜绝旅游业发展中的垃圾乱扔乱埋现象。减耗，就是通过可循环、可再生的技术来减少能源的消耗，减少能源成本从而防止资源枯竭。关于减污减耗，将在本节接下来的第三部分予以详细阐释。

之所以要强调产业生态化要以经济发展为基础，是为了杜绝一种极端化的思想——保护生态环境和发展经济是不可兼得的。产业生态化这个概念产生于生态减贫，是对经济发展中的负效应的消除，如果离开经济发展，那么"生态化"就有了负效应——普遍贫穷。"生态化"的题中之义是人与自然和谐相处，如果抛弃了人的生存发展只谈生态，那么就并不是真正的人与自然和谐相处，是对人这个元素的抛弃，是对和谐关系的割裂。

产业生态化实际上包括了三个方面：将产业生态化作为一种衡量标准，对已有产业进行生态化，新减贫产业的生态化底线。关于这三方面，以下将通过案例来进行阐释。

三、具体措施

产业生态化是一套系统理论，有以下两个维度的逻辑：思想和行动的统一；发展前、发展中和发展后全阶段的统一。上述的产业生态化的三个方面便是这两个逻辑的组成要素。

产业生态化首先是一种工作思想，是一种行动路线，是对过去粗放式发展思想的批驳，是对"先污染、后治理"甚至"不治理"思想的扭转。相比于生态产业化，产业生态化的思想部分是更重要的，也是更难实现的。因为利用资源优势来发展经济是发展经济学和产业经济学不断反复强调的，不仅是各级政府的潜在共识，而是也是百姓的一种基本认识。所以生态产业化的难点在于选对方向，但其还是具有较为扎实的思想基础。但是产业生态化并不具备这样的思想基础，特别是在"唯 GDP 论"仍然在部分地区盛行的背景下，产业生态化的理念仍待加强，只有在思想上认识到产业生态化的重要性才能真正将具体的措施推进下去。

对已有产业进行生态化是产业生态化的最一般概念，是发现问题、解决问题的行为逻辑，是从产业自身出发对当前环境污染问题的遏制，对已有产业进行生态化聚焦于工业生产流程、污染物排放方式、生产技术，使产业全方位的减少污染。最终目的是实现对现有污染产业的"止污"，实现持续的绿色发展。

新减贫产业的生态化底线是产业生态化的更具发展眼光的内涵。其实对"先污染、后治理"思想的彻底革新，是对污染源头从其诞生之日起的阻断。只有真正以生态化为底线来布局减贫产业，才能够实现可持续的减贫，减少负效应，降低将来所可能发生的对已有产业进行生态化的成本。

以下，我们将以张家口光伏农业、剑河县小香鸡产业为案例，具体讨论产业生态化的各项措施。

案 例 --

张家口光伏农业①

张家口光伏农业是张家口市与社会资本合作，以"可再生能源＋农业"为核心，推动张家口地区的农业产业生态化发展。

赤城县三道川乡"光伏＋农业"一体化项目，占地面积750亩，项目规模16兆瓦，电站建设农业大棚360座，棚内种植的蘑菇出口日本。康保县处长地乡"光伏＋牧业"5兆瓦光伏发电及养殖复合产业基地示范项目，主要在羊舍屋顶安装固定式光伏板发电，年发电量708.8万千瓦时，舍饲养殖种羊4000只，同时配套加工生产有机肥料3650吨。怀来县20兆瓦光伏农业科技大棚电站项目按照农业大棚内种植葡萄、蔬菜等农产品，大棚土墙上安装光伏太阳能发电电池板，形成了集葡萄、蔬菜、中药材、花卉于一体的"会发电的农场"。

光伏农业践行的便是产业生态化理论中的能源循环利用理论，通过利用可再生的太阳能发展农业种植养殖，依托于当地距离大型城市市场较近的地缘优势，实现了具有自生能力的发展。光伏作为能源基础，为大棚提供电力资源支持；畜牧养殖业的农家肥又补给了大棚种植。张家口的光伏农业不仅仅是践行了能源循环利用理论，还是对保持水土理论的实践。

之前提到过，产业生态化还是要服务于经济发展。张家口的光伏农业凭借光伏资源，发展起了葡萄、中药材、花卉等高单位价值量的作物种植业。这些作物种植对海拔、光照、温度等条件要求极为严苛。光伏农业利用光伏资源产生电力相当于人为地改变了当地的自然条件，人为地制造出了更趋向于高价值产品的要素禀赋结构。

---

① "可再生能源＋农业"模式在张家口市"初露锋芒"［EB/OL］.（2018－03－21）. https：//www.sohu.com/a/226029146_324860.

张家口光伏农业的成功之处在于其是立体的，而非单一的。仅靠光伏补贴是无法实现脱贫的，必须把光伏资源转变为产业发展的动力，这就使得张家口在产业生态化的过程中还实现了产业的进步。张家口依托于光伏资源来发展对环境要求较高的高附加值作物种植业，走出了一条"依托自然资源，补齐自然条件短板"的特色产业生态化路线。

通过引入外部要素来改造传统农业，不仅可以实现产业的生态化发展，而且可以提升要素禀赋结构水平，张家口的光伏农业是生态减贫实践中产业生态化的成功范例。张家口光伏扶贫对产业生态化的指导意义有两点：第一，政府可以牵头引入生态技术，用外部因素来改变传统农业的发展条件；第二，围绕新的发展条件选择高附加值、环境友好型的产业来发展，既要利用好新的发展条件，又要维持好生态环境。

案 例 --

贵州省剑河县小香鸡产业①

贵州省剑河县小香鸡产业是剑河县实施的精准扶贫项目，是立足于剑河县生态环境和资源优势，按照"生态脱贫、绿色发展"理念发展的符合产业生态化要求的特色产业。

2018 年，剑河县全县计划发展小香鸡养殖150 万羽以上，出栏育成鸡142.5 万羽以上，产值10032 万元，实现收入3192 万元。新建年养殖小香鸡500 ~2000 羽、出栏475 ~1900 羽的家庭农场1000 个，带动贫困户750户、贫困人口3225 人，人均增收7000 元以上，实现当年脱贫。建成年出栏100 万羽以上剑河小香鸡种苗孵化场1 个，同时配套建设剑河小香鸡交易市场，实现剑河小香鸡及其产品线上线下交易。

其实发展"农产学研"四结合的特色农业（养殖业），我们在前面的瓦大农场案例中已经有所展现，剑河县的不同之处在于其紧扣"生态"和"绿色"两个关键词，用精细化的方式来推进小香鸡养殖业发展。

产业生态化的内在要求就是杜绝粗放式的产业发展，具体措施便是全

---

① 案例内容来自笔者调研资料并经整理而成。

产业链的精细化。精细化意味着对各环节的资源使用情况进行精密监测和控制，具体到小香鸡养殖上便是把握好每只鸡的运输成本、饲料需求量、废物产生量等数据，精准购买、精准调配。产业生态化的要求之一就是减少浪费，饲料的浪费是养殖业一直以来都存在的一个重大问题。饲料的过剩不仅会导致养殖成本的上涨，而且会导致牲畜的健康状况不佳、肉质不佳。饲料的生产需要大量的农作物作为原料，饲料的浪费实际上就等同于对农作物的浪费，就意味着单位产值下更高的环境成本。

贵州省剑河县小香鸡产业为产业生态化提供的借鉴意义在于要精细化把握产业发展的全流程。引进先进的生产技术、原料和品种等，都只是产业生态化发展的基础，如何把技术用好、把优质原料的作用发挥好，关键在于用生态化的视角来审视生产流程，即产业流程的创新。产业流程包括产业的设计、执行、监测、评估、改进。在产业的设计规划中，要将生态化的观念摆在首位。在产业的执行中，必须使规章制度、人员配置中都带有生态化的观念。在监测、评估和改进中也是主要将生态化作为标准。只有产业流程的设计秉持了生态化的理念，并且产业实际运作中的操作者在生态化理念下进行精细化操作，无论是养殖业还是生态减贫中发展的其他产业，才可以实现生态化、可持续的目标。产业生态化不是一种树旗帜、喊口号，也不是一种纸面功夫，而是要落到实际操作的人身上的。产业的设计、执行归根到底都是由人来进行的，因此只有将生态化的观念注入人的思想，才能使产业生态化具有持久性和可操作性。

总结来看，产业生态化如果总结为一套系统的运作模式的话，包括以下几个环节：首先，将生态效率作为产业运作的重要评价指标，将生态友好培育作为产业从业者的工作思路；其次，要对已有产业从技术、生产流程等各环节进行生态化，减少已有的污染源；最后，在减贫工作中发展的新产业务必要遵循生态化的底线，将生态化作为任何企业和组织建立的前提理念。产业生态化并不需要很高的成本，先进的生态技术固然是非常有帮助的，但是更重要的是将产业生态化作为一种发展理念，从制度和思想文化方面对产业运作形成规约。

第四节
生态减贫路径之间的关系与目标

一、生态产业化与产业生态化的关系

经过以上的论述其实已经可以大致看出，生态产业化与产业生态化并不是截然分开的，而是整个生态减贫工作中共生共存、互促互进的两大理念，是生态减贫制度设计中的两大具体指导思想。生态产业化和产业生态化实际上是将生态保护与开发利用、生态保护与扶贫减贫、生态保护与减少收入差距这些在实践中常常被误认为的一对矛盾体，有机地统一在一起，它既强调生态保护，更强调生态开发利用，它将生态保护中所强调的代际公平与扶贫减贫中所强调的代内公平有机地统一在了一起。生态产业化的过程中必须要注意产业是否是生态友好的，要将生态保护和资源利用，生态保护和开发扶贫，生态保护和发展经济有机统一在一起。

产业生态化和生态产业化的结合是对"只讲生态，不讲产业"思想的批驳，是真正地践行"绿水青山就是金山银山"。产业生态化不是要关停所有的已有产业，不是去做"一刀切"，而是一种产业生态化方向的渐进转轨——旧的不符合生态要求的产业要进行生态化改进，新的产业必须要符合生态化的要求才能落地。这种"双轨制"的发展模式才能够在实现经济稳定发展的基础上提高产业的生态化水平，保持农民的收入稳定和持续增加。生态化不能以农民收入的降低为代价，只有产业和生态并重，才能够真正实现减贫目标，而这也是我们在下一节所要详细阐释的。

二、生态产业化与产业生态化以减贫为目的

生态产业化和产业生态化究其本质，都是减贫的内生性要求。产业是服务于农民收入的提高的，因此要用生态产业化来提升农民的资产性收益；生态是服务于农民收入的可持续性，因此要用产业生态化来提升地区可持续发展能力和减少污染。所以，生态产业化和产业生态化都是以减贫

为核心的。以减贫为核心，具体而言，就是要提升农民的资产收益和培养新型农民，这既是让农民有获得感的要求，也是生态产业化的前提条件。

资产收益是指要让农民除了劳动收入之外获得诸如土地租金、集体分红等收入。资产收益的提升是解决因病致贫、因病返贫问题的一个重要方式——当农民失去劳动能力或者暂时无法参与生产活动时，劳动收入就为零，这时候稳定的资产收益就能够保证农民不会因为疾病而陷入贫穷。提升农民资产收益的关键有两个：第一，必须做好土地确权工作；第二，必须发展好集体所有制经济，比如集体养殖公司和集体旅游公司等，让农民的各种要素都能够得到用武之地，把要素转化为真实的农民收益。

在产业生态化和生态产业化的过程中，有四个要点是可以作为行动的指导准则的：主体精准化、引导精准化、对接精准化、持续精准化。之所以要强调精准化，是因为当前的减贫问题和环境问题已经不是大面积、大数量的了，而是部分关键地区、关键产业的问题。只有抓住了精准化这个要点，才能够真正实现所有贫困人口的脱贫和突出环境问题的解决。

主体精准化就是在选择生态产业化对象的时候要精准识别贫困人口及其所在地区与所在地区的要素禀赋状况。主体精准化是减贫脱贫的前提，离开了主体的精准化，生态产业化就无法真正服务于减贫工作，就只是对GDP总量的简单堆加。

引导精准化强调政府在生态产业化和产业生态化之中的重要地位，政府必须做好发展目标、产业选择、要素投入等各方面的全面引导工作。只有引导精准化，产业发展才能够真正以问题为导向——无论是经济发展问题还是环境保护问题。

对接精准化是产业生态化与生态产业化实施阶段的要求。只有有效供给和有效需求相对接，产业生态化和生态产业化的过程中才不会出现资源浪费和阻碍问题解决的环节。

持续精准化是保证产业生态化和生态产业化效果的稳固性和收益的长期性的重要手段。生态扶贫绝不是一项面子工程，而是一项持之以恒的系统工程。生态产业化和产业生态化的理念只有在持续的推进中才能够上升为持久的发展理念，才能够使地区的产业发展不会过多受到政府人事变动等外部因素的干扰，真正地保证农民生活水平的持续提高。

　　产业生态化与生态产业化不是简单地通过安排产业、改进生产就可以完成的，而是需要以发展理念的更新为最高追求目标，以农民的减贫获得感为最扎实的标准，以环境友好和产业进步为重要抓手，最终实现生态减贫的目标。产业生态化和生态产业化是基于成熟的生态学、经济学理论，经过实践检验过的可行的方案，其对于中国这片土地上的生态减贫工作具有很强的实践指导意义，并且可以在未来的实践中进一步深化创新。

第八章

生态减贫机制设计[*]

  本章将对生态减贫中的机制设计进行论述，机制意指一个系统内各个要素之间的结构关系和运行方式。对于生态扶贫这一系统性工程而言，考核机制界定了对生态扶贫实施效果进行评价的标准与方法，是激励机制与约束机制的基础；激励机制从正向的角度说明如何推动生态扶贫运行，而约束机制将从负向的角度说明如何减少生态扶贫中的问题。在考核机制中，本章从明确考核的主体、对于生态扶贫绩效考核指标的制定等方面展开。这部分的主要创新点是将高校的学术绩效评估与政府绩效评估相结合，引入第三方评估机构进入评估等。在考核机制明确的基础上，本章将进一步进入对激励机制与约束机制的论述。在激励机制中，本章跳出传统扶贫中仅仅考虑政府的固定范式，将激励范围扩大到整个社会层面。在对激励方式的论述中，将公共管理学中的一些理论与实际的政策创新相结合，具体从财政、金融等方面论述了如何激励全社会投身到生态扶贫中去。在约束机制中，未将视角囿于传统的政府约束机制中，因为优惠政策、政府购买与税收优惠等政策同样给予了社会组织与个人，在这一意义上，约束机制的主体应该扩大到全社会。在这部分的具体论述中，本章将传统的管理学上的约束机制与中国生态扶贫实际相结合，既包括政府内部传统约束方式，也包括对全社会的创新举措。

---

  * 张在田为本章做了大量工作，在此表示感谢。

第一节

→ 生态扶贫中的考核机制

在对激励机制与约束机制展开论述前，需要先对生态扶贫中的考核机制进行论述。因为激励和约束的基础都在于考核——激励哪些主体、约束哪些主体，怎样激励与约束都应该建立在一个客观公正的考核机制上。

一、一切以贫困群众为核心，明确考核工作的最终目的

生态扶贫是我国当代精准扶贫的重要方式之一。因此，生态扶贫的出发点和落脚点应该都聚焦在贫困地区的人民群众身上。这是本章在对生态扶贫考核方式的论述中首先明确的问题。对于生态扶贫绩效的考核，需要群众对生态扶贫的监督与评价，发挥贫困群众在生态扶贫中的主体性作用。

对于生态扶贫的考核不应该仅仅是政绩考核。考核工作的出发点和落脚点应该始终聚焦于人民群众。对生态扶贫的绩效考核和后文将要论述的激励与约束措施都是为了更好地服务贫困地区人民群众所做出的。让人民群众更好地享受生态扶贫带来的政策实惠，是一切对生态扶贫进行绩效考核、激励和约束的最终目的（雷明，2018）。

因此，在生态扶贫绩效考核中，政府内部或者第三方的考核机构应该深入一些贫困地区，用访谈、问卷等形式，真正得到贫困人口对于生态扶贫实施效果的反馈意见。通过结合当地贫困人口反映的实际情况，可以更好地推进生态扶贫工作的实施，以实现生态扶贫帮助贫困人口可持续脱贫的最终目的。

二、引入生态扶贫绩效考核指标，建立成熟完善的考核体系

北京师范大学中国扶贫研究中心在 2015 年与 2018 年在我国的一些贫困地区进行了关于生态扶贫实施效果的调研，并且针对调研数据生成了生态扶贫指数分析。该中心使用"均值—标准差"法来测量生态扶贫指数，

他们的测度对象为 14 个特困地区中挑选的 11 个有代表性的地区。得出的结果是各地生态扶贫的差异化非常明显。这种区别主要体现在关于生态扶贫的"发展能力"，以及"开发效果"上，另一个比较明显的区别体现在生态扶贫发展过程中的"经济增长"方面的绿化度以及"一些资源"的保护程度上。① 一套成熟的生态扶贫绩效考核指标可以通过强化约束和激励，推动生态扶贫发展。而且，该中心成功的生态扶贫绩效考核实践，也证明了这套指标的普适性。

但是，也应该看到生态扶贫指数有很强的学术性，其数据处理的方式也需要很高的学术能力，对于一般的地方政府部门现实操作意义不强。在这里，本章建议，提出一套简单有效、可操作性强的生态扶贫评估方式。

政府应该正视，以前的发展方式和减贫道路，往往是只重视经济规模的增量，但牺牲了环境，过度利用了不可再生资源，造成了严重的环境污染的减贫道路。如果继续这样下去，生态环境的破坏程度可能会继续加深。因此，在对生态扶贫的绩效考核中就应该弱化甚至取消之前脱贫绩效考核中对经济增长的硬性指标要求。

北京师范大学中国扶贫研究中心的学术性考核是非常有必要的。但是，对所有地区进行这种考核并且得出有实践价值的反馈难度较大。因此，有必要对各地的生态扶贫绩效考核采取一套更为方便操作的体系。根据区域生态扶贫的需要，把资源的消耗、环境的一些损坏以及生态的效益纳入原有的考核指标之中。可以使用专家评分法，专家深入农村、走访农户、实地考察，最终做出评分，这样便于操作、便于比对、便于直观反映出哪个方面仍然存在缺陷。在考核内容上，对生态环境需要改善的地区，应弱化经济增长的考核指标，将传统的经济增长绩效考核指标转变为绿色GDP 考核指标。将绿色 GDP、群众满意度等更多能体现每个地方生态减贫真正成效的衡量指标以加权平均的方式进行测度。在制定指标的时候应该考虑指标的可推广性与易操作性。建议各地应探索编制生态扶贫的资产负债表，建立对于生态扶贫的独立审计制度，从而更加客观明显的体现生态

---

① 北京师范大学中国扶贫研究中心课题组，张琦，封惠子，陈伟伟，徐晓君. 中国生态扶贫指数研究——罗霄山片区生态扶贫指数分析［J］. 经济研究参考，2015（10）：59－72.

扶贫绩效。

成熟与完善的考核机制可以借鉴高校先进的考核方式和体系。地方政府也需要在此基础上进行优化改善，建立一套简单易操作的考核体系，对各项要素进行加权赋分。在易操作的同时不失科学性，更好地反映问题，给后续的生态扶贫工作提供评价基础。

三、明确生态扶贫考核主体，严格执行考核办法

政府才是生态扶贫的主要执行者，并在生态扶贫中起重要作用。

首先，要通过生态扶贫消除贫困，改善民生，就需要地方政府进一步完善生态扶贫的绩效考核机制。应加大一些重要指标的考核力度。例如，生态扶贫的实施过程中生态保护是否有成效，群众满意度是否达到规定标准等。生态扶贫中应明确相应的考核指标。此外，对生态扶贫绩效考核相较于传统减贫的考核来说具有更多不确定性，就更应该突出地方特色，进行动态考核，建立起符合各地区实际情况差异化的考核制度，建立一套真正可以体现生态扶贫成效的考核机制。考虑到生态扶贫有其特殊性，有必要弱化传统 GDP 在生态扶贫中的权重，加强绿色 GDP 核算在生态扶贫绩效考核的重要作用。

其次，考核办法制定后应该严格执行。严格执行考核办法是约束机制发挥作用的先决条件。生态扶贫有其特殊性，生态效益往往是一种隐形效益，考核的指标测度具有一定的难度，拥有良好的考核体系却缺乏落实。科学合理的考核办法只有真正落实才可以起到正向激励的作用，对于生态扶贫的相关指标，应该进行精准而且独立的测算。另外，生态扶贫的考核过程也必须要依法依规进行，多部门协同参与。相关政府部门，如环境监察部门和扶贫部门，应对生态扶贫绩效考核全程参与。在考核的过程中也应该坚持执行国家制定的生态扶贫考核标准，实施动态的生态扶贫监控。所有参与贫困地区生态扶贫绩效考核的政府部门在进行考核时应有相对独立的地位，不受其他因素和其他部门的干扰，同时，也可经由更高行政级别的部门进行考核。这样，制定的考核办法才可以被严格执行，考核的部门相互监督，达到考核的真正效果。

最后，严格执行考核办法就是要完善问责机制，这是让考核办法发挥作用的客观需要。如果对生态扶贫的绩效考核缺少了问责机制，那么绩效考核产生正向或负向的激励无法发挥其作用，绩效考核就成了纸上谈兵。所以，严格执行考核办法的同时，问责机制应该被严格执行，才能起到反馈优化的作用。

案 例 --

河南某省级贫困县所辖 Y 乡扶贫考核问题丛生[①]

Y 乡是河南省级贫困县 L 县所辖的农业大乡、经济小乡。全乡总面积 87.5 平方公里，耕地面积约 0.4 万公顷，辖 10 个行政村、两个社区，287 个村民组，截至 2015 年末，全乡有 34651 人。Y 乡地势南高北低，其中南边 6 个村庄的耕种靠仅有的几个提灌站灌溉，水资源匮乏，北边 6 个村庄地处泚淮河冲积平原，十涝九灾。2016 年 Y 乡建档立卡贫困村 5 个，贫困户 821 户 2726 人，贫困发生率为 7.9%，高于 L 县平均水平 5.5%。为完成脱贫攻坚这一重大政治任务，Y 乡组建脱贫攻坚指挥部，大力实施"十三五"贫困人口分年度脱贫规划并取得了一定进展。但是，该县存在干部考核方式的不"精准"，从而导致扶贫效果下降。

目前乡镇扶贫工作的检查考核主体有上级监管部门、其他乡镇政府、第三方评估机构。对乡镇政府具有实质性影响的是上级监管部门的考核与检查。在提前一周接到上级考核检查通知后，乡镇政府就开始了紧锣密鼓的准备工作。

首先，乡镇主要领导召开会议对检查考核工作进行全面部署，对可能出现的问题提前讨论解决方案，讲解应对上级领导的技巧，学习其他乡镇考核迎检经验。其次，脱贫攻坚指挥部通知各村村支书、村主任尽快到乡镇召开迎检部署会议。要求村干部对本村档案资料进行统一规范，完善贫困户、项目、村级规划等资料，有涂改痕迹的均要重新填写；检查各村扶贫作战图、贫困情况一览图等是否在村委会张贴；盯紧可能会闹事的村民，

[①] 案例内容来源于笔者调研并经整理而成。

一旦发现其有"不合时宜"的举动能及时阻止；提前和帮扶企业及帮扶贫困户通气，使他们彼此相互了解，达到一致的认知。最后，对典型村庄进行重点部署及预演。

Y 乡的 FW 村是每次考核检查必点的"明星村"，该村的草莓生产合作社带动全村 28 户贫困人口全部脱贫，是 Y 乡扶贫工作中的亮点。乡村干部会有意无意地引导检查考核组去这个村检查。"精准考核是乡村扶贫工作中最为重要的一项，乡镇大部分精力都放在了考核迎检工作中，在这个过程中要避免出现问题，一旦有领导过来检查，各村都会做好万全准备，全程陪同。"①

从 Y 乡的案例中可以看出，有少数乡村干部在频繁的检查中已深谙科层制迎检之道，在检查时搞形式主义，甚至提供虚假信息，制造表面繁荣，以确保检查考核的万无一失。因为上级领导考察大多是在乡村干部安排下进行，上级查看到的扶贫信息和成果有可能是乡村干部共同制造的"理想化"图景。即使扶贫工作中存在各种问题，有的乡镇依然能顺利通过考核，考核工作精细程度不高。由此可见，如果对于生态扶贫的考核只流于形式的话，会导致生态扶贫的效果变差，从而影响最后的扶贫结果。

四、引入第三方生态评估机制，加强社会监督

生态扶贫是一种新兴的减贫方式。地方政府内部考核部门缺乏生态扶贫绩效考核的相关人才，尚未建立起一套成熟的生态扶贫考核机制，也没有一套可以适用于全部贫困地区的生态扶贫的绩效考核指标。所以，对生态扶贫的绩效考核，有必要引入第三方成熟的考核机制作为借鉴。引入生态扶贫第三方独立评价机构的同时，也应该与传统的第三方考评机构区别开来。因为生态扶贫的考核是专业性的具有特殊目的性的考核方式，传统一些的第三方政府绩效评估机构可能无法承担相应的绩效评估任务。所以，政府在选择第三方评估机构时，应该选取具有相关调研经历，或者评

---

① 张雨，张新文. 扶贫中的不精准问题及其治理——基于豫南 Y 乡的调查［J］. 湖南农业大学学报（社会科学版），2017，18（5）：62.

估小组具有相关生态扶贫技术人才的独立的第三方评估机构。这样第三方评估机构可以更好地发挥作用，给出专业性的指导意见。

中央政府应持续跟进第三方评估机构的试点工作。我国目前可以对一个地区进行生态考评的机构比较少。前期试点结束后，国务院扶贫办可以根据前期调研经验，对第三方评估机构的评估内容，考核指标，调研方式等进行验收。在具体的评估内容与评估机制中优化完善过去的一些评估标准，并设立新的生态扶贫绩效评估方式，进行全国范围内的推广。全国的第三方生态评估机构可以在统一的生态扶贫评估标准上，根据各地的实际情况进行差异化考评。

同时，对生态扶贫的第三方评估不应该仅仅局限于专业的政府绩效评估团队。贫困地区的人民群众，参与贫困地区生态扶贫实践的志愿者与社会组织，在贫困地区发展生态产业的企业等其他经济组织都应该参与到对于生态扶贫的绩效评估之中。因此，各地政府也应该引入这些个人与机构对生态扶贫实效进行评估，群众满意度、企业与志愿者参与生态扶贫的直观感受都应该作为第三方绩效评估的重要组成部分。

样本的数量与广泛性往往会对评估的结果产生很大的影响，这就要求独立的第三方的评估机构，绩效评估时选取最广泛的评价群体，方可真正客观且准确地进行生态扶贫绩效考核，真正发挥第三方的独立考核对政府的正向激励作用。

五、对生态扶贫工作实施持久性动态考核

生态扶贫工作不是一个临时性的工作，涉及生态问题时，不管是既有生态的恢复工作还是对于现有生态的保护均是一个长期的过程。除了生态问题，扶贫本身也是一个持久性的过程。对于生态扶贫的考核机制不是针对一个阶段的应急性措施，而是针对生态扶贫长久发展的持续性考核。不仅要在生态扶贫的特定时间节点进行绩效评估，还要在生态扶贫全程进行持续性的动态绩效评估。这是由于在特定时间节点的考核中，地方政府可能存在应付考核的做法，而且生态的改善是一个复杂的系统性工程，对生态扶贫的动态性考核可以持续修正减贫中的不当措施，同时也对制定后续

的生态扶贫相关政策有重要意义。最后，对原生态贫困地区已经通过生态扶贫脱贫的地区，仍然需要进行长期跟踪，防止脱贫后再度返贫或生态环境再度遭到破坏。

案例 ··

贵州省启动扶贫资金动态监控工作[①]

按照财政部统一部署，贵州省财政厅印发了《贵州省财政扶贫资金动态监控工作实施方案》，要求以预算编制为源头，以绩效目标为依据，以支付环节为依托，以动态监控为抓手，以自动取数为保障，整合信息系统资源，运用云计算、大数据等现代信息技术，建立简便实用、实时同步的动态监控体系，实现对扶贫资金和项目全面、真实、准确的实时动态监管。2017 年，贵州就已初步完成省本级、9 个市（州）、贵安新区、双龙航空港经济开发区、88 个县（市、区、特区）系统环境配置，并分别对相关业务人员进行了系统操作培训。通过实施扶贫资金动态监控，扶贫资金使用安全得到了有力保障，使用绩效也得到了较大提升，使用时效也得到了充分保证。

综上所述，对于生态扶贫的考核方式应该一直是一种持续性的和动态性的考核机制，才能取得脱贫工作的长效进步。

六、阳光考核，考核过程应该公平、公正、公开

生态扶贫中的考核机制应该是公开且透明的。不论是在生态扶贫过程中对于政府的内部评价或者在生态扶贫绩效方面的外部评价，相关的绩效评估部门都应该把评价内容、绩效的评价体系、绩效的评价过程和技术处理方法以及最后的评价结果都向社会进行公布，并且依据评价的结果对于领导干部进行正向的褒奖或者负向的惩戒与约束。生态扶贫绩效评估过程

---

① 贵州省财政厅实现省本级财政扶贫资金动态监控平台与国库集中支付系统对接功能［EB/OL］.（2019－02－03）. http://www.guizhou.gov.cn/xwdt/dt_22/bm/201902/t20190203_2235959.html.

的公开、公正往往与生态扶贫实际绩效评价结果的公开公正有着紧密联系。

考核过程的公平公开也是在生态扶贫实践中增强政府公信力的需要，是推进后续生态扶贫工作有序展开的需要。从实施生态扶贫到可见成果的出现需要较长的时间周期，而向全社会汇报生态扶贫的最新进展是增强全社会对于生态扶贫的信心与推广生态扶贫的需要；同时，也有利于全社会的人才共同监督，提出优化建议与改进方法。所以，考核过程的公平、公正、公开会有利于向全社会传达生态扶贫的成效进而对全社会投身生态扶贫事业进行正向激励。

生态扶贫中的激励机制

一、生态扶贫实践中的激励机制

激励机制在生态扶贫中的定义就是建立一系列的奖励、表彰制度，对参与生态扶贫的地方政府、社会组织与个人进行表彰，从而激励更多地方政府、社会组织与个人以一种更好的状态参与到生态扶贫中。

目前，激励机制的不完善增加了生态扶贫的社会阻力。限于生态治理与环境保护的长期性以及贫困地区脱贫的急迫性，使得贫困地区的贫困群众与扶贫工作者对实施生态扶贫有着较低的积极性甚至产生了一定的畏难情绪。传统生态扶贫在进行生态治理的过程中往往需要大量的资源投入，而较长的投入周期一方面增加了贫困地区政府的财政负担，另一方面其成果的脆弱性以及长期性则增加了贫困群众的脱贫成本。因此，改革扶贫管理是精准扶贫的重要任务，而创新生态扶贫的工作模式，完善激励机制，解决其高投入、长周期的运行问题对于提高生态扶贫的普及率以及减缓其面临的社会阻力而言至关重要。

辽宁省在《辽宁省人民政府办公厅关于进一步动员社会各方面力量参与扶贫开发的意见》中提到要建立社会扶贫的动态发布系统，设立有助于生态扶贫的"爱心榜"，定期发布社会捐助信息。深度挖掘全社会的扶贫先进典型，表彰社会扶贫的先进集体与个人，让那些积极参与社会扶贫的主体，政治方面有荣誉，事业方面有发展。对于精准扶贫成效明显的企业，可以对其进行冠名等一些奖励。①

生态扶贫成功的关键在于社会力量与政府合力将生态扶贫真正落到实处，所以应该将对于不同主体的激励机制区分开来，真正打赢生态扶贫攻坚战。

案 例 --

激励机制缺失，干部生态扶贫动力差——以安徽 A 乡为例②

A 乡脱贫攻坚指挥部仅配备了 2 名体制内干部处理扶贫日常事务。如果动员全乡干部参与扶贫，势必会额外增加行政开支，并可能挤占有限的扶贫资源。村干部对村庄情况及村民家庭状况比较熟悉，是精准扶贫政策村庄场域的关键执行主体。精准管理中贫困户的新增和剔除都要先经过村干部调查并由其上报。A 乡各村村干部有 3~4 名，包括村支书、村主任、会计等，每个月工资性收入只有 1000 元左右。他们大多是村里名望比较高的大爷和妇女，他们身体素质、精力有所欠缺，还有自己的一亩三分地要照看，有的还同时兼顾副业。因而，具有"特殊"村民身份的村干部在政策执行过程中容易产生矛盾心理：一方面精准脱贫是政府的硬性规定，必须要按时完成，工作量倍增挤占了村干部农田劳作及生意经营时间；另一方面即使完成政府分配的任务，村干部作为体制外的成员得到的回报也远小于得罪同村村民即村庄选举中的"选民"的风险，误工补贴也没有实现同等程度的增长。在自身能力欠缺、扶贫激励不足、承受村庄人情压力大等因素影响下，村干部的扶贫动力严重不足。"就算完成扶贫任务也得不到什么奖励，没有什么好处，累死累活的，村民还不一定感激我们，前几天听说一个村的村民因为贫困户名额被刷下来打了村干部一巴掌。"

---

① 辽宁省人民政府办公厅关于进一步动员社会各方面力量参与扶贫开发的意见［EB/OL］.（2015 – 02 – 02）. http://www. ln. gov. cn/zfxx/zfwj/szfbgtwj/zfwj2011_106025/201502/t20150212_1576132. html.

② 案例内容来源于笔者调研并经整理而成。

驻村帮扶制度在实际运作过程中存在形式化倾向，加重了村干部的无力感。驻村帮扶制度是国家基于当前村干部年龄结构老化、受教育程度低、思想传统落后等建立的，旨在通过下派年轻、有文化的青年干部驻村帮扶村委会扶贫工作。2016年A乡有5个驻村书记，均来自县级部门。县政府要求驻村书记可以不处理原单位事务，全力负责脱贫，每个月在村办公不少于20个工作日。实际上驻村书记无法与原单位工作完全脱钩，有些是县级部门的局领导，原单位很多事务需要其领导决策。按规定，驻村工作人员应该入村对贫困村、贫困户进行周密调研，切实了解贫困户状况，但实际上他们并没有过多时间和精力来踏实、安心地在贫困村进行调研，其帮扶多流于形式。

生态扶贫的主要执行者是贴近贫困人口的基层执行者，激励机制的缺乏会使得基层干部积极性不强。而基层干部是我国基层政权的重要组成部分，这个部分的缺失会使得生态扶贫政策无法真正贯彻落实下去。因此，应当尽快完善对于基层干部的奖惩机制，给生态扶贫工作的推进以切实的动力。

二、建立生态扶贫专项资金支持

（一）加大财政生态扶贫的投入力度

调用专项财政资金进入急需生态扶贫的地区，用来支持贫困人口实现生态脱贫，是我国生态扶贫中一项重要的激励措施。财政拨款是地方施政的重要经济保障，专项资金更是有明确指向性。建立健全生态扶贫的专项财政资金制度就是要激励地方政府合理运用这笔资金打赢生态脱贫攻坚战。具体来说，应该从以下三个方面入手。

第一，构建和完善生态扶贫的专项财政体系。农村生态扶贫是一项系统性的庞大工程，因此需要大量的资金与资源投入，近年来，中央财政积极向生态扶贫这一扶贫项目持续加大投入力度，着力保障生态扶贫发展的资金需求，生态扶贫已经取得了一定成效。

第二，不断加大对贫困地区进行生态扶贫资金的专项转移支付。为了发挥财政政策对于地方政府在生态扶贫方面的施政作用，中央和地方政府的财政资金如果仅用于一般性的转移支付，所起的指向性并不明确，生态扶贫资金的激励机制就不能充分发挥。因此，在支持改善贫困人口的生活方面，为了保障资金真正有一个社会导向性，有一个施政导向性，就必须建立专项的生态扶贫资金转移支付体系，需要完善的财政制度与体系保证专款专用，提高资金利用的精准性。

苏明（2013）认为我国建立一套较为规范的转移支付制度，保障全国居民平等地享有公共服务，应该进一步加大国家在生态补偿转移支付方面的扶持力度，进一步明晰和提高相关领域的补偿标准，确保相关占地补偿、移民搬迁、环境资源损耗补偿真正落到相关区域、流域的农民手中，不断完善和深入推进生态补偿、移民搬迁等工作。

第三，稳步增加对于生态扶贫的专项资金投入。中央财政一贯将扶贫专项资金作为财政扶贫资金支出的重点保障之一。2016～2019 年，中央财政安排的专项资金就有约 1898 亿元，年均增长 14.5%。财政专项资金在生态扶贫层面，进行了有针对性的投放。对急需要资金的生态贫困地区进行了专项投放。对解决因生态致贫的困难群众的难题发挥了重要的作用。

为更好地发挥生态扶贫专项财政资金对地方政府的正向激励作用。一方面，政府应该合理优化财政支出结构，加大对于贫困地区的生态扶贫资金的专项扶持力度。另一方面，中央和地方共同的生态扶贫财政网应该覆盖全国大多数的贫困地区，形成一套资金内部的开发体系，提升所有贫困地区的生态扶贫能力，为生态扶贫开发形成有力的资金支持。

（二）加大生态扶贫专项的财政工作力度

发挥财政资金的激励机制一个很重要的因素就是应该通过市场化的方式撬动金融资本进行生态扶贫的专项投资，中央财政资金给予一定的利息补贴支持。同时，应该推动地方整合相关渠道的扶贫资金，通过政府购买社会公共服务的方式，激励政府、企业和社会一同参加到生态扶贫中来。一些公共服务，可以通过政府购买服务，企业提供服务的方式在地区推行。同时，建立一套新的具有地方特色的生态扶贫财政工作体系，有利于地方政府更加有效地利用有限的财政资金，带动市场资本进入生态扶贫实践，壮大农村集体经济的力量，发展乡镇企业，为后续实现持续性的生态脱贫打下基础。

（三）让专项资金真正成为生态扶贫的坚强保障

发挥财政资金的杠杆作用。政策支持力度的核心就是发挥政府的主观能动性，不可忽视的是我国目前经济下行压力较大，财政收入并不是很乐观，但是应该明白生态扶贫的主体依然是地方政府。政策导向性的激励作用也在于财政资金具有很高的杠杆驱动作用，撬动更多的生态金融资本、社会资本进行生态扶贫专项资金开发。

案 例 --

财政不到位，脱贫靠捐款——以云南省某县为例①

云南省某县为了加快该县的脱贫攻坚进程，发文要求所有干部职工展开捐款扶贫，并且规定每名职工最低需要捐款1000元，而该县的干部职工百余人，如此便可筹得十几万的扶贫款项，用以完成时段内扶贫的数字目标，帮助贫困对象脱贫致富，但是此举难以达到精准考核要求。精准考核是指制定科学、合理、系统的考评指标体系用以衡量扶贫干部工作成效的行为过程，相较于以往的考核，精准考核除要在考核指标上向精细转变之外，还需对扶贫方式提出更高要求，不能是"输血式"的短期扶贫，应当是"造血式"的延续扶贫。上述领导干部利用职权便利发动捐款式扶贫，但即便捐款再多，也只能是救一时之急，救不了永远，因为"逼捐"扶贫不可能从根源上消除贫困，属于传统的"输血式"扶贫，只是饮鸩止渴罢了。此外，"逼捐"扶贫本质上是一种懒政现象，将领导干部的老爷作风和懒汉心态暴露无遗，充斥着权力的味道。有的干部职工很反感捐款或者说主观上并不乐意捐赠这么高的数额，但他们又无力反对，或者说根本不敢反对，而这笔额外支出可能降低干部职工的生活水准，增加家庭负担，

---

① 案例内容来源于笔者调研并经整理而成。

也可能因下级心怀抱怨而影响工作质量，给整个扶贫带来负面影响。

从这个案例不难看出，如果财政拨款不到位，仅靠地方自主筹集生态扶贫资金，不仅起不到扶贫效果，甚至可能会伤害地方政府本身。

三、加大生态金融扶贫力度

生态金融应当在新一轮的生态扶贫中发挥重要作用，因为它适应了市场经济的发展，是拓宽融资渠道的重要举措，也是实现生态扶贫脱贫攻坚的重要保障与支撑。

（一）建立覆盖全面的生态金融体系，提升贫困区域生态金融的服务能力

1. 推动政策性和开发性的生态金融，完善其内部机构设置

应该积极拓展我国政策性和具有开发性质的生态金融的服务领域，国家开发银行和中国农业发展银行都已经设立了类似的"生态扶贫"开发部门，实现有别于其他业务的专门化的生态金融服务。由于是专门为了扶贫工作所设立的，所以在组织结构上必然是相对灵活的，且具有一套专门为生态金融服务的管理体制与运行机制，有助于生态扶贫相关金融服务的专业化管理。需要改进的是在具体业务上放宽生态贫困地区的准入政策，下放生态金融的审批权限，避免与之相关的服务性收费，加大精准生态扶贫力度。

2. 应该积极推动商业性的生态金融服务进入贫困地区

应该明确国有大中型银行在生态扶贫中应承担相应的责任。我国现在的大中型银行应将金融服务的重心下沉，完善基层信贷方面的管理，将信贷资源向着生态扶贫的方向倾斜。商业性的金融机构在向贫困地区倾斜的同时，也应该延伸生态金融服务的边界。因为目前的贫困地区主要集中在农村，同样的，生态金融服务也应该向农村不断延伸，可以实现生态金融资金的进村落户。同时，应该继续进行有关于农村信用社的改革，不断地加强农村生态金融服务在生态脱贫中的重要作用。

（二）确保生态扶贫资金投入的可持续性

支持和鼓励不单单是银行在需要生态扶贫的地区开展金融业务，证券、保险和期货等金融工具，也可以在农村找到关于生态金融的投资项目。现阶段大部分的贫困地区抵押物很少，农民年收入普遍较少，且缺少高价值抵押物，一般是银行业不愿意发展的客户。但是许多农村都有自己的集体企业。这些集体企业大都承担了诸如土地承包，劳动力就业等多项任务。投资机构可以将资金投资进入到这些企业中去。同时这些企业也可以在进行生态产业建设的过程中发放股票等融资工具进行融资，以实现一个长久性的投融资计划，实现生态产业的持久发展。

（三）我国生态金融扶贫的经典模式

自 2014 年以来，我国围绕生态金融扶贫模式展开了一系列实践。

1. 政府主导的生态金融扶贫模式

这种生态金融扶贫模式有四种细分模式。一是杠杆式金融扶贫模式。该模式主要形式是"银行 + 农牧户 + 风险补偿金"，主要特点是当地政府联合本地的金融机构，为了规避农牧户在农业生产时的风险，设立"风险资金池"。二是扶贫贴息贷款模式。该模式是指贫困地区政府及人民银行向对生态贫困地区、特定生态产业提供贷款贴息补助。三是民生金融扶贫模式。该模式主要是贫困地区当地政府及人民银行给予地方金融机构一定的妇女小额担保贷款、下岗失业贷款、大学生创业贷款等民生类的金融贷款指标，帮助贫困地区特定人群脱贫致富。四是支农再贷款扶贫模式。该模式是人民银行以专用贷款的形式向涉农金融机构发放支农再贷款，用于金融机构向贫困户发放贷款。

2. 产业金融扶贫模式

产业金融扶贫模式是以区域性优势产业为着力点，以贫困地区龙头企业或处于农业产业链核心位置的企业为抓手，以财税政策、金融政策等为主要政策手段，大力推进产业化金融扶贫。生态扶贫的核心动力便在于生态产业的发展，通过推动地方生态产业的构建，通过建立一批、扶持一批、引进一批的发展方式推动地方生态产业的发展。例如贵州省威宁县在生态扶贫的实践中推出的"五个百万"工程、广西壮族自治区富川县打造的万亩脐橙种植园等都取得了较好的经济效益与环境效益，有效推动了贫困地区的经济发展，同时在探索石漠化地区的生态治理道路上取得了一定的成绩。由此可见，生态产业的发展是可以化解环境保护与经济发展之间的矛盾的，生态产业的发展能够为贫困地区提供长效的发展动力。此外，精准扶贫在构建生态产业的同时应注重整个产业链配置，通过广泛利用社会资源搭建生产—供给—消费的完整市场关系，配合国家当下供给侧改革大背景，延长生态产业链，实现生态产业的良性发展，从而使生态产业的效能得到最大限度的发挥。

案 例

凉山彝族自治州产业扶贫实践及效果评价[①]

在产业扶贫的实践中，凉山彝族自治州发挥其优势建立了林业产业和牛羊养殖基地。为了扩大扶贫宽度，增强扶贫效果，保证全体贫困群众脱贫，凉山彝族自治州建立了多种产业扶贫模式，充分利用生产资源，拓宽市场，将资源优势转变为经济优势。主要包含了：

（1）PPP（public-private-pawthership）模式。即政府和社会资本合作模式。该州积极推进"国企入凉"项目，按照"打造大金融、发展大农业、做活大旅游、开发大能源"的思路，做好项目研究储备，通过股权投资、共同投资等多种方式拓展合作深度和广度，引导国有资本向凉山集聚，提升产业竞争力。

（2）资产收益模式。昭觉县积极探索实施股权扶贫助推产业发展，成立了半细毛羊、西门塔尔牛养殖、羊肚菌种植专业合作社，培育市场经营主体。在大规模绿化凉山的行动中，优先将退耕还林工程落实到贫困村、贫困户，按时足额兑现生态效益补偿基金，增加林农收益。政府引导广大群众将闲散资金聚合，组建农村资金互助社，开展社员资金存贷、扶持社员发展农业生产等业务，所得利润的30%为集体所有。这两种模式在凉山

[①] 案例内容来源于笔者调研并经整理而成。

彝族自治州受到了社员的广泛欢迎，效果较好。

从效果来看，为了打赢扶贫攻坚这场硬仗，凉山彝族自治州付出了巨大的物力、财力。政府的一般预算公共支出逐年提高，从 2000 年的 7.9 亿元提高到了 2016 年的 212.3 亿元，绝对量在不断增大，一般公共预算支出占 GDP 的份额也在增加，2000 年一般公共预算支出占当年 GDP 的 19.8%，2011 年达到 41.7%，到了 2016 年这一比例高达 61.7%。可见，政府对支持农村生产支出、文教、科学事业费、抚恤和社会福利救济费、支持不发达地区的投入力度很大。随着扶贫资金的不断投入，凉山彝族自治州的经济社会状况得到了显著改善，居民储蓄存款余额连年增长，11 个贫困县 2000 年的居民储蓄存款余额总额为 15.85 亿元，2015 年为 192.58 亿元，经济得到了较大的发展，人民的生活水平不断提高。

3. 社会扶贫组织金融生态扶贫模式

该模式是由我国社会扶贫组织发起的以产业扶贫、教育扶贫、农村信息化扶贫、文化扶贫等项目为载体的金融扶贫活动。该模式的特点是发动我国全社会力量参与金融精准扶贫，它在中国的成功典型案例是中国扶贫开发协会设立的"星火扶贫创业基金"项目、深圳惠民产业扶贫股权投资基金合伙企业发起设立的惠民产业扶贫基金。

政府主导的生态金融是我国目前生态金融扶贫的主要模式。然而，单独依靠政府主导的金融扶贫模式显然无法解决政府"看得见的手"配置金融资源的低效性问题，政府部门需要加强与各类金融机构、互联网企业、电商平台等市场经济组织合作，实现资源的高效配置，那么生态产业金融扶贫模式的发展速度将大大加快。随着我国市场经济改革深化，金融市场化改革步伐加快，金融机构在生态产业金融扶贫模式中的作用将愈发突出。可以预见，生态产业金融扶贫模式将成为政府与金融机构的生态金融扶贫模式的一种重要子模式。随着互联网金融、电商经济、物联网的快速发展，互联网金融扶贫模式和"电商平台＋金融"扶贫模式的重要性将愈发凸显。

生态金融扶贫必须遵循市场规律和经济规律，同时也要发挥我国上层建筑对于生态金融扶贫中的重要指导作用，既要做好基础性工作，也需要明确各地真正需要什么，防范生态金融风险，降低生态金融的信贷成本，推动生态金融更好更快发展。

四、发挥科技、人才在生态扶贫中的支撑作用

推行科学特派员的制度，尤其是注重对绿色科技人才的培养与投入。为了更好地发挥生态扶贫的作用，需要生态企业的参与。在选拔科学特派员的同时，需完善对于生态科技人才的支持力度。尤其是带动贫困地区进行生态创业的大学生以及优秀的高校科学建设园区，应该享受相关的税收优惠、行政类的事业型收费减免以及贴息等相关政策。

加强农民的生态种植养殖技术培训，加强生态发展的意识。加强高等学校在农村的科技产业园区的建设，充分发挥高校在新农村生态建设中的重要作用，以及国家农业科技园在农村的生态技术集成，新环保生产要素集聚的示范和带头作用，进一步强化各生态贫困农村的资源共享。同时加快生态科技成果在农村的转化应用，提高农村绿色发展的内生型动力。

案 例 --

凉山州金阳县：探索构建"电视直播＋网络直播＋
电商平台＋互联网新闻"的媒体矩阵①

位于四川凉山彝族自治州东部边缘的金阳县，近邻云南昭通、永善，境内群山环绕、山高坡陡沟深，交通条件差，是全国贫困程度最深的县之一。金阳青花椒生长在海拔 600～2000 米的环境中，味香纯正、颗粒饱满翠绿，先后荣获国家地理标志保护产品、国家生态原产地保护产品等称号，深受消费者喜爱。由于山高路远，交通条件薄弱，金阳青花椒的外销的情况不尽理想，无法有效带动当地群众脱贫增收。自 2017 年底，金阳县开始尝试引入主流电商平台销售以及网络直播同步推广，即"互联网电商＋

---

① 刘禹辰，尹响．"融媒体＋电商"在少数民族地区精准扶贫中的新作用——基于四川的案例分析［J］．西南民族大学学报（人文社科版），2019，40（5）：147－151．

网络直播"的销售模式。2018 年 11 月，金阳县更是主动参与了"改革开放 40 年·2018 中国电商扶贫行动"，该活动由商务部、财政部、国务院扶贫办、央视财经频道等共同举办。央视财经频道更是联合 20 家电商平台和 30 家网络直播平台共同建立"矩阵"式传播体系，成立关于直播扶贫的频道，对具有川西南特色的金阳青花椒产品，通过直播渠道进行销售。当天活动创下了近千万人观看和近 1500 万元的销售记录。部分在 2017 年末"触网"的椒农在 2018 年实现了 15000 元左右的销售收入，是之前年收入的 3 倍多。

金阳县在后续可以继续整合融媒体平台，争取构建一流农村电商服务平台和农业信息传播平台，通过加快农村互联网、融媒体和电商平台等基础建设，实现线上线下一体化传播、营销，培育新型电商市场主体，建立产品标准体系，创造农产品公共品牌，实现金阳青花椒特色产业蓬勃发展，进而为实现脱贫攻坚赋予新动能。

五、完善政府内部的生态扶贫激励机制

（一）将生态扶贫实绩作为选拔干部的重要依据

一方面，为了打赢生态扶贫攻坚战，应该完善生态扶贫的政绩考核机制，因为生态扶贫属于一种新的扶贫体系，相关的体制机制还不健全，就更需要在完善考核机制的同时，加大生态扶贫成效的考核权重。针对不同贫困地区的特点，进行差异化的考核。另一方面，各地应该把生态扶贫的成效作为领导干部"上和下"的重要依据，将考核结果落到实处。

精准扶贫推动下扶贫管理体系创新为生态扶贫的进一步发展提供了契机。加强扶贫职能部门与其他相关部门的沟通协作，制定更为完善且行之有效的考评标准，如广西将生态扶贫工作与"美丽乡村"建设相结合，统合扶贫、环保、农业、林业、科技等多个相关职能单位进行统筹管理实现生态贫困问题的综合治理；同时，相关政策的不断出台从宏观上为生态扶贫的实施提供了相应的指导，推动了相关制度的完善，而建立上下通畅的管理体系是生态扶贫进行高效治理的关键。完善生态考评的相关内容强化

科学管理，实现生态问题动态监控，建立扶贫信息网络是保证生态扶贫行之有效的关键（莫光辉，2016）。

（二）强化生态扶贫中的领导责任制

应该落实好生态扶贫中的分级责任。生态扶贫不是一个孤立的系统，需要各个层面的政府互相配合。而正向的激励机制就应该使得各级政府明确自己的责任。所以，在国务院扶贫办提出任务之后，各级政府应该结合当地的政府实践，结合本地的情况提出一个明确的生态扶贫方案，并明确地方政府领导负责部分。在考核中，考核组可以直接根据生态扶贫的预期计划表进行领导责任考核，明确领导责任制会直接给各级领导明确的方向，以及切实的压力。应层层压实生态扶贫任务，在明确的生态扶贫责任制的基础上，不脱贫则不脱责。

（三）对生态扶贫有成效的地区进行财政拨款奖励

根据公共管理的部门理论，各级政府往往都有属于地方政府的自己的利益。较多的财政拨款往往代表着地方政府拥有更多的施政资源，因此地方政府有接受更多财政拨款的动力。对于生态扶贫真正有成效的地区进行财政拨款奖励，既可以提高领导干部的施政积极性，同时也可以增强基层普通员工的积极性。因为这部分财政拨款有一部分可以运用到对于在生态扶贫中卓有成效的基层政府员工物质奖励上。实现从地方政府领导到基层员工的全方位的激励体制。

（四）对生态扶贫优秀地区实行全国通报表扬

对全国典型的生态脱贫地区进行全国性的通报表扬，同时作为地区政府政绩考核重要的考虑因素，从而激励更多的政府部门参与到生态扶贫的实践中去，增强生态扶贫中的"蝴蝶效应"。在全国性的通报表扬中加强宣传引导，激励各地区的良性竞争，倡导生态扶贫的理念，营造全部政府部门参与生态扶贫的氛围，加强对于生态扶贫的舆论引导，营造对于生态扶贫的社会帮扶氛围。

六、建立全社会的生态扶贫激励机制

(一) 培育生态扶贫的多元参与主体

动员全社会力量参与生态扶贫，是我国进行生态扶贫工作的一个重要保障。在之前的扶贫实践中，党中央和国务院就积极动员社会各界进入到扶贫工作中去。在经济组织上，国有企业往往通过产业帮扶，解决再就业等问题的形式帮助农村脱贫。而一些社会组织则通过募捐款项和进行志愿服务等方式积极帮助贫困农村脱贫。

同样在生态扶贫中，也应该鼓励人们参与到生态扶贫的任务中来，并通过激励机制塑造一种所有人都愿意参与生态扶贫实践的社会风气。可以建立国家生态扶贫荣誉体系，推出一批通过生态脱贫的典型和以生态帮扶的先进典型，激励全社会投入到生态扶贫的实践中去。落实各项生态扶贫的优惠政策，对于在贫困地区发展生态产业的各类企业给予一定的税收优惠与财政贴息，用切实利益激励生态产业的发展。同时，通过生态扶贫专项财政资金支持社会组织以竞争的方式承接生态扶贫任务，承接生态扶贫项目的实施，以提供更好的产品与服务。

(二) 建立全社会共同参与的生态扶贫机制

要让有意愿参与生态扶贫的社会成员与社会组织有渠道去帮扶，对于有能力承接政府购买生态扶贫项目的企业应当建立一个良好的竞标机制，搭建有效的生态扶贫参与平台、创新生态扶贫的参与方式，实现高效扶贫。同时积极开展生态扶贫的志愿行动，建设生态扶贫志愿者交流网络，共享生态扶贫的经验。同时，着力打造具有生态特色的公益平台与品牌，提高社会的品牌知名度，更好地动员对生态扶贫感兴趣的各方加入生态扶贫的行列中来。鼓励有条件的企业设立生态扶贫的信托基金①，形成人人参与扶贫的良好风气。

---

① 王晓毅. 生态扶贫：理论、政策与实践 [J]. 兰州大学学报（社会科学版），2018，46（4）：28 – 35.

第三节

┊
└┈┈┈➤ 约束机制

一、约束机制在生态扶贫中的定义

约束机制在不同的学科，比如经济学和管理学中都有不同的定义，这些定义往往都具有一些普适性的特征。就生态扶贫的约束机制而言，主要是指在各贫困地区的生态扶贫实践中，建立一套体系完善的生态扶贫约束制度，设立多样化、差异化的监管机构，贯彻落实责任问责制，约束的对象在以政府为核心的同时加强对所有参与生态扶贫实践的社会组织与个人进行同样的约束与问责，从而使得全社会生态扶贫实践的发展都向着一个既定目标推进，实现生态扶贫。

上述定义强调了生态扶贫约束机制的两个方面。首先，合理的生态扶贫绩效评估是约束机制能够顺利推行的基础。在生态扶贫约束机制上应设立生态扶贫差异化监管机构。生态扶贫的实践不同于其他精准扶贫实践的特殊性就在于它的扶贫方式是全新的，它的绩效是很难直观评判的。所以差异化监管机构设立的特殊目的就在于要对生态扶贫的实施结果进行专业的监管与问责。其次，任何绩效的评估之后，没有正向的激励和负向的问责，没有对生态扶贫权力边界的约束，都会导致生态扶贫实践中出现贪污腐败，权责不清，懒政惰政，社会组织名为参与实为发财等诸多问题。所以解决这些问题的关键就在于一套完整的约束机制。具体说来就是和监管机构遥相呼应的对于社会组织和政府的约束措施，监管和约束的互相配合才可以使得生态扶贫的既定轨道不会偏移。

案 例

基层政治约束不严，生态扶贫过程中腐败多发[①]

据安徽纪检监察网披露，2017 年 4 月以来通报的扶贫领域突出问题专

[①] 案例选自安徽纪检监察网（http://m.ahjjjc.gov.cn）。

项整治的 29 起典型案例中，有 28 起涉及村干部腐败问题。因此，可以说现阶段精准扶贫领域村干部腐败正处于一个易发多发期。不仅易发多发，而且腐败的形式也十分多样，其中以套取骗取扶贫资金、作风不严不实、收受群众财物、优亲厚友四种形式格外突出。套取骗取扶贫资金具体包括套取骗取扶贫项目资金，套取骗取低保补助资金，套取骗取危房改造资金，等等。如安徽省蚌埠市五河县某村委会主任代某在农户不知情的情况下，上报危房改造户名单并伪造农户签字，骗取危房改造金 336500 元，其中 125000 元被其侵占。作风不严不实主要表现在精准识别不力，将不符合标准的个人或家庭纳入扶贫资助对象；精准帮扶不力，没有落实好扶贫工作责任，致使困难群众无法按期脱贫；为应付上级部门检查和考核，弄虚作假；等等。如河南省洛阳市宜阳县某村支部书记冯某在精准扶贫中失察，违规将不符合贫困户标准的 2 名村干部录入建档立卡贫困户系统。收受群众财物主要是在为群众办理相关事项过程中违规收受礼品，索取好处费。如湖南省江永县某村支部书记杨某利用职务关系，在从事农村危房改造补助申请工作时，收受他人好处费 8000 元。优亲厚友是指在落实扶贫政策时，优先考虑自己的家人或亲属，违规使他们享受扶贫政策带来的益处。如湖北省黄冈市英山县某村支部书记郁某、妇女委员胡某，违反相关程序，利用职务之便，将不符合贫困户标准的家人及本人共 10 人纳入建档立卡的贫困户，违规使其享受资助和帮扶。

通过对案例的梳理发现，腐败多发的主要诱因就是基层政治生态不健康和基层官员缺乏相应约束，因此，我们亟须建立合适合理合规的约束机制，来为生态扶贫的进一步推进保驾护航。

二、建立生态扶贫差异化监管机构

（一）建立政府内部的生态扶贫监管机构

政府内部生态扶贫监管机构的建立，首先应该明确的原则就是争取在现有的行政组织机构基础之上，建立各地政府部门内部的联合监管小组。具体说来就是，不应该专门为了生态扶贫实践设立一个全新的政府部门，这会导致行政资源的浪费。所以在政府内部的监管机构设立上，建议对于贫困地区，仍然以扶贫办为主导，下设一个对于生态扶贫的联合监察组，主要由环境监察部门、纪委以及政府内部的独立审计机构等组成的联合监督小组，形成交叉性融合性的监督体制。这种设置的考虑就在于生态扶贫仍然属于扶贫的范畴，所以理应由扶贫办牵头对于生态扶贫的实效进行监督。但是扶贫办同样也是政策的具体执行者。因此，纪委作为独立的监管机构，就应该对于生态扶贫中的诸多问题，包括资金的使用、责任的明确以及违法违纪问题的审查与监督起到重要的作用。其次，生态扶贫的一个特殊性就在于它的减贫方式与生态环境密切相关。在这种情况下，环境监察部门加入监管小组就会对生态扶贫中的相关技术性问题，包括生态环境的维持与保护起到一个专业的监察，这是政府部门内部特殊的职能部门在对生态扶贫监察中应该起到的一个很重要的作用。最后，为了更好地对生态扶贫进行绩效评估与监管，建议建立环境的资产负债表，资产负债表的制定与审计就需要有环境监察部门与政府独立的审计部门共同操作完成，环境监察部门负责对价值进行评估，审计部门进行独立的审计，一个准确的资产负债表可以使得约束机制与成本收益透明化，实现一个政府内部的公平、透明的监督机制。

（二）建立对全社会参与生态扶贫组织的指导机构

在以多方面优惠政策和荣誉激励动员全社会参与生态扶贫的背景下，会有许多的社会组织积极投身于这项事业。那么地方政府就需要专门对社会组织设立一个独立的监管机构，约束社会组织的行为，使得给出的优惠政策可以真切地在贫困地区的生态扶贫实践中落地。

对于社会组织的监管机构，建议与政府内部的独立的联合监管机构相重合。其原因在于，首先，避免行政资源的浪费，对社会组织参与生态扶贫实践的监管主体应该仍然是政府部门，联合监察小组同样可以对生态扶贫的社会参与进行监督，从而使得运转效率较高、任务划分较为明确。其次，由于生态扶贫监督联合小组的专业性知识比较丰富，所以相对政府的其他监察机构，这个联合小组对于社会组织监督的专业性就很强，指向性也会更加明确。综上所述，政府内部的联合监察机构既可以实现对于政府内部的独立监督，也可以实现对社会组织与社会力量参与活动的监督。

三、建立政府内部的生态扶贫约束机制

（一）强化对生态扶贫成效的问责机制

政府主要领导者应该把生态扶贫当成一项重要的任务来抓，在前期的督查过程之中，要严格按照已经制定的考核办法进行考核，对于考核不达标的领导干部进行问责，并对失职、滥权者采取免职等惩罚性措施。这种负向约束在一定情形下能对生态扶贫起到巨大的促进作用。

就当下而言，所实施的"单位包村、干部包户"的运作模式因为缺少硬性约束，实践效果并不明显，可以采用岗位责任制，定期将帮扶机构扶贫工作的具体状况发布出去，并且把针对县乡干部所实施的考核机制运用到对帮扶机构工作人员的考核当中去。此外，"干部包户"应当把工作重心放在针对农户脱贫需求提供全面的信息帮助与政策引导，并为其提供所需的各种技术资料，进而使广大农户能够获得充分的信息支持与正确的方向指导。

> **案 例** ---

贵州省政府对扶贫工作强化多方位监督和检查[①]

一是强化财政监督。财政监督贯穿扶贫资金安排、分配、使用、绩效评价始终。按照《财政部关于进一步加强财政扶贫资金监管确保脱贫攻坚成效的意见》要求，贵州从狠抓政策落实、推动盘活资金、提升资金透明度、建立定期检查机制、健全问题线索排查机制、完善责任追究机制、推动问题整改完善制度、加强组织保障等11个方面入手，进一步加强财政扶贫资金的监管，并从2018年起至2021年，集中围绕贵州扶贫工作阶段性目标，按照突出重点、注重实效的原则，组织省、市、县财政部门有序开

---

① 案例内容来源于笔者调研并经整理而成。

展财政扶贫资金专项检查，切实发挥财政监督检查在惩戒治本中的重要作用，严肃查处财政扶贫资金使用管理中的违纪违法行为。二是加强审计监督，每年按照审计署和省审计厅的工作安排部署，配合做好对财政专项扶贫资金的审计工作，特别是对扶贫资金违规违纪问题及时做好整改。三是纪检监督。自 2011 年起，贵州明确每年由纪检监察部门牵头，从县级以上部门抽调人员组成工作组进驻各乡镇，对民生资金使用特别是扶贫资金使用情况进行常态化监督。

对生态扶贫成效的问责，应面对多个参与主体。目前，政府部门与政府委托的帮扶机构等多主体都参与到生态扶贫的实践中，对多主体合理的约束可以促成更好的实践效果。

（二）建立完善生态扶贫资金的管理、使用、分配、评估机制

在论述激励机制时已经提到，财政资金的拨付与使用是生态扶贫中一个重要的激励环节，财政资金的拨付往往代表了有助于实施生态扶贫的资源分布集中点。所以，生态扶贫专项资金的使用适当与否，在一定程度上也代表了生态扶贫资源的分配适当与否。所以，必须建立起对生态扶贫资金的管理机制。在生态扶贫资金的管理方面，应该坚持直接责任人的原则，即生态扶贫资金应该由各地的实际使用部门直接管理，这样任何资金的使用都具有直接的负责部门。在资金的使用方面，必须严格控制资金的使用方向，生态扶贫的资金不可用于其他地方或者别的项目。在使用的具体方向上，必须评估项目的投入产出比，但是这里的项目投入产出比不是简单的经济产出，必须同时核算各种生态产出，择优选择项目。在生态扶贫资金的分配方面，也必须进行约束，生态扶贫资金必须是向生态扶贫需要的项目进行分配，在分配方式上政府起主导作用的同时，也必须考虑贫困人口的实际情况。原则上在扶贫资金分配的时候贫困人口的被分配比率不得低于 50%。最后，必须对生态扶贫资金进行评估，对于资金的使用绩效以及资金投入最后导致的结果进行评估。这一系列措施最后都是为了确保扶贫资金可以真正落到实处，提高资金使用效率。

案 例 ---

资金约束应该宽严并济——以河南省 A 县为例①

由于受到严格的指标限制，A 县产业精准扶贫实践中十分重视把控资金和项目的扶贫用途，但对指标的追求却不切实际。为了兼顾产业发展和脱贫任务，除了发放牛羊等家畜等，A 县提出由公司和专业合作社带动贫困户，将分配给贫困户的产业发展资金入股企业和合作社，实现带动贫困户获利分红的目的。省里要求，使用扶贫资金收益分红的，收益率不能低于 6%。每年对扶贫资金进行检查验收时，都会对这项指标进行考核，目的在于避免基层政企合谋套取国家资金。但是，这种严苛的指标，却让基层政府忽视了扶贫中产业发展的内在逻辑。对于县级政府而言，扶贫收益越高，表明地方产业发展资金的使用越高效。实际上，A 县 6%~12% 的资金收益率作为贫困户回报分红显然偏高，甚至超出了同时期正常的银行贷款利率。而且，扶贫资金在本轮扶贫过程中发挥带动效应、实现部分贫困户脱贫之后，并不直接归属企业或者脱贫户，而是作为下一轮新进贫困户的脱贫扶助资金。贫困户扶贫发展资金数量少，扶贫资金分红收益率要求高，限制了产业扶贫政策对种养殖大户与专业合作社的扶持效果。在一些合作社或者企业看来，扶贫资金是进一步发展的负担，并不具有吸引力。

地方政府可以对扶贫资金进行监管，但是，如果监管过严，可能会缺乏对企业、社会机构等成员的吸引力，从而使得资金的利用率降低，不利于生态扶贫发展可持续。

（三）杜绝脱离实际的生态工程建设

生态扶贫的发展过程中，也势必会出现一些地方为了尽快得到生态扶贫的实效进行脱离实际的生态工程的建设的情况。这些工程都有一个共同的特点就是表面上看起来特别符合对于生态扶贫最终愿景的向往。最后的

---

① 案例内容来源于笔者调研并经整理而成。

结果就是这个地方的政绩提升了，但是减贫脱贫的目标并未真正实现。在这种情况下，政府应该对要落地的生态工程进行评估，评估这个即将要落地的生态工程，是否符合本地区经济社会发展的需要，是否符合生态扶贫的可持续发展要求，以及是否符合当地贫困地区的切身利益。一切工作都要求实事求是，尊重客观规律，合理评估，才能取得生态扶贫的持续性成果。

（四）完善对生态贫困地区的认定机制

对于贫困区县、贫困村、贫困户脱贫摘帽，需要完善生态贫困退出机制，严格考核评估的指标和程序，科学界定贫困区县、贫困村的退出标准，科学设置贫困户的评价指标，既要反映精准扶贫的成效，使得基层部门尽量减少漏评、错评、漏退、错退等情况的发生，也要谨防出现虚假脱贫、数字脱贫。因此，在机制设计上，需要从多角度来考察某一地区的实际脱贫情况。经济指标、群众满意度等可量化的考核方式是一个角度，对生态扶贫工程的建设进度、生态扶贫资金的分配状况等情况的调研宜作为另一个切入角度，不应只通过量化考核的方式，而是结合实际调研中深度访谈、实地走访等获得更加人性化的结果。在脱贫摘帽后，也应利用各种保险工具帮助贫困家庭和个体规避返贫风险，综合利用公共保障体系、社会互助、市场保险产品等工具，探索建立返贫的预防机制（雷明，2017）。

（五）严格控制特定土地的规模与用途

生态扶贫中的一个重要特征就是必须控制生态用地的规模。具体来说就是，所谓生态扶贫，是一种生态友好型的减贫方式，这种减贫是基于一定的生态用地的规模上，那么在这种情况下，对于生态用地规模的控制就保证了生态扶贫实践中具有足够的发挥空间，因为只有这样的生态扶贫才可以真正有空间去进行生态扶贫的实践。

草地和林地等一些兼具生态价值与经济价值的土地类型，需要得到保护性开发。既不能过度保护，也不宜过度开发。保护性开发是指在可持续的条件下，充分利用这些土地资源，使其创造出生态价值与经济价值。

四、约束个人或社会组织利用生态扶贫政策"搭便车"的行为

(一)严格约束社会组织在生态扶贫中的"搭便车"行为

由于对社会组织参与生态扶贫实践无法做到强制性要求，因而地方政府会给予相应的优惠政策。但是，这些优惠政策是否真正用到了生态扶贫实践中去，必须进行监管与问责。

所以，应该先对参与生态扶贫实践的社会组织进行行为上的约束。对于优惠政策与资金的提供必须在一个特定的期限内，参与生态扶贫的社会组织必须明确资金的使用用途或者优惠政策的利用方式，并提供相应的证明。此外，对于生态产业的发展，需要专门的独立的审计机构前往审计，监督企业中的扶贫资金用途。另外，生态扶贫的长效评估意义在于，由于生态扶贫的周期较长，短期的绩效评估显现的方式不是很明显，在这种情况下，对参与生态扶贫的组织的绩效评估不能完全依据投入与产出的简单二维的观点，应该根据社会组织的前期投入以及群众满意度等多个指标对社会组织进行严格且合理地评估。对于生态扶贫产业发展不达标，群众满意度差，拿着生态扶贫的专项优惠去发展其他产业的机构要给予惩罚性措施，包括但不限于收回优惠政策以及罚款等。在监督管理之下对于社会组织的生态扶贫行为进行约束，从而确保生态扶贫取得成效（蒋卓晔，2018）。

(二)对发放给贫困户的生态扶贫资金去处进行追溯

生态扶贫其实归根到底还是解决贫困人口的问题，而贫困人口就应该成为一系列措施的最终受益者。在生态扶贫的项目中，贫困人口自己的能动性成为生态扶贫能否最终获得成功的重要影响因素。对拨付给贫困户的资金与一些生态资源的利用必须进行严格追溯。因为，对生态扶贫的受益很难在短时间内看到，而根据经济学有限理性的假设，一些贫困群众对于短时间难以看到成效的生态扶贫资金发放，往往会选择将这笔资金运用到对眼前生活的改善上，从而导致生态扶贫的进展缓慢。因此，对于生态扶贫投入到贫困群众的资金必须严格追溯用途。对于没有恰当使用生态扶贫

资金的贫困群众，采取一定的惩罚性措施，包括但不限于收缴已经发放的生态扶贫资金、追缴罚款、不予发放后续的生态扶贫资金等。只有扶贫中的任何一个微观单元都能合理运用这笔资金，生态扶贫才真正可以落到实处。

（三）持久跟踪性地对生态产业的发展进行考核

生态扶贫产业的一个明显特点就是前期投入比较大，所以地方政府对生态扶贫的补贴主要集中在前期，前期投入虽大，但是生态扶贫是一件"功在当代，利在千秋"的扶贫方式。为了防止企业在前期拿到了巨额补助之后选择撤资或者对于生态产业发展缺乏后劲，对于生态产业的发展必须实行持久的动态考核。对于前期投入，应该严格评估项目的可行性与追溯所有资金的去向；在项目执行的过程之中，地方政府要评估这个生态扶贫项目是否按照既定的路线在进行；最后要对生态扶贫项目进行验收，看看生态产业所取得的成效与预估的既定成果是否相符。综上所述，对于生态扶贫的考核必须贯穿于生态产业发展的始终（雷明，2006）。

对于生态产业的发展，应该是动态的跟踪。首先，如果只是点对点的跟踪，无法对整个环节获得整体的印象。其次，点对点的跟踪，有些绿色经济产业组织有可能进行突击式的整改，那么实际上还是无法对生态产业组织起到一个约束作用。因此，应该结合现代的科学技术等对生态产业进行持久的动态跟踪，以保证可以获得生态产业发展的全过程信息，促使其取得持续性的发展。

第九章

生态减贫制度安排[*]

本章主要从中国减贫制度的实践探索、生态减贫制度的理论基础和实践、生态减贫制度和治理结构及创新三个层面的逻辑结构来论述中国减贫制度的发展道路、生态减贫理念提出的背景和必要性、生态减贫制度下的各类模式以及创新手段，并总结概括出对未来生态减贫制度安排的启示。

第一节
中国减贫制度实践探索

党的十九大对中国发展新的历史方位作出了重大科学判断，即中国特色社会主义进入新时代。面对经济社会新的发展趋势，中国越来越重视树立和践行"绿色发展"理念。党的十九大提出，建设生态文明是中华民族永续发展的千年大计，我们要树立和践行"绿水青山就是金山银山"的理念。当前，我国脱贫攻坚战已进入决胜时期，虽然取得显著成绩，但摆在面前的任务依然艰巨。必须指出，生态文明建设与脱贫攻坚之间存在很强的内在关联性，而生态减贫要能够长期推进下去，就必须建立一套完善的生态减贫制度体系，通过制度安排形成多方面的合力，建立把"绿水青山"转化为"金山银山"的长效转化机

* 张睿怡为本章做了大量工作，在此表示感谢。

制，从而助推扶贫攻坚战取得最终胜利。本节将首先对改革开放以来的减贫制度体系进行介绍与梳理，从中总结可对生态减贫制度体系设计起到启示作用的要素。

一、制度改革释放生产力阶段（1978～1985 年）

改革开放后，中国推行了大量解放生产力的制度改革。尽管这些制度改革并非专门指向减贫，但是通过这些制度改革，客观上使得农民的生产力得到了集中释放和提高，因而在客观上推动了大量贫困人口实现脱贫，这些制度变革的具体安排可以总结如下。

一是普遍推行农村家庭联产承包责任制试点。在这个阶段经历了放开包产到组、包产到户到确立包干到户、家庭联产承包为主的责任制，再到全面实施农村家庭联产承包责任制并逐渐完善制度体系这几个过程。通过由小到大逐步推进的方法，突破了原先的阻碍，使大规模生产队劳动逐渐演变成了以家户为单位的承包劳动方式。可以说，家庭联产承包责任制的推行在国家减贫的历史当中扮演着非常重要的角色，张琦与冯丹萌（2016）就指出，家庭联产承包责任制在不改变原有土地所有性质的情况之下，摒弃了原先约束农民生产积极性的过于集中的公社劳作方式与平均主义的分配方式，使得农民手中掌握了使用与管理土地的权力，极大地提高了农民的生产积极性与生产效率，提升了农民的收入水平，对农村脱贫致富起到了很大的推动作用。

二是改革农产品价格制度。在农产品价格制度进行改革前，农民生产的农产品往往会以极低的价格被商家收购，再以几倍或是十几倍的价格销售，长期以来，形成了工农业产品价格的"剪刀差"；同时，由于农民到消费者之间的转售程序过多，层层分利，最后使农民的收益与最终市场销售的价格相差巨大，造成农民收入过少，积极性不高的恶性循环。通过改革农产品价格制度，国家将农产品收购价格提高，并且给予农民较多的农业补贴，从而增加了农民的收入，推动了基础减贫工作。

三是推进农村市场化制度改革。在农产品的交易方面逐渐建立起以市场化为导向的资源调配系统，从严格限制到逐渐松动再到鼓励农村劳动力进城务工经商，"先富带动后富"，以期提高农村整体收入，最终实现减贫目的。

四是出台《中共中央 国务院关于帮助贫困地区尽快改变面貌的通知》，将扶贫工作作为国家重点任务执行。该通知首先明确了国家的扶贫思想理念和指导方针政策，由原先的中央直接拨款助贫的救济式扶贫转变为依靠因地制宜的理念来帮助地区脱贫。其次，政策进一步放宽，实行比一般地区更加灵活、开放、可调节的国家政策，从根本上纠正过度集中、统筹过死的弊端，使贫困地区的农牧民有更大的经营主动权。同时，还配套颁布了相关政策来推动发展。如"给农牧民减轻负担，给予优惠，实行减免农业税、鼓励开发型企业等一系列优惠措施；还颁布了'以工代赈'和'三西'农业建设等一系列相关的扶贫政策"①。

政策的颁布对地区发展有着极大的作用。据统计，截至1984年底，中国农业的生产总值达到3214亿元。同1978年相比提高了1.3倍，此外，人均粮食、棉花、油料、肉类等产量都增长显著，农民人均纯收入增长了2.97倍，②贫困人口大幅度减少。这一阶段为未来国家扶贫开发打下了良好的基础，也为转型国家进行扶贫开发、发展与变革提供了十分有价值的参考范例。

二、全面改革下新的贫困县减贫制度（1986～1994年）

虽然在前一阶段各类革新制度的实施使农村减贫取得了显著的效果，但前期的市场调节也为减贫带来了一定的问题。"在此前的大丰收后，1986年农业开始出现了减产，要求必须要在农产品贩售体制上进行新的一系列变革。另一方面，城市的改革道路也开始了新的推进，城市的工业企业承包制的序幕拉开，农民的收入增长速度也开始走下坡路，受到城市经济和企业快速增长的冲击，失去了原先的较大优势，农民的积极性相对减

---

① 张琦，冯丹萌. 我国减贫实践探索及其理论创新：1978～2016年［J］. 改革，2016（4）：27－42.

② 中共江苏省委党史工作办公室，江苏省中共党史学会. 总结经验 继往开来——纪念中国共产党成立90周年理论研讨会论文集［M］. 北京：中共党史出版社，2011：367.

弱，农村经济发展之于减贫的作用开始减弱。再加上物价上涨，这些的一切都对农村经济、农业发展与农民收入都形成了一定的冲击"[1]，"剪刀差"仍然存在，导致城乡差距拉大，此外，在乡村内部也出现了发展不平衡的问题。在这样的情况之下，依靠此前的制度变革和经济增长推动减贫的制度影响下降。

针对新的问题与挑战，国家开始调整减贫制度的设计，在思路和理念方面进行变革与创新。

首先，成立了国务院贫困地区经济开发领导小组。该小组是中国扶贫制度的实践中首次出现的国家级专门扶贫机构，通过设置领导小组和专门的扶贫机构，有助于推动扶贫进程更加有序化和组织化。

其次，明确扶贫对象，不再统一将扶贫对象定为农村，而是针对乡村之间发展不平衡的状况，将扶贫对象的重点设为贫困县。国家按照乡村之间发展程度的不同确定贫困县，对贫困县出台了一系列的优惠政策，通过国家基础设施的建设和因地制宜的产业培育活动，增强贫困地区和贫困人口的自身发展能力，使其通过与地区相适应的生产劳动提高经济收入。可见，在当时因地制宜的发展理念便已经初步成型，政府不再盲目的"一刀切"发展经济，而是针对一些重点贫困县开发特色的减贫方式，这对于后来进一步提出的生态减贫的思想有一定的推动作用。

这一阶段，减贫的速度有所减慢。但并非是减贫成效不显著，而是因为农村减贫的绝对优势渐渐丧失，且这一阶段的扶贫对象主要针对尚未解决温饱问题的极度贫困人口，并不能一次性使全部的贫困区域和贫困户显著收益，难度的增大和基数范围的减小使贫困户数量减少较为缓慢。

三、区域贫困差距较大格局下的专项扶贫创新制度(1995~2000年)

国家在上一阶段所采取的一系列刺激和拉动社会投资政策使减贫效果

---

① 张琦，冯丹萌. 我国减贫实践探索及其理论创新：1978~2016年 [J]. 改革，2016 (4)：27-42.

发生了新变化，即大规模的区域贫困现象很大程度上得到了缓解。但是仍然有地方存在区域贫富差距不断扩大的趋势，使得两极分化日趋严重，这样一来，地区贫困的类型就不再是原先由于成片区域整体落后而导致的贫困类型，而是由先天自然条件落后导致的贫困，这样的贫困地区人口占全国贫困总人口的相当一部分比例，贫困状况开始由区域连片式分布向散点式分布转变。

而在此次阶段，国家主要是针对贫困地区的专项扶贫。1994 年 3 月，国家制定了《国家八七扶贫攻坚计划（1994—2000 年）》，计划中阐述了用 7 年时间基本解决 8000 万贫困人口的温饱问题的目标。该计划标志着中国的贫困方针开始走向计划性、组织性、目标性的道路。

从具体措施看，主要有扶贫监测系统的构建和实施、建立东部地区与西部地区贫困省份的东西协作帮扶制度、将特殊困难群体贫困人口纳入扶贫攻坚的重点等一系列专项扶贫开发重大政策措施（张琦和冯丹萌，2016）。

到 2000 年，中国的国家扶贫和地区开发的体系已经基本成型。至此，中国基本实现"八七扶贫攻坚计划"的战略目标。

四、从区域轮动到联动推进下的整村推进扶贫开发新制度（2001 ～ 2010 年）

进入 21 世纪，中国经济也进入了新一轮的增长周期，受到的资源束缚日益严重。中国经济发展也从非均衡发展战略走到了均衡发展战略的新阶段，从区域轮动进入到西部大开发、振兴东北老工业基地和中部崛起的新阶段（范和生和唐惠敏，2017）。此时贫困特征也发生了改变，由于此前阶段随着贫富差距的拉大，取代而之的是部分地区贫困程度的逐渐加剧。与此同时，贫困也逐渐从单方面的经济收入贫困转向有关贫困人口的身体健康、公民教育和社会福利等方面需求而演变出的多元贫困新形态，这给国家的扶贫工作带来更高的要求和挑战。

国家针对这些问题对相关政策作出了新的调整，如将取消的国家级贫困县调整到中西部地区，扶贫重点县放在西部地区，以村为单位进行综合开发，注重科技、教育、医疗卫生等在扶贫开发中的作用。

汪三贵等（2017）总结出这一阶段的一项创新标志便是将鼓励贫困户积极参与贫困项目的扶贫工作不断推进，从而提高扶贫项目的针对性、可行性与工作效率。

五、连片开发新措施与精准扶贫方略的共同推进（2011年至今）

随着改革开放进入全面深化改革的阶段，中国经济从2013年以来转入中高速增长，预示国家经济进入新常态。而经济增长的动力也从根本上发生了转变，从要素投资增长转至以创新和消费为推动力的新阶段。

这一阶段要求经济发展转型，转向由创新消费带动经济增长。国家针对扶贫状况也采取了一些措施，如提高贫困的总体标准，制定并颁布了具有指引性的《中国农村扶贫开发纲要（2011—2020年）》，变更了扶贫的推动方式，实施了《关于创新机制扎实推进农村扶贫开发工作的意见》等（张琦和冯丹萌，2016）。

尤其在党的十八大和党的十九大后，各项措施取得了相当明显的扶贫效果。贫困人口大幅度降低，贫困人口的生活条件也得到了明显的改善，按照全国各地制定的脱贫目标计划，已经有大部分地区提前或者超额完成脱贫任务，助力全面建成小康社会。

第二节
生态减贫制度的理论基础与实践问题

一、生态减贫的内涵要求

生态减贫，即通过产业生态化和生态产业化，遵循各类生态发展模式，将生态保护与促进贫困地区发展、实现贫困人口脱贫有机结合起来的减贫手段。它是基于当今社会资源紧缺、环境污染严重等一系列问题产生的一种理性选择，它主张将生态资源开发和利用与环境保护相结合，其目标与精准扶贫的目标基本契合。生态减贫的制度安排必须与生态减贫的内涵要求相契合，因此在对生态减贫制度进行论述前，有必要对生态减贫的内涵要求进行梳理。

2013 年，习近平总书记在哈萨克斯坦扎尔巴耶夫大学发表演讲时指出：我们既要绿水青山，也要金山银山。宁要绿水青山，也不要金山银山，而且绿水青山就是金山银山。[①] 此次讲话标志着"两山"理论成为当前中国经济发展的纲领性思想，同时也为生态减贫拟定了基本的理论基础。

随后，党的十八届五中全会也提出了绿色发展理念，这与"两山"理论的思想基础相一致。生态减贫秉承了绿色化发展的理念，注重经济与生态发展之间的平衡，为以往的扶贫制度提供一种人与自然和谐发展的可持续的预见性（雷明，2015）。

从目前中国扶贫的进程和社会背景的宏观角度来看，有学者已经意识到"生态减贫至少是未来很长一段时间内贫困治理可行的路径之一"，因其"不仅解决了收入、生计等传统的经济发展问题，更重要的是将其转变为了综合解决贫困地区的贫困问题，并且注重贫困人口自身能力的培育和贫困地区农业产业治理水平的提升"[②]。

（一）实现绿色发展

莫光辉与张菁（2017）指出，绿色发展较原先单纯追求经济发展的发展制度相比是一大进步，开始具有了先进性和长远性的特点，在各个方面上都有着举足轻重的重大意义。同样，在面对当今社会一些贫困地区的现状和贫困人口对于发展的急切需求同自然环境的矛盾关系之中，追求单方面的经济发展来达到脱贫目的已经不再是当下人们的需求，而是应当追求区域环境与经济发展之间的和谐关系，这样的发展才是实现综合发展的终极目标。所以大力推进绿色脱贫的进程，实行生态和谐的生态减贫制度是非常有必要的。

---

① 弘扬人民友谊 共同建设"丝绸之路经济带"——习近平在哈萨克斯坦纳扎尔巴耶夫大学发表重要演讲 [EB/OL]. (2013 - 09 - 08). http://cpc.people.com.cn/n/2013/0908/c64094 - 22843681.html.

② 万君，张琦. 绿色减贫：贫困治理的路径与模式 [J]. 中国农业大学学报（社会科学版），2017，34 (5)：79 - 86.

（二）适应生态发展需求

同样，在当今环境污染约束经济发展甚至威胁经济发展的大背景之下，我国需要将生态保护同产业建构相结合，打造出可循环的绿色生态产业。即以贫困地区的现有资源为基础，通过转变制度积极发展绿色经济，培育新的生态链增长点，将"输血式"扶贫转化为"造血式"扶贫，使经济发展向"资源节约型"和"环境友好型"靠拢。

（三）促进人与自然的和谐发展

生态扶贫理念要求增强贫困地区的可持续发展能力，避免出现因资源过度开发造成的二度贫困。所以根据国家资源的分布状况和贫困地区的复杂情况，提出在生态可持续发展理念下走循环经济的发展道路，最终实现人与自然和谐发展的目标。这既与我国传统的思想相符，又体现出以人为本的科学发展观，二者之间相辅相成，共同发展。

二、生态减贫制度安排中出现的问题

虽然在传统的扶贫制度安排下，扶贫工作卓有成效，高效率地带动了贫困地区经济的发展，但其中还有很多需要改善的地方。

（一）贫困与生态恶化具有较强区域耦合性，生态扶贫的整体运行机制亟待完善

我国地形地貌复杂多样的特征决定了生态环境的优劣与经济发展有很强的相关性，一些贫困地区往往是由于自身环境十分恶劣，才导致地区无法利用当地的资源来调动自身发展，导致经济发展落后。在我国生态环境较为脆弱的地区，其中有 76% 为国家扶贫开发重点工作对象[①]，说明了贫困地区确实与生态环境脆弱地区有较高重合率。但其实并非生态脆弱就完

---

① 李周，孙若梅，高岭，张玉环. 中国贫困山区开发方式和生态变化关系的研究 ［M］. 太原：山西经济出版社，1997：68.

全没有发展的方法，由于环境脆弱的地区受国家保护的程度较高，所以开发的程度也较低，内部有较为丰富的资源，是名副其实的资源富集区。因此，要想扶持贫困地区的经济发展，帮助贫困地区走出贫困现状，必须要着手解决生态环境恶化问题，利用当地的资源进行经济发展。

（二）经济发展的"非绿色化"明显，经济发展与生态环境保护的矛盾愈演愈烈

对于生态扶贫工作来说，一项长期的问题便是如何在社会经济发展和生态环境保护之间取得平衡。这样一个问题的抉择是十分具有广泛性的，它可能存在于任何一个地域环境，权衡失当便会成为扶贫攻坚工作的一大绊脚石，因而需要加强各部门之间的相互协调与工作方法的创新。一方面，贫困地区需要外部资源的注入从而带动当地的地区经济发展，打破原有的旧格局是迫在眉睫的；另一个方面，这些地区由于自身的生态环境十分脆弱，不合理的经济发展运营制度也会使它变得更加惨不忍睹，这样就增大了扶贫开发工作的难度。

自 1978 年以来，中国经济在短短 30 年跃居世界第二，但是也付出了高昂的生态环境代价。

（三）扶贫减贫的短期攻坚战略与生态扶贫长期发展的矛盾

生态扶贫作为一项长期的扶贫攻坚工作，是要花费一定时间的，我们应该从长远的角度去看待这个问题。但是由于贫困地区的贫困群众生活水平较为低下，人们急于摆脱当前所处的环境，这就使扶贫对象与扶贫工作者之间产生了不可避免的冲突，对于实施生态扶贫的效果产生了阻碍作用。因此，改革扶贫的方式是精准扶贫的重要举措之一，创新生态扶贫的工作制度，解决扶贫原有的高成本、高投入问题，对于减小生态扶贫工作的阻力有十分重要的作用。

（四）扶贫开发工作者自身的绿色理念素养不足

对于可持续发展和循环发展的方式来说，在扶贫工作中注入绿色可持续的发展理念有着其特殊的必要性与重要性，党的十八届五中全会明

确提出："坚持绿色发展，必须坚持节约资源和保护环境的基本国策，坚持可持续发展，坚持走生产发展、生活富裕、生态良好的文明发展道路"①。根据莫光辉和张菁（2017）的叙述，现有的基层扶贫工作机制没有办法满足高效发展的需求。首先，被派驻基层的扶贫工作者缺乏有关扶贫工作相关的实践专业技能与理论知识，难以理解与掌握扶贫对象的真正需求，从而严重束缚了生态扶贫工作的高效开展；其次，由于扶贫工作无法有效进行，所以使贫困群众无法直接快速地感受到扶贫工作的收益，难以产生对于生态扶贫工作的认同感来支持扶贫工作者的工作，这就造成了扶贫工作者与扶贫对象不能相互理解的局面，使扶贫工作陷入了恶性循环的泥淖。

（五）建构生态扶贫体系面临的社会阻力

由于生态环境治理与环境保护是一个长期性的过程，这与贫困地区急于脱贫心态压力下形成的利用"粗放式"消耗资源、破坏环境的方式来发展经济，二者之间是矛盾的，所以贫困群众就容易产生"保护生态环境为基础的生态发展会影响经济发展速度"的片面认识，因而贫困群众对实施生态扶贫具有消极畏难的情绪，这使得生态扶贫遇到一定阻力，不利于环境保护工作在贫困地区的展开。

（六）加快贫困地区生态扶贫政策上层设计的要求

由于生态扶贫的整体运行机制不够完善，基层扶贫工作机制没有办法满足高效发展的要求。虽然在当今社会，国家对于绿色发展理念与生态扶贫措施的推广有一定的支持，但是真正推行到地方时却并不是很乐观，一些扶贫工作者和贫困群众由于互相没有全面的理解，不能在理念上达成一致，使得生态扶贫不能在基层全面展开，生态扶贫工作的创新推进有所滞缓。加强生态扶贫政策的上层设计成为生态减贫过程之中一项亟待解决的任务（莫光辉，2016）。

---

① 十八届五中全会于 10 月 26 日至 29 日在北京举行 [EB/OL]. (2015 – 10 – 29). https：//news. 12371. cn/2015/10/29/ARTI1446114077950860. shtml.

（七）生态精准扶贫的良性运行机制亟待完善

生态扶贫作为一种较为优越的扶贫手段在我国多个地区进行了较为充分的试点推广与大范围的工作实行。例如，陕西省吴起县的"家庭林场"试点，利用"家庭林场"建设，带动全县的贫困群众完成大规模的林业建设；四川省阿坝州林业局与若尔盖县人民政府商定共同筹资聘请当地贫困农牧民和僧人参与湿地保护、野生动物保护工作。这些对于经济的绿色发展具有很大的促进作用，但是也有其本身所存在的问题，莫光辉（2016）指出了在生态扶贫的机制探索中农民与有关部门工作中心的对应点存在偏差——部门仍然将单一的保护环境的基本理念看作发展的主要方式的问题。如何真正地将部门的工作理念由单一的保护环境转变为全面贯彻绿色发展理念实现生态精准扶贫的目标，成为当下判定生态扶贫发挥作用大小的主要标准。

但由于国家关于生态减贫理念的提出时间尚短，尚不完善，造成当前绿色减贫工作中缺乏一个相当完善的制度体系，使得生态减贫治理结构还需要一定的变革与创新，进而使得生态减贫的制度构建将制度和治理结构变得更加完善。

第三节　生态减贫制度和治理结构及其创新

自生态减贫理念提出以来，中央和地方一直致力于生态减贫工作的制度探索，通过各种不同的生态减贫方法来达到最终人与自然和谐相处的可持续发展目标。

一、生态减贫制度模式

生态减贫作为贫困治理的重要途径之一，主要通过产业生态化和生态产业化两个方面着手完成贫困地区产业脱贫的目标。从整体来看，可从经济业态与利益联结机制两个视角来说明生态减贫治理的制度结构（万君和张琦，2017）。

（一）经济业态视角的生态减贫治理结构：农业内部产业融合

这一类的生态减贫产业主要是在农业产业内部融合的基础之上，通过整合农业产业内部之间的总体资源，使农业产业内部的各项资源之间建立起紧密关系，并且互相融合，最终形成一种新型的种养殖业，以此绿色化地实现增加贫困人口经济收益的目的，这一类模式的优势主要是受众广泛、门槛低、效率高。

1. 循环农业模式

此项模式通过将农业产品中残留的废弃资源再利用的方式，减少能源消耗，提高资源的产出率，实现生态减贫下的绿色产业生产方式。

2. 林下产业模式

此项模式是在林地使用权确权之后，贫困农民将当地林地资源和森林生态环境作为基础，发展林下种植业、养殖业、采集业和森林旅游业等产业。因为这些产业是贫困群众熟悉的，上手快，操作容易，有着门槛低、投入少、见效快的共性优势。国家林业和草原局对于此项扶贫工作的支持力度也非常大。图9-1描述了林业部门如何通过发挥自身产业禀赋进行绿色生产并助力减贫的过程。

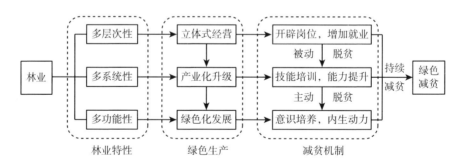

图9-1 林业绿色减贫的动力机制

3. 庭院经济模式

庭院经济就是在贫困地区农户自家的庭院当中进行的各项农业生产活动，活动内容丰富多样、门槛要求低、周期性要求较短，能够在短时间内较大限度提高贫困人口的生活条件并保护和优化环境。各地政府对于此模式的支持力度也比较大，催生出了各式各样的产业形态，例如庭院生态循环、庭院牲畜养殖、庭院手工加工业、庭院园艺等。它们都通过各自的产业特点，最终提高了贫困人口的收入，带动了贫困地区的经济发展（万君和张琦，2017）。

案 例 --

刘寨村循环农业模式扶贫①

地处安徽省界首市东南部的刘寨村成功从一个重点扶贫村转变成为高效脱贫村，并且探索出了一条发挥林业优势，带动生态减贫的新道路。

首先，作为一个以林业发展为主的地区，面对林业资源相对不足的缺点，刘寨村根据当地靠近泉河，水资源相对丰富的情况，形成了创建湿地公园的创新思路，将地区林业种植转换为旅游方式发展，成功地建立了省级湿地公园。湿地公园为刘寨村扶贫攻坚中的生态减贫工作建立了特色的林业品牌，树立了可持续、绿色化、信息化的可靠形象，获得了较高收益。

其次，村庄以现代林业、林下经济为主导，初步形成了以经营特色果业为支撑的"一村一品"的产业格局。并且还构建了基地与贫困户的联系机制，安排其就业，使他们通过自身的劳动，有尊严地进行劳动与生活。村庄还与其他村社建立了合作关系，通过金融投资建设自身特色经济林基地，对林业产品进行加工销售。

刘寨村还根据自身发展道路的实际情况，将简单的扶贫理念转化为精细的扶贫措施，将扶贫范围缩小至个人，准确提高就业，在保护与改善当地生态环境和林业资源的前提下，带动了贫困农民减贫脱贫，发家致富，实现"两山"理念的最终目标。2015 年刘寨村实现精准脱贫 84 人，2016 年成功完成了脱贫年度任务，成为了中国创新生态减贫的经典案例。

虽然这是一个小村庄的改革实践，但是对于生态减贫也有着巨大的启示作用。刘寨村通过对自身环境与条件的充分剖析，一步步找寻到了自身

---

① 董玮，秦国伟. 新时期实施林业绿色减贫的理论和实践研究——以安徽省界首市刘寨村为例［J］. 林业经济，2017，39（10）：3-7.

优势。由于林业包括森林系统中的各类生物及复杂结构，有机物产量十分庞杂，具有多层次的结构特点。如果充分利用其丰富的资源和各类要素，延伸产业链，就能够产生多重效益。森林的多层次也说明了生物的生长周期各不相同，使其一年四季都可以被可持续利用，克服了生产周期较长、资本回收较慢的不足，为贫困地区的贫困人口带来了更好的发展机遇与更多的就业机会。基于一系列的分析，刘寨村找到了适合自己、因地制宜的发展方法。

生态减贫制度设计建构中最重要的一点是因地制宜和改革创新，构建利益共同体，吸引贫困人口参与到经济建设的过程中。我们要坚信，资源相对匮乏的地区仍然可以通过自身创新的方式走生态减贫的道路，完成精准扶贫、全面脱贫的目标。例如，福建省长汀县就通过林下经济的创新取得了脱贫成果，2018 年，河田、策武、濯田、涂坊、南山、新桥、三洲 7 个水土流失重点乡（镇）农民人均可支配收入与 2011 年相比年均提高了 12%~13%，基本达到或超过全县 15348 元的平均水平，"山青、水绿、田肥、人富"终于成为现实。[①]

"在推进精准扶贫的道路中，生态减贫是贯彻绿色发展理念的主要表现方式，是可持续发展必行的过程之一"[②]。将地方资源有效利用便可在实现保护环境的同时实现脱贫增收的目标。生态减贫也应当增强其实操性，并且要注重发展道路的创新。创新与扶贫从来也不是相互独立的，二者之间具有紧密的联系。国家的创新发展战略对于生态减贫的发展起着非常关键的作用，我们要坚持创新性的发展道路，才能更好地实现生态减贫的发展目标。

（二）农业产业链延伸形成的生态减贫制度

此类生态产业减贫制度是在农业产业链延伸的产业融合方式基础之上形成的，主要是通过农业由生产环节向产前、产后延伸的产销"一条龙"

---

① "绿色银行"助福建长汀摘掉"贫困县"帽子 [EB/OL]. （2019 – 10 – 28）. http://www. mee. gov. cn/xxgk2018/xxgk/xxgk15/201910/t20191028_739387. html.

② 董玮，秦国伟. 新时期实施林业绿色减贫的理论和实践研究——以安徽省界首市刘寨村为例 [J]. 林业经济，2017，39（10）：3–7.

而实现效益的最大化，争取在最大程度上让贫困地区的贫困人口在产业链延伸的各个领域中发挥自身的价值。

在这一制度当中，较为典型的是电商扶贫的治理结构，这是我国脱贫攻坚的一项重要的创新举动，它是在当今"互联网＋"盛行的大背景之下，通过电子商务平台去拉动贫困人口网络创业和消费者网络消费，并促进贫困地区特色产品销售的一种信息化的精准扶贫方式，在推动经济发展方面起到了极大的作用。电商扶贫教会贫困人口学会网络技术与网络售卖，将农产品的生产与销售一体化，通过"互联网＋"的技术连接从而提高自身竞争力，积极参与竞争，使生产者能最大化地获取利润。这样一个新型领域形成的互联网平台，改变了贫困人口的生产生活方式，是生态减贫实践中成效较高的一种治理结构（万君和张琦，2017）。

案 例 --

湖北十堰电商扶贫①

十堰 2014 年建档立卡的贫困村有 456 个 26 万户，致贫的主要原因是地理位置偏僻，交通、教育十分落后，导致当地人的文化水平相对较低，无法从事与高新技术有关的工作，并且产品也由于交通原因无法及时销售，导致收入水平常期偏低，再加上当地时常发生自然灾害，经济落后，人们生活十分艰苦。

政府为解决上述问题，采取电商扶贫的措施，通过电商来帮助农民销售农产品，电子商务作为先进的交易方式之一，对于农村脱贫有十分重要的推动作用。截至 2017 年底，十堰农村电商企业及商户达到了 3000 家，带动农民脱贫数量超过 10 万人，全年电商交易额达到 25 亿元，其中当地特色的绿松石交易额达 3 亿元。由政府带头，十堰调整自身的产业结构，发展有利于当地可持续发展的特色产业，最终借助互联网电商平台的方式进行销售，成为电商扶贫的成功典范，为其他地区提供了借鉴，极具参考价值。

---

① 高妍，贺航，李于辉. 浅析农村电子商务对可持续性精准扶贫的影响——以湖北十堰为例 [J]. 中国集体经济，2019（6）：109，155.

从十堰地区的案例我们可以知道，在大数据时代我们应当充分利用新型平台来带动自身的发展，将可持续精准扶贫的战略与电子商务平台相结合，实现经济发展的目标。虽然十堰地区面临交通不便的问题，但是通过电商平台的帮助，能够直接利用互联网联系买家进行交易，再批量地将产品运出，最终实现脱贫致富的目标，带领人们走出贫困。但同时我们也要努力解决在电商发展过程中面临的问题，例如物流效率低、产品质量难以保证的问题，建立快速高效的物流体系，树立良好的产业品牌，克服劣势，最大限度地将电商平台的优势发挥出来，实现高科技的生态减贫发展。

（三）农业与第二、第三产业相互合作形成的生态减贫制度

这一类的生态减贫产业主要是在贫困地区具有优质资源的基础上形成的，实现农业与第二、第三产业的融合，打破了以往农业与其他产业之间的界限，实现了由原先的互相独立、互不干涉到各产业之间进行交叉渗透的转型，利用贫困地区现有的绿色资源实现产业之间各个要素相互融合的一种结构模式。

1. 旅游扶贫模式

旅游扶贫是指各个贫困地区基于自身的地理条件与资源环境条件，通过发展地区特色旅游业来吸引游客参观游玩，在当地进行消费，带动相关餐饮产业、酒店行业等相关产业的发展，达到贫困人口收入增加与地区经济发展的目的。

2. 观光农业模式

此项模式以农业城市或城市近郊为依托，将旅游业和农业融合的生态减贫新途径。农村地区通过自身的特色资源吸引城市人口体验农业生产，进行农业活动或农产品消费，以此来增加贫困人口的经济收入。

案 例 --

张家界乡村旅游扶贫[①]

张家界是中外知名的旅游胜地，但同时也是传统的贫困地区，特别是

---

① 李宗利.湖南张家界探索乡村旅游扶贫［J］.中国国情国力，2019（2）：56－59.

桑植与慈利两个国家扶贫工作重点县，2014 年建档立卡贫困村 416 个，贫困人口超过 28 万人。

张家界为改变贫困局面，提出"旅游带动战略"与"旅游反哺农业、景区带动农村"的策略，利用当地的历史与环境优势来发展旅游产业，让旅游来带动经济发展，成为全面脱贫的动力；除了确立旅游产业为当地特色发展的产业外，张家界还抓住主要矛盾，精准扶贫，设立了乡村旅游重点扶贫名单，带动 1/3 的贫困村、40% 的贫困村民参与乡村旅游扶贫项目的建设；将旅游业与农业融合，使得农村变成了"景区"，吸引了大批的游客，不仅带动了经济发展，创建了特色的旅游品牌，还传承和发扬了农耕文化。2017 年，张家界实现旅游收入 624 亿元，帮扶脱贫近 5 万人，建档立卡的贫困村减至 218 个，贫困人口不到 10 万人，成为旅游扶贫模式的成功案例。

张家界的案例不仅说明了旅游扶贫作为一种创新模式的成功性，政府的持续重视与民众的积极参与也说明了在扶贫攻坚过程当中顶层设计与人民参与的重要性。在扶贫过程当中，我们不仅需要模式本身的因地制宜与创新性，还应当发挥工作本身的"凝聚力"，将工作者与工作对象紧密联系起来，相互了解。只有将地方特色与创新模式结合，使扶贫工作者与扶贫对象相互支持，才能最终促进目标的达成与经济的发展。

案 例 --

随州市观光旅游扶贫①

随州市地处长江流域与淮河流域的交界处，是国家东西地区的重要连接点。国家虽实行了《大别山革命老区振兴发展规划》，使得当地经济取得了较大的发展，但随州市仍然面临着环境污染，产品价值低下、利润低等问题。所以当地走生态减贫道路主要应该从两方面开展：一是产业结构的绿色化，将那些重工业或者对生态环境具有有害影响的产业进行压缩与整合，进行可持续发展的绿色化调整；二是对产业本身进行绿色化改造，

---

① 杜莹莹，陈起风. 生态扶贫的实践困境与路径优化——以安徽大别山区为例［J］. 内蒙古财经大学学报，2019（1）：91-94.

推动现有产业的转型与升级。随州市以生态减贫的理念为指导中心，发展自身的特色产业。

首先，缩减冶金产业的发展规模，不仅整顿关闭污染大、技术落后的旧冶金企业，还与实验研究中心合作，提高冶金与废料排放的技术，实现冶金产业的优化与升级；其次，寻找绿色原料来替代在汽车机械与纺织服装上的原料与废料的使用及排放；对于食品加工产业，由于当地拥有大量品质优良的农畜产品，随州市加大了其所占比重，通过延长产业链来提高产品附加值，利用其自身优势发展经济；最后，对于生物医药、建材、旅游、新能源（光能、太阳能）、化工工业这一系列的产业，随州市政府采取了扩大产业规模的方式来带动发展，利用不同地区的不同优势，带动各个产业的运行。

总结分析随州市的生态减贫制度，首先，从环境保护来看，面对生态减贫的理念，我们不能仅仅通过缩减污染产业的方式来实现，同时还可以通过提升技术、探索科学的绿色道路来代替原先的产业；其次，从个体产业来看，应当构建完整的产业链，提高产业的附加值，从而使产业的整体利润得到提升，促进经济的全面发展；最后，从产业结构来看，在地方单一地发展一个产业是没有远见的，我们只有充分利用当地资源，各个产业相互结合发展，由农业工业等主要产业牵头，不断扩大其他第二、第三产业的发展，这样才能健康地向绿色发展的道路过渡，最终实现产业间相互带动、共同发展的目标。

（四）利用新型技术作为动力形成的生态减贫制度

顾名思义，这一项减贫制度的概念是利用新技术来发现并且推动贫困地区的绿色资源价值，使贫困地区原先有萌芽但是并未形成真正的生产要素的资源被发现并使用，由此形成贫困地区特有的资源。此项生态扶贫制度主要是通过新技术在农村中的体现来得到的，目前来看，取得明显成效的典型扶贫途径是光伏扶贫和大数据产业扶贫模式（徐晨曦，2016）。

1. 光伏扶贫

此项扶贫的主要内容是利用光伏发电技术来开展各类扶贫工作。太阳能光伏产业是一种新兴的生态产业，它通过利用太阳能转化为电能、光能等资源获得利益。贫困地区光照丰富，十分适合开展光伏扶贫的措施，我国也大面积地在贫困地区实施光伏扶贫的活动。"国家发展和改革委员会、国家能源局等五个部门联合明确表示在 2020 年前，要以整村推进的方式，保障其中的 16 个省 471 个县约 3.5 万个建档立卡贫困村中的 200 万建档立卡无劳动能力贫困户（包括残疾人），每年每户增收 3000 元以上"[①]。目前的光伏扶贫主要有四种类型，分别是户用光伏发电扶贫、村级光伏电站扶贫、光伏大棚扶贫和光伏地面站扶贫。

2. 大数据产业扶贫

大数据产业扶贫是在网络大数据时代的背景之下，围绕其中的大数据资料库收集、整合、存储、分析的产业集群，但此项产业扶贫的类型对于自然环境的要求较为苛刻。其中较为典型的案例就是贵州，贵州气候宜人，地质条件相对较为稳定，空气清新、电量充足，因此十分适合大数据产业扶贫工作的开展，大数据产业也极大地增加了当地贫困人口的工作机会和生产创业机会，提高了当地贫困人口的收入，推进了贵州的经济发展。但是由于它严格的环境要求，所以对于其他的贫困地区来说，推广并不是一件简单的工作，还需要各种因素的共同作用与扶贫工作的持续探索。

案 例 --

浙江省衢州市柯城区的光伏扶贫实践[②]

衢州市柯城区原是浙江省欠发达的 26 个县之一，经济情况不容乐观，亟待找出一条适合当地经济发展的扶贫道路，衢州市政府与相关部门就衢州市的地理环境与产业发展前景进行分析，并作出合理布局，使得衢州市在短时间内脱贫，成为浙江省经济发展最快的城市之一，为国家的扶贫工作提供了借鉴。

---

① 关于实施光伏发电扶贫工作的意见 ［EB/OL］.（2016 - 04 - 02）. http：//www.gov.cn/xinwen/2016 - 04/02/content_5060857. htm.

② 陈泽坤. 光伏扶贫模式探讨——以衢州市柯城区为例 ［J］. 农村经济与科技，2019，30（4）：154 - 155.

由于浙江省的光伏电站产业一直走在国家光伏产业的前沿，衢州市便依托浙江省光伏产业的基础，将光伏扶贫模式作为扶贫工作的重点，根据不同地区的不同情况，将光伏扶贫产业模式分为三类灵活使用。

首先是 EPC（engineering procurement construction）模式，即通过引进高新技术，实施"金屋顶"扶贫工程。柯城区政府整合各类零散的社会资源与扶贫资金，提高资源合力，并且在行政机关、学校、卫生机构等公共基础设施的屋顶铺设光伏板，建设分布式电站，从而提高公共基础设施的利用率，将其收益用于扶贫区域之内经济薄弱的村镇。目前此项扶贫模式建设完成后的收益可达到每年 700 万元，极大地减轻了政府单一"输血式"扶贫所带来的巨大压力。

其次是支持有光伏产业资源的扶贫村开展光伏强村的扶贫工程，由政府引导个体或集体住户自建分布式的光伏电站，或者将自家屋顶承包给对外的光伏公司，以从中增加收入，改善村民生活。

最后是通过招商引资的 PPP（public-private-partnership）模式，将政府与社会资本相互合作，建设农光互补的光伏电站。该模式不仅能够依靠光伏发电得到收益，还能够种植相应的农作物，从中收取分红。政府将这些收入用于相应村镇集体与贫困个体的扶贫工作。

通过以上三种光伏模式的综合运用，柯城区截至 2017 年底获得了超过 800 万元的收益，率先完成了扶贫任务，实现了绿色扶贫的目标。

通过柯城区的案例我们可以得出，光伏产业模式对于绿色扶贫来说前景广阔，其他利于发展光伏产业的贫困村落都可以借鉴柯城区光伏扶贫产业模式的创新与改革，争取高效地完成扶贫攻坚任务，为国家的扶贫工作贡献力量。

案 例 --

安徽省寿县的产业扶贫实践①

安徽省寿县是我国著名的国家级历史文化古城，但它也是国家减贫开

---

① 邹旭东，邹平川. 安徽寿县实施产业扶贫的生动实践与有益启示［J］. 蚌埠学院学报，2017，6（5）：153－157.

发重点地区。为了尽快达到脱贫目标，寿县县委县政府一直在扶贫致富的道路之上不断前进，初步探索出了一条基本符合寿县地区客观规律的产业扶贫道路，即先富带动后富、大富带动小富的引导道路，完善到位的利益联结机制与时效性较强的"跟踪式"政府反馈等，充分地将新型农业经营主体的带动作用发挥出来。使扶贫工作获得了较为出色的成果。截至 2016 年，寿县地区总计脱贫 2.046 万人、最初计划的"25 个村的脱贫"目标已经初步实现；完成了安徽省政府年度扶贫成效覆盖第三方的监测评估；在国家脱贫成效考核省级交叉检查当中，受到各省领导的高度好评与表彰。

农业农村部基于寿县产业扶贫的优秀经验，对于当地的扶贫工作进行了专题专项的调查研究，"寿县模式"便是调研所总结出的优秀结果。

首先，寿县的扶贫工作以遵守环境客观规律为原则，精准发展当地特色产业，大力发展种植、畜牧、水产、林业等特色的种植产业；并且推行了新型主体与贫困村、贫困户相结合的模式；在精准发展相关产业的同时，还发挥了农业产业化龙头企业、农民合作社、家庭农场等新兴农业经营主体的带动作用。

其次，寿县在以发展种植产业为主体的基础上，相继推进了光伏产业扶贫与旅游扶贫工程建设，建成了将 72 个贫困村全覆盖的光伏电站网络，也发展了具有针对性的小村旅游项目小额贷款扶持政策与乡村旅游技能培训。两项扶贫产业工程与原先的种植产业相辅相成，使寿县的产业结构发挥了优势，取得了实效。

寿县还充分发挥了市场"无形之手"与政府"有形之手"的共同作用，在充分运用市场手段与调节机制的情况下政府合理实施相对应的政策调控手段，将各类零散的社会资源进行系统整合，最终成功达成扶贫目标。

所以我们要认真学习"寿县模式"，同时将理论依据与实践经验相结合，因地制宜地发展当地经济，从而达到在根本上提高扶贫人口的"造血功能"，以取代此前的"输血式"扶贫。

（五）利益联结机制形成的生态减贫制度

1. 企业主导模式

此模式是由一些大型的企业部门牵头，带领其他组织共同参与相关的扶贫活动，带动贫困人口的增收。包括"由农户加入合作社通过入股企业来保证收益率的'入股返利'，在企业带动下，合作社标准化订单生产的'订单合作'，企业、合作社及农户相互委托种养殖的'托管保底'以及由政府财政补助，企业、合作社共同出资建设，企业保底收购的'合资兜底'等形式的利益联结机制"①。

2. 大户主导模式

大户主导是企业主导治理结构的引申，通过一些在农作物生产及售卖方面较突出的农户带动，贫困人口利用自己的土地和自身劳动进行生产销售的参与活动，实现自身收入的增加。

3. 集体经济主导模式

集体经济主导主要是指通过发展集体经济从而带动贫困人口收入的增加。这种治理结构主要是针对那些凭借着自身的资源优势和政策的支持以发展集体经济的"明星村"，各村拿出集体经济收入的一部分用来帮扶支持村里的贫困户，还有许多由集体经济带动的村庄。

4. 政策主导模式

此项扶贫模式是通过中央颁布的一些有关各类奖补政策的支持活动来带动贫困人口的收入增长以及贫困地区的经济发展。其中较为典型的是小额信贷扶贫，通过政策支持和年终分红等形式来拉动贫困人口收入的提高。

5. 资产收益模式

这种治理结构是通过相关主体将贫困群体使用权名下的土地资源、绿色资源或是贫困地区的公共资产资本化或股权化，然后进行经营，产生效益。按照股份所有的数额或是其他一定比例的原则将收益分发给原先的贫困人口。这种方式具有很强的针对性和有效性，并且通过贫困户入股的方式给其带来长期收益，达到脱贫的目的。

---

① 万君，张琦. "内外融合"：精准扶贫机制的发展转型与完善路径［J］. 南京农业大学学报（社会科学版），2017，17（4）：9－20，156.

案 例 --

海南石斛农民合作社①

　　羊山地区是海南海口大面积火山熔岩地貌的地区，不适合发展农业耕种，导致农民的收入微薄，是国家重点扶贫地区。火山熔岩地貌虽然不适合农业种植，但是其中有着丰富的稀有元素，更生长着石斛这样的名贵草药，具有极大的发展潜力。

　　海南石斛公司对羊山地区的火山熔岩地貌进行了分析，充分利用了火山石当中的石斛材料，通过现代化的高新技术进行创新，发明了垒石与挂树栽培技术，利用嫁接将石斛与火山石进行结合，节约了耕地面积，企业还在国家的支持之下迅速扩展了产业规模、延长了产业链，打造了独特的产业品牌。

　　基于此，海口市政府将石斛产业确立为羊山地区的重点扶贫产业，建立了农民合作社，充分利用千余平方公里的羊山地区。并且由海南石斛公司带头，以企业、合作社与个体农户相结合的模式来进行发展，企业牵头，为合作社提供相应的技术指导与销售渠道，带动合作社的发展，同时也为个体的贫困农民解决了就业问题。到2017年，石斛公司已经领头建设了6个农业合作社，近700名农民入社，就地培养石斛产业工人近200名，对于当地的扶贫工作起到了巨大的促进作用。

　　在资金方面，海口市政府确立了政府、企业、合作社三者共同作用的小型农业公司，并将资产占比折合成股份，实行将受益返利的做法，激发了农民的积极性。

　　如表9-1所示，在海南石斛公司领办主导的冰腾、大仁里和博泰三个合作社中，最小自然人股东出资额可以低至500元，合作社本身又囊括了较多的成员，有效增加了农民福祉，是脱贫减贫模式中的典型。

----

　　① 王浩明. 公司领办型农民合作社发展现状及利益机制研究——基于海南石斛农民合作社的调查［J］. 中国经贸导刊（中），2019（5）：68－69.

表9-1　　　　　　　海南石斛公司领办的农民合作社股东情况

合作社名称	注册资本（元）	成员数（人）	最大自然人股东出资额	最小自然人股东出资额	大股东角色
冰腾	3906235	113	20000	500	理事长
大仁里	990000	96	40000	10000	理事长
博泰	1000000	103	50500	2500	理事长

资料来源：国家企业信用信息公示系统。

　　海南石斛公司牵头成立的农民合作社是当前我国绿色扶贫工作中企业主导模式的一个典型，未来发展具有很光明的前景，这种利益联结的制度有利于政府、企业、农民三方共同发展，提高农民脱贫的积极性与主动性，为扶贫工作注入新鲜活力，推动企业主导模式成为公司与农户的"利益共同体"，推动国家扶贫工作进程。

二、生态减贫制度构建路径

（一）构建生态减贫体系

1. 落实生态移民搬迁

　　在2014年颁布的《建立精准扶贫工作机制实施方案》中，我国将生态移民搬迁作为开展扶贫工作的路径之一。对各个贫困地区进行综合评估，将发展空间不充足、生态环境较脆弱、扶贫工作难度过大的地区挑选出来，指导其中的贫困群体进行易地搬迁。一方面，此项措施不仅将各个地区具体的实际发展情况进行综合考量与评估，而且还将易地搬迁与建设新型城市相结合，贫困群体通过搬出生态恶劣的地区，进入相对有利于自身发展的地区，获取到更好的发展空间；另一方面，易地搬迁中，地区政府也尊重搬迁户的意愿，并且实行正确的土地规划，合理地利用土地资源，使生态移民解决了生存与发展问题，生存权与发展权得到保障（莫光辉，2016）。

2. 推行生态补偿机制

　　此项措施是当前实现生态扶贫目标之下的主要工作内容。从生态环境方面来看，国家进一步加大对贫困地区生态环境的保护力度能够避免生态环境脆弱地区受到二次伤害，走可持续发展道路；从社会方面来说，各个职能部门加强沟通与合作，进一步完善相关的法律法规能够避免不同部门之间的政策相悖的问题，使得生态管理的制度体系得到科学改善，并且通过资金方面的支持、产业方面的引进、劳动力方面的培养等方式与手段来实施补偿机制，努力实现贫困人口的就地脱贫，提高减贫效率。2020年中央财政已下达陕西水污染防治资金 4.08 亿元，重点用于黄河流域污染治理，申报黄河流域水污染防治项目共计 173 个，计划总投资 144.9 亿元。以转移支付为主要内容的生态补偿机制正在逐步完善。①

3. 扶持生态产业发展

生态扶贫的核心动力就是发展生态产业，通过推动地方生态产业的构建来推进和发展地方产业。它有很多成功的案例，例如广西富川的万亩脐橙种植园、贵州威宁的"五个百万"工程等，这些不仅在经济方面扩大了农民的收入，取得了较好的效益，而且在探索石漠化地区的生态治理道路上也取得了一定的成就，体现了经济效益与环境效益相结合的目的。

4. 探索和创新自身特色的生态减贫产业体系

对于一些地区来说，由于自身适应现代化发展水平较低、政府对于贫困地区的特殊性实际情况认识不够、对贫困地区的扶贫资金投入不足等问题导致了一些贫困地区深度贫困的现实境况。可以将当地的特色资源与生态可持续发展理念相结合，通过国家下拨专项资金来促进生态减贫产业体系的形成。

5. 完善生态考评管理机制

一方面，应当加强扶贫部门与其他部门的合作，制定出一套较为完善且高效率的考评管理标准。例如，广西将生态扶贫工作与"美丽乡村"建设相结合的方法能够将多个相关职能部门进行统一规划与管理，实现生态贫困方面的综合治理。另一方面，应推动相关政策的出台也从宏观上指导

---

① 陕西省政府新闻办举办新闻发布会介绍坚决打好污染防治攻坚战 推动生态环境质量持续好转有关情况（"奋力谱写陕西新时代追赶超越新篇章 凝心聚力高质量发展"系列发布会（第八场））[EB/OL].（2020-11-25）. http：//sthjt. shaanxi. gov. cn/Interaction/news/2020-11-25/62095. html.

着生态扶贫，使扶贫工作行之有效。[1]

6. 建立追责问责制度

针对扶贫工作中各部门工作界限模糊、相互推诿的问题。提出建立追责问责制度的建议。以健全的机制为背景，在其基础之上建立追责问责制度，划清各个部门的工作范围，通过立下相应的法律法规来确保各个部门和工作人员始终肩负责任，坚决禁止任何行使权力的行为部门或人员脱离法定责任机制的管制，规范工作人员的工作行为，严格办事时限规定，防止因相互推卸责任耽误扶贫工作而造成的不良影响，保障生态减贫的工作能够正常运转（莫光辉，2016）。

（二）实现生态减贫目标

1. 完成全面脱贫、精准脱贫、生态脱贫的扶贫目标

实现2020年全面脱贫、精准脱贫是我国扶贫攻坚政策的最终目标。在新时代背景下，保证生态扶贫的需要与精准扶贫的措施相互契合，是我们的根本出发点和落脚点。

2. 培育区域化生态产业链以此推动贫困地区的可持续发展

扶贫工作能否成功的关键之一是贫困地区自身发展能力的建设是否完善。过去国家常常通过投入大规模资金的"输血式"扶贫来机械性地帮助贫困人口脱贫。进入新时代，国家重在通过促进地方自身能力的提高，以"造血式"扶贫帮助贫困地区，同时也有助于与后续乡村振兴战略相衔接。这便是精准扶贫的重要动力源。第一，构建区域生态产业，发掘地区生态产业的潜力，将生态产业与地区资源统筹结合，解决二者之间原来的矛盾问题。第二，打造优质、可持续且有特色的生态产业。在扶持贫困地区生态产业构建之外，还要支持生态产业的长久性发展，这将成为推动该地区相关产业发展的有效方法，它同时也为后续的发展打下基础，而不是只解决一时之需。第三，提升贫困群体的活动参与度，使其自身的能力在扶贫过程中能够得到显著提升，让贫困群众在扶贫过程中得到直接利益。在扶

---

[1] 莫光辉. 绿色减贫：脱贫攻坚战的生态扶贫价值取向与实现路径——精准扶贫绩效提升机制系列研究之二 [J]. 现代经济探讨，2016（11）：10－14.

贫工作中，实现扶贫成果的长久发展是生态减贫的具体要求，而生态扶贫的目标则是从生态环境的角度出发，为贫困地区提供新型动力源（莫光辉，2016）。

3. 推动贫困地区的可持续发展

扶贫工作作为一项长期的工程，可持续发展是至关重要的，只有具备生态的可持续发展能力，才能使贫困地区长期坚持走科学减贫道路，最终真正实现脱贫目标。

4. 促进贫困地区人与自然的和谐共生

人与自然和谐共生是生态扶贫的重要目的，从长期来看，人类对经济发展的追求与生态环境自身调节的有限性、社会发展与环境保护之间的矛盾与摩擦一直都作为一种反作用力阻碍着社会的发展与进步。但是从宏观的角度来看，二者之间是没有必然矛盾的，它们反而可以相互支持、相互促进，从而形成一种巨大的动力来推动社会的发展，促进扶贫工作的进行。故此，在新时代下，生态减贫的主要目标是实现人与自然的和谐共存，提升乡村的人居环境，坚持生态减贫工作道路，积极贯彻绿色发展理念便具有了重要的现实意义。唯有实现贫困地区人与自然的和谐共生，精准扶贫才具有可行性，贫困人口才有机会获得生态减贫的效果，才能体会到脱贫的切实受益感。

第十章

生态减贫组织保障[*]

　　生态减贫思想提出以来，政府与各地基层组织都在积极探索生态发展与脱贫减贫融合发展模式，希望探索出适合自己地区的一套组织保障体系，但取得的成果不尽相同。本章从生态减贫组织体系、生态减贫工作机制两大方面入手，通过对改革开放以来我国扶贫组织体系、扶贫工作机制变迁的分析，进一步探讨我国现今及今后生态减贫组织体系、生态减贫工作机制的发展方向。即对生态减贫的组织保障加以探索，为各贫困地区发展提供一定可借鉴的经验。

第一节
　▶ 生态减贫组织体系

　　"组织体系"一词虽经常出现在各类书籍资料与报刊文章中，但其在学术界一直无明确含义。总结前人使用惯习，结合扶贫实践，在本章中将"生态扶贫组织体系"视为包含我国扶贫组织构成、组织间相互关系及扶贫组织活动管理施行方式三大层含义的概念。在生态减贫组织体系部分，主要通过对改革开放以来我国扶贫组织体系变迁的回顾，梳理我国的发展经验及其存在的不足，从而有针对性地提出建议，希望能为其他地区的发展提供一

---

[*] 马上上为本章做了大量工作，在此表示感谢。

定的经验借鉴。

一、改革开放以来扶贫组织体系的变迁

（一）从政策演变中看扶贫组织体系的变迁

不同学者对我国扶贫开发政策的演变阶段有着不同的看法，但普遍而言并无本质上的区别。本章基于扶贫开发政策演变的大阶段，将改革开放以来我国扶贫减贫政策的变迁大致分为以下四个阶段：制度变革背景下的扶贫政策（1978～1985 年）、反贫困政策体系形成时期的扶贫政策（1986～2000年）、十年扶贫开发时期的扶贫政策（2001～2010 年）、新十年扶贫开发时期的扶贫政策（2011～2020 年），与孙久文和林万龙（2018）等学者看法相似。下面笔者将从扶贫政策的演变入手，探讨我国扶贫组织体系的变迁。

1. 1978～1985 年制度变革背景下的扶贫组织

1978～1985 年制度变革背景下的扶贫政策时期，我国的扶贫政策主要体现在以工代赈、"三西"[①] 农业建设、扶贫方针的初步确定三大方面。以工代赈旨在建设农村基础设施，主要由国家计划委员会（现国家发展和改革委员会）主导设计并出资组织，是使贫困群众通过参加工程建设以获得劳务报酬的工程。"三西"农业建设是国务院拨款对"三西"地区实施的，改变其农业生产条件、兴修水利工程增加农业用水、修造梯田等的措施。1984 年，国务院颁布《中共中央 国务院关于帮助贫困地区尽快改变面貌的通知》，该通知从"明确指导思想；进一步放宽政策；减轻负担、给予优惠；搞活商品流通、加速商品周转；增加智力投资；加强领导"[②] 六个方面对帮助贫困地区改变面貌的具体做法做出系统的规定。而在 1986 年4 月制定的《中华人民共和国国民经济和社会发展第七个五年计划（摘

---

① "三西"是指甘肃河西地区 19 个县（市、区）、甘肃中部以定西为代表的干旱地区 20 个县（区）和宁夏西海固地区 8 个县，共计 47 个县（市、区），总面积 38 万平方公里，农业人口约 1200 万人。

② 中共中央、国务院关于帮助贫困地区尽快改变面貌的通知［EB/OL］. (1984 – 09 – 29). https：//kns. cnki. net/kcms/detail/detail. aspx? dbcode = CJFD&dbname = CJFDN7904&filename = GWYB198425000&v = JDjVQCC% 25mmd2F5RbHbJzF% 25mmd2BzA3tb2JRkAuN9HZkkIvidW8bckXM% 25mmd2FgvHkvRoKcBmJf0lHRk.

要)》中，专门在第十九章对老、少、边、穷地区的经济发展作出规划，主要明确了老、少、边、穷地区的发展目标及政府的支持政策。

从上述扶贫措施和政策中不难看出，这一时期我国扶贫组织体系的特点是减贫任务完全由国家和政府承担。无论以工代赈还是"三西"农业建设，都是由国家作出规划设计，资金也完全由国家财政负担，在具体实施层面发挥作用的依旧是地方政府部门。此阶段出台的通知与规划纲要，提到的责任主体更多是国家和政府。很明显，1978～1985年我国的扶贫主要以体制改革减贫为主，以救济式扶贫为辅，针对的是有发展潜力的农村区域和有发展能力的农村贫困人口，发挥作用的是国家。

2. 1986～2000年政策体系形成时期的扶贫组织

1985年，东部14个沿海城市[①]实施对外开放政策，经济快速发展，使得东部、西部地区的贫富差距现象开始出现，区域经济发展的扶贫带动效应弱化。这一时期，我国的扶贫战略重点转向促进贫困人口集中区域自我发展能力的提高，推动区域经济发展转变。1986年，我国成立了首个国家级反贫困组织：国务院贫困地区经济开发领导小组（现国务院扶贫开发领导小组），主要负责组织调查研究；拟订贫困地区经济开发的方针、政策和规划；协调解决开发建设中的重要问题；督促、检查和总结交流经验等。同年，我国首次以县为单位制定了国家贫困县标准。1994年的《国家八七扶贫攻坚计划（1994—2000年）》重新调整了贫困县标准，在这一标准的敦促下，我国政府加大针对贫困县的资金投入，提出社会主义要消灭贫穷。为进一步解决农村贫困问题，缩小东西部地区差距，实现共同富裕的目标，国务院决定：从1994年到2000年，集中人力、物力、财力，动员社会各界力量，力争用7年左右的时间，基本解决目前全国农村8000万贫困人口的温饱问题。[②] 同时创建东西协作机制即动员东部发达省市的力量对口扶持西部贫困地区，主要包括在资金上的捐助、技术上的协作与人员上的流动。与此同时，我国推行定点扶贫政策，即党政机关、企事业单

---

① 包括：大连、秦皇岛、天津、烟台、青岛、连云港、南通、上海、宁波、温州、福州、广州、湛江和北海。

② 国务院关于印发国家八七扶贫攻坚计划的通知 ［EB/OL］. （1994 - 12 - 30）. http：//www. cpad. gov. cn/art/1994/12/30/art_46_51505. html.

位、社会团体定点扶持部分贫困县，在定点扶贫中贡献较大的单位有农业部、国家林业局、国防科学技术工业委员会、交通部、中国农业银行、中国建筑工程总公司等。

这一时期，从扶贫组织体系的角度看，我国开始关注并提倡社会力量参与扶贫开发。1986 年成立了反贫困组织、"八七扶贫攻坚计划"中提到了动员社会力量、开始推行定点帮扶政策。但是应当看到，此阶段动员的社会力量更多的是党政机关人员、农业部、林业局等国家机关、事业单位的力量，是国家从宏观的区域发展不平衡视角下推行的东部、西部之间的合作，各非政府组织包括企业与民间组织等社会力量的积极性没有被调动起来。

3. 2001～2010 年十年扶贫开发时期的扶贫组织

"八七扶贫攻坚计划"的顺利结束，标志着我国贫困人口的温饱问题基本得到解决。区域性、整体性贫困得到缓解，这时我国面临的更大问题是以城乡差距、工农差距、收入分化等为特征的差异格局。国家适时将扶贫重点由贫困县转向贫困村，扶贫战略由救济式扶贫转向开发式扶贫。这一时期我国的扶贫政策主要包括：农村发展政策和政府扶贫专项政策。党的十六大明确提出中国要在 21 世纪头 20 年全面建成小康社会，为推进全面发展进程，这一时期我国将 14.8 万个贫困村作为贫困治理工作的重点，在农村人均可支配收入、恩格尔系数等方面对农村的各项发展指标做出具体明确规定，并且中央一再强调"农村"发展对社会主义现代化建设的重要性，在农业税、惠农政策上一再倾斜，为农村扶贫工作作出政策保障。2001 年 5 月，我国颁布《中国农村扶贫开发纲要（2001—2010 年）》，指出："应坚持政府主导、全社会共同参与。各级党委和政府要适应发展社会主义市场经济的要求，加强对扶贫开发工作的领导，不断加大工作和投入力度。同时，要发挥社会主义的政治优势，积极动员和组织社会各界，通过多种形式，支持贫困地区的开发建设。将全社会共同参与放在重要的位置"①。这一时期除了我国专项资金的投入，亦提出创新性的扶贫干预途

---

① 国务院关于印发中国农村扶贫开发纲要（2001—2010 年）的通知 [EB/OL]. （2001 - 06 - 13）. http://www.gov.cn/zhengce/content/2016 - 09/23/content_5111138.htm.

径，主要包括：整村推进扶贫、产业开发扶贫、劳动力培训、自愿式开发移民，其中产业开发移民和劳动力培训实质上都是将贫困人口推进市场，促进其社会参与，借助于政府的优惠政策，使其在市场中占据一定位置，例如，鼓励各公司企业积极发展"公司＋农户"和订单农业模式，实现企业发展和农户脱贫的双赢。

经过十年的扶贫开发，我国扶贫工作成就显著，贫困人口和贫困发生率普遍降低。这不仅要归功于政府扶贫资金投入力度的加大，还应看到这一时期我国的扶贫组织体系中逐步注重公司、企业等力量在扶贫开发中发挥的重要作用。相比前两个阶段，此阶段我国正式提出政府主导、全社会共同参与的指导思想，并将其放在突出地位，社会主义市场力量参与进入扶贫开发中来，旨在扶贫领域充分借助市场的灵活性。

4. 2011～2020 年新十年扶贫开发时期的扶贫组织

新时期，我国贫困问题呈现出多元现象，相对贫困人口上升。2011 年我国颁布《中国农村扶贫开发纲要（2011—2020 年）》并再次上调贫困标准线，在我国经济高速增长转变为中高速增长、经济发展步入"新常态"背景下，贫困标准线的提高无疑对新时代扶贫工作提出了更高要求。2013 年"精准扶贫"理念的提出，为新时代消灭绝对贫困明确了指导思想。

2016 年 3 月，《中华人民共和国国民经济与社会发展第十三个五年规划纲要》出台，全面实施脱贫攻坚作为一个独立的篇章被提出。同年 11 月，《"十三五"脱贫攻坚规划》出台，从产业发展脱贫、转移就业脱贫、易地搬迁脱贫、教育扶贫、健康扶贫、生态保护扶贫、社会保障兜底、社会扶贫等多方面、多角度对扶贫开发工作给予指导。新时期精准扶贫以 14 个集中连片特困地区为主战场，扶贫对象精确到户，实现特困片区、贫困县、贫困村、贫困户"多位一体"层级联动脱贫；在政府的主导下，企事业单位、社会组织广泛参与，构建政府、社会、市场机制"三位一体"的扶贫主体和扶贫机制；在扶贫格局上，形成专项扶贫、行业扶贫、社会扶贫"三位一体"的扶贫方式。

2018 年 6 月，《关于推进网络扶贫的实施方案（2018—2020 年）》出台，鼓励社会力量广泛参与，引导支持中国互联网百强、电子信息百强、软件百强企业将自身优势和地方实际相结合，与部系统定点县和片区县的深度贫困村建立"一对一"帮扶机制，有关业绩贡献纳入百强企业评判指标体系。2019 年 4 月，国务院扶贫开发领导小组办公室印发《关于企业扶贫捐赠所得税税前扣除政策的公告》，直接提升了企事业单位参与扶贫工作的积极性。

这一阶段国家已将社会力量参与扶贫写进政策制度里，意味着民间组织、企事业单位等非政府组织参与扶贫向常态化、制度化方向发展。虽然国家在扶贫中仍发挥着主导作用，但同时非政府组织等社会力量的参与、支持、帮扶也不可或缺，甚至发挥着重要的作用。

（二）以往扶贫组织体系存在的问题

1. 政府方面

一直以来，政府在扶贫开发中发挥着主导性作用，甚至在扶贫初始阶段所有扶贫力量均来自政府，不可否认，正因如此，我国的脱贫工作才会发展得如此顺利。但是政府主导性扶贫也有其不足的一面：首先，政府财政压力越来越大，扶贫行动很难持续稳定进行；其次，政府更擅长的是拨款式扶贫，这一方式不管贫困者真正的需求，以收入（低）作为贫困的唯一因素，难以确保扶贫的有效性及稳定性；最后，政府实行复杂的科层制管理体系，程序烦琐、办事效率较低，缺乏市场的灵活性，常常导致新贫困户建档立卡时间久、同时新"脱贫户"退出不够及时，致使扶贫资源不能被很好地利用。扶贫责任划分不够细致，虽然中央提出贫困地区须至少配备一名扶贫专干，但由于自身条件的限制很多地区存在扶贫专干一身多职甚至缺少扶贫专干的情况，严重阻碍了政府方面扶贫政策的落实与实施。

2. 社会方面

政府凭借其资源、权威优势，应该在扶贫中发挥带头作用，但单靠政府的力量很难从根本上消灭贫困。近来我国提出在政府的主导下，鼓励企事业单位、民间组织、个人广泛参与扶贫，提出构建政府、社会、市场机制"三位一体"的扶贫机制。一方面可以发挥政府的全局统领作用；另一方面可以发挥企事业单位和社会组织微观和专业上的优势及其灵活性。

但就目前情况来看，我国社会力量的整体参与性不足。很多企事业单位参与扶贫只是为了其在税收上可以享受优惠政策而只是下表面功夫，而有些真正想参与进来的企事业单位又缺少适当的参与途径；就民间组织而言，贫困地区的民间组织数量少之又少，而其中又存在资金匮乏、服务人员观念落后等现象，很难带领贫困地区发挥出"集体"的力量；专业的社会工作机构本应该成为扶贫中的重要力量，但是由于其在中国的发展时间较短，还未能得到政府重视，贫困落后地区更是不知道社会工作者"是什么"，造成专业力量很难在贫困地区发挥作用；对于贫困家庭、贫困个人更是存在依靠政府、依靠救济等脱贫动力不足的现象。

二、生态减贫的组织体系

（一）生态减贫与"传统减贫"

在党的十八届五中全会上，习近平总书记提出创新、协调、绿色、开放、共享的发展理念，成为新时期我国经济社会发展的新理念。在新发展理念中，绿色发展是新时期发展的战略核心和重点，共享发展是改革发展最终结果的体现。根据习近平总书记关于共享发展的重要论述，共享发展理念以推进社会公平正义为前提，以推进扶贫脱贫、缩小收入差距为抓手，以推进区域、城乡基本公共服务均等化为保障，以推进共同富裕为目标，其中，脱贫攻坚占据着重要的地位。[①] 生态减贫应运而生，所谓生态减贫是指贫困地区通过恢复和保护特色生态环境，改变经济发展方式，实现原有产业的绿色化，同时注重发展新型绿色产业，变"绿水青山"为"金山银山"，把"绿水青山"当作"金山银山"。在新发展理念中，绿色发展和共享发展都是脱贫攻坚的重要指南，而绿色发展和共享发展两大理念的融合，也成为生态减贫思想的重要理论基础和行动指南（张琦和张诗怡，2017）。

从目前来看，截至2019年末，全国农村贫困人口还有550多万人，这

---

① 深刻理解共享发展理念［EB/OL］.（2016 – 06 – 18）. http：//theory. people. com. cn/n1/2016/0618/c40531 – 28455351. html？ open_ source = weibo_ search.

些贫困家庭、贫困人口更多地集中在生态环境脆弱、自然条件恶劣地区，传统的扶贫开发方式在这些地方很难行得通。经验表明，我们不能再走破坏环境的经济发展之路，也不能以保护环境为由拒绝经济发展，新时代下，我们应紧跟习近平总书记步伐，走生态减贫、绿色发展之路。生态减贫使传统的扶贫更加具体化和绿色化，"生态"理念的注入为减贫带来了新的活力与生命力，为新产业的建立与发展提供了方向；同时，生态减贫可以激发贫困人口脱贫的内生动力，更好地保证脱贫效果的永续性，发展生态产业可以变"输血式"减贫为"造血式"减贫，在保护当地生态环境的同时增加持续性的收入。

（二）减贫组织体系的经验借鉴

中国在过去几十年的反贫困斗争中取得了巨大的成就，国内贫困人口由改革开放初期的 2.5 亿人，下降至 2019 年的 551 万人，贫困发生率自 30.7% 降低至 0.6%，扶贫成就显著，为世界的反贫困运动做出了巨大贡献。有学者认为中国已经走出了一条属于自己的扶贫脱贫模式，为拉丁美洲、非洲等发展中国家减贫脱贫提供了一个可借鉴的"模板"。究其根本，"中国道路"的成功离不开中国共产党、中国政府的正确领导。在扶贫道路上，国家拥有不可代替的资源优势，可以从全局作出规划部署，统筹全国发展。因此中国的反贫困运动长期且必然由政府承担主体责任，今后无论政策怎样，政府的主导作用不可动摇。

《中共中央 国务院关于打赢脱贫攻坚战的决定》中指出，要坚持政府主导，增强社会合力，强化政府责任，同时引领市场、社会协同发力，鼓励先富帮后富，构建专项扶贫、行业扶贫、社会扶贫互为补充的大扶贫格局，目前这种格局正在形成与发展。《国务院办公厅关于进一步动员社会各方面力量参与扶贫开发的意见》进一步强调了国家要动员一切力量参与扶贫工程建设。《中华人民共和国国民经济和社会发展第十三个五年规划纲要》也鼓励支持民营企业、社会组织、个人参与扶贫开发，引导扶贫重心下移，实现社会帮扶资源与需求的有效对接。可见，社会力量在扶贫开发中也必不可少，在接下来的扶贫工作中，我们应顺应这一发展趋势，坚持政府主导，多元主体共同参与的脱贫方式。

(三) 部分地区生态减贫的做法及启示

1. 万达集团创立"企业包县、整县脱贫"的创新扶贫模式①

2014 年万达集团创立"企业包县、整县脱贫"的创新扶贫模式,将贵州省丹寨县作为新扶贫模式的实验区,万达集团通过万达职业技术学院、万达小镇和扶贫产业基金三个项目长、中、短期结合带动脱贫攻坚。万达集团深知人才建设的重要性,注重在丹寨县进行教育投资,耗资 3 亿元建设职业技术学院,学院重点招收丹寨籍学生,并根据当地产业特点及万达产业情况,有针对性地设置了包括文化旅游、酒店管理等专业。使得学校学生毕业后不必背井离乡,可以在丹寨本地找到对口职业,同时发挥自身价值,带动家乡经济发展。对于与万达集团有关职位对口专业毕业的学生,集团也有优先录用的优惠政策。万达小镇则是万达集团在贵州的首秀,旨在打造一个集"吃、购、住、游、娱、教、乐"为一体的精品旅游综合体,同时通过万达入驻,提高小镇知名度与客流量,巧妙地解决了小镇内丹寨茶销售难的问题。与此同时,万达集团为小镇设立扶贫产业资金,成立普惠性基金助力精准扶贫,据丹寨县副县长李白说:"2018 年,44463 名建档立卡贫困群众中,4240 名鳏寡孤独以及重残等特殊困难人口,得到 2000 元兜底生活救助;10025 名因灾、因病、因学等致贫的贫困人口,得到 1100 元阶段性帮扶;30198 名有劳动能力能发展产业的贫困人口,得到 1010 元生产奖励补助,这已是丹寨县第二年进行扶贫基金分红"。

扶贫组织体系中企业的纳入,为万达集团创新"企业包县、整县脱贫"的扶贫模式提供了机会,这一模式不仅为丹寨县贫困者提供基金分红,而且拉动丹寨县内需、培养丹寨县人才,实现了丹寨县经济的可持续发展,同时成就了万达集团的名声、扩大了万达集团的经济收益。带领丹寨县贫困群众因地制宜地发展绿色产业,着重找准绿色产品销售途径;注重多项举措同时施行,培养当地人才,为经济长远发展做打算是万达集团

---

① 万达产业扶贫基金给贵州丹寨县贫困户分红 5000 万元 [EB/OL]. (2018 – 01 – 15). http://zqb.cyol.com/html/2018 – 01/15/nw. D110000zgqnb_20180115_4 – 03. htm.

在帮助丹寨县脱贫时始终坚守的原则，社会投资理念的运用也使得扶贫效果倍增。无疑，丹寨县的成功脱贫离不开万达集团的帮扶。比起政府部门，企事业单位能够更敏感地洞察到贫困群体与市场之间存在的可能对接机会，利用品牌效应，充分发挥企事业单位的智慧，是稳定脱贫成果的重要机会。现如今，企事业单位在脱贫减贫中发挥的作用越发不可忽视，扶贫组织体系中，企事业单位的重要位置应被重视。

2. 神农架由"深山穷镇"变"旅游名镇"①

神农架林区，简称神农架，是中国唯一以"林区"命名的县级行政区。神农架位于湖北省西北部，东与襄阳市接壤，西与巫山县毗邻，南依兴山、巴东，北倚十堰市房县、竹山县。

新中国成立初期，神农架由于公路未通，处于封闭状态，属于"深山穷镇"。后由于国家建设需要大量的木材，湖北省委、省政府调动8000余人的建筑大军，南北并进，耗时四年修建了一条长达400多公里的公路干线，揭开了神农架原始封闭的面纱。"公路修通后，8000多名建路工就地转为伐木工，持续砍伐林木100多万方，毁坏植被面积200多万亩，神农架森林覆盖率由开发前的76.4%下降至63.5%，自然植被的严重破坏，危及到很多珍稀物种的生存与繁衍，由于大规模砍伐，神农架乃至整个华中地区气温平均升高2摄氏度，河床普遍上升2～3米，长江、汉江每年流失的土壤大约26亿吨，相当于600万亩良田"②。环境的剧烈变化终于使人们认识到这样的经济发展方式不是长久之计。于是，1982年湖北省委、省政府批准建立"湖北神农架自然保护区"，1986年国务院批准神农架自然保护区为"国家级森林和野生动物类型自然保护区"，神农架自此迎来了探索保护阶段。过去的40年里，神农架经历了由深山穷镇到林木、水电等资源开发，再到生态保护和发展协调的探索。自2000年全面实施天然林保护工程和退耕还林还草工程以来，神农架实现了由伐木向护林的转变。正如刘上洋（2017）所述，在这一过程中，神农架也经历了财政收入锐减、大量工人失业下岗的阵痛，但同时换回的是取之不尽的绿色财富，其绿色

①② 神农架破发展难题：申遗后获最高规格保护，旅游将成唯一产业［EB/OL］.（2017－06－15）. https://www.thepaper.cn/newsDetail_forward_1709427.

GDP 达到 243 亿元。神农架实现了由"木头经济"向以"旅农林"为主的生态经济转变，以旅游为龙头的"旅农林"生态产业经济战全区 GDP 的 60% 以上，旅游和与之配套的生态产业、服务产业已成为其支柱产业。[①] 神龙架实现了由封闭贫困向开放名镇的转变，围绕绿色发展，当地深入挖掘自身文化，将文化融入城镇建设中。2016 年 7 月 17 日，在土耳其伊斯坦布尔举行的第 40 届世界遗产大会，把中国湖北神农架列入世界遗产名录。

从上述神农架"绿色发展"的事例中，我们可以总结出如下经验。首先，多方助力，形成多个市场主体参与的脱贫发展方式。在政府做顶层设计的基础上，神农架引入现代企业制度、整合优势资源、组建神旅集团，借助于市场力量发展当地经济。在政府制定绿色生态发展的前提下，集团、企业的进入使经济发展充满活力，实现可持续性的发展方式。其次，坚持政府领导，树立"绿水青山就是金山银山"的理念。政府意识到神农架粗放式经济发展给生态环境带来的巨大危害时，及时停止环境破坏式的发展方式，即使面临财政收入锐减、大量工人失业的阵痛，但仍坚持"保护第一、科学规划、合理开发、永续利用"的方针，借助于政府资金投入，精准定位地区功能，挖掘地区绿色资源，实现了地区经济结构的成功转型。最后，激发作为主体的农民的积极性，注重区域协调发展。在"政府引导、市场运作、优势互补、互惠互利、南北双赢"原则上，建立优势城市对接弱势区（市、县）机制，围绕区（市、县）特色，通过优势城市的项目投资、技术支持、人才派遣、市场共建等多种途径，带动"弱势"群体发挥积极性，集全体智慧实现产业升级，达到可持续发展。

（四）对生态减贫组织体系的建议

生态减贫是在新时代"精准扶贫"背景下提出的，旨在实现绿色、长久性脱贫的理念。在组织体系上，这一理念更加注重社会参与的重要性，发挥全社会智力，实现生态减贫，绿色发展。由此应该做到以下几点。

1. 坚持政府主导地位

在资源分配与减贫发展中，国家可以从全局作出规划部署，统筹全国

---

① 刘上洋. 欠发达地区生态与经济协调发展研究 [M]. 北京：社会科学文献出版社，2017：160 – 161.

发展。总结上述案例发展经验，也不难看出，我国的脱贫减贫之路必然由政府带领。在此方面，政府需要作出如下努力。

（1）建立健全法规体系，提供良好制度环境。政府作为"带头人"应依据经验与事实，站在顶层作出恰当的政策引导。同时应加快社会参与扶贫法律法规体系的建立与健全，充分调动社会力量参与的积极性，形成一个各种法律之间相互协调与配套、完整的公众参与立法体系。对于公司企业而言，应尽快落实财政、税收政策，按照相关法律规定，执行税收减免、扶贫捐赠税前扣除等扶贫公益事业扶贫优惠政策，以及各类主体到农村贫困地区投资创业、带动就业增收的相关扶持政策。"对企业各类公益性捐助支出，在企业年度利润20%以下的部分，允许其在核算应纳税所得额时扣除。对到经济薄弱村发展的产业，建立基地以及促进特别困难户增收达到一定规模的企业，享受涉农贷款的相关优惠政策，扶持培训在企业就业的特别困难的劳动力。对在村企合作中贡献较突出的企业，优先给予扶贫项目，择优准允享受相关产业扶持政策。对于个人公益性捐赠额没有超过纳税义务人所申报的应纳税所得额30%的部分，从其应纳税款所得额中扣除"[①]。对于民间组织而言，政府应该进一步完善其登记、退出制度，确保各项制度能确实解决各项问题，同时注意将顶层设计与基础调研相结合，切实做到严进严出严管理，环境宽松利发展。

（2）拓宽社会参与途径，搭建社会参与平台。社会力量参与生态扶贫需要通过一定的途径，途径的畅通与否直接影响到参与力量介入的积极性高低。因此，政府应该加速拓宽社会力量参与的途径，树立参与扶贫的社会力量先锋，充分发挥模范作用，为众多有意愿参与扶贫的社会力量提供参与途径模板。同时，借助于互联网、大数据等现代化科学技术，将有意愿参与扶贫的社会力量与贫困户链接起来，通过社会力量的"报名"与贫困户数据的加密录入，建立一个区域化的扶贫社会支持网络平台，为贫困户寻求资源、社会力量发挥爱心以及扶贫作用提供便利

---

① 宁洋．农村扶贫开发中社会参与的问题与对策研究——以江西省南城县上唐镇为例[D]．南昌：南昌大学，2017.

化的平台。

2. 鼓励全社会共同参与

比起政府部门，企事业单位、民间组织更善于抓住社会主义市场的机遇，利用社会主义市场力量带动扶贫脱贫，使其更具灵活性；同时充分调动贫困群体自身的主动性，实现永续性脱贫。由此，我们需要作出如下努力。

（1）完善环境信息公开制度，树立大众生态减贫意识。在精准脱贫、绿色发展大背景下，我们所提倡的社会力量参与扶贫不再是以前的会带来严重污染的企业"进入"贫困地区，给农村贫困者提供就业岗位，带动贫困居民收入增加、周边经济发展。现阶段我们的扶贫不只是扶贫还应该是环境保护下的扶贫，甚至"环境保护下的贫困"远比"破坏环境的富裕"重要得多。正如雷明老师提到的贫困地区"留得青山在不怕没柴烧，绿水青山是贫困地区的安身立命之本，留住它，就留住了希望，毕竟'原汁原味'是全世界都稀缺的资源，越沉淀越吃香"①，神农架的发展史就是一个很好的实例。建立统一的环境信息知情权制度，同时建立有效的环境反馈制度，是实现生态减贫、绿色发展的前提。政府、社会力量、贫困者同时参与监督管理，树立大众生态减贫意识，实现所有力量在生态减贫中的合作与相互监督。

（2）创新宣传形式，动员各方力量。为营造良好的社会扶贫氛围，我们需要进一步创新宣传形式，除了运用好传统的实物媒介宣传之外，还可通过媒体、社会舆论等进行宣传。从传统的实物宣传方式来看，政府应当充分运用汽车站、广告牌等大型宣传位张贴提倡社会参与扶贫的"广告"，村委会、居委会应充分利用村庄、社区资源，在村庄、小区里张贴鼓励社会参与扶贫的海报，悬挂横幅标语，与此同时，应借助于国家扶贫日（10月17日），开展扶贫先进事迹宣传、表彰活动。在媒体方面，应充分发挥传统的报纸宣传方式，增加权威报纸的宣传版面，与此同时，利用好电视、微博、微信公众号等新型宣传手段，注意突出重点，找准核心，宣传

---

① 当减贫遇上环保 绿色扶贫是最好黏合剂——访北京大学贫困地区发展研究院院长雷明 [EB/OL]. (2017 - 06 - 11). http：//csgy. rmzxb. com. cn/c/2017 - 06 - 12/1587921. shtml.

要点，吸引更多的年轻力量参与到扶贫中来。最后，公众舆论的宣传力量不可忽视，公众舆论既可以对现行的政策施行、资金流向等方面进行监督，又可以将底层群众的意见很好地表达出来，促进政府顶层设计与民众基层需求的接轨。

第二节
生态减贫工作机制

通常认为，工作机制，是工作程序、规则的有机联系和有效运转。工作机制是一个相辅相成的整体，贯穿于工作的各个环节。生态减贫工作机制是建立在生态减贫组织体系基础上的，指在生态减贫制度下各部门、组织之间的管理、配合与运行方式。本章通过对改革开放以来我国扶贫管理保障、扶贫参与力量、扶贫制度保障变迁的回顾，分析传统减贫工作机制对现如今生态减贫工作机制的警醒与启示，结合国内外部分地区生态减贫工作机制的经验，提出对我国如今及今后生态减贫工作机制的建议。

一、改革开放以来扶贫工作机制的变迁

（一）扶贫管理保障的变迁

1. 扶贫管理保障的成效

改革开放以来，我国的扶贫攻坚战取得了巨大成就，这一过程中我国的扶贫管理方式也在不断变迁。过去的几十年中，我国一直以中央政府财政转移的方式帮助贫困地区脱贫，即国家将贫困资金拨付给贫困地区，贫困地区按要求将扶贫款发放给贫困户的扶贫方式，但这种方式并不能实现贫困人口的真正脱贫，反而使国家财政负担愈来愈重。近年来，越来越多的地方开始探索新的扶贫方式，最具代表性的是开发式扶贫，即在国家必要支持下，利用贫困地区的自然资源，进行开发性生产建设，逐步实现贫困地区和贫困户的自我积累和发展能力，主要依靠自身力量解决温饱、脱贫致富。这一扶贫管理方式改变了传统的单纯依靠政府的

"一厢情愿"式扶助方式，转变为靠政府或者扶助者与贫困户共同努力合作式的扶贫方式，极大地调动起贫困者的积极性，达到了尽多方之力扶贫的效果。

在扶贫对象方面的变化。新中国成立初期，我国贫困发生率高，贫困人口多，扶贫工作主要针对整体性区域展开。随着体制改革的深化，农村贫困人口大幅减少，1986年以后，我国贫困政策改为主要针对"贫困县"开展，通过专项资金划拨方式"解决"贫困县问题，这一时期，我国区域性、整体性贫困得到缓解。在2001年，我们进一步提出实施以贫困村为重点的开发式扶贫，创造性地发展出"企业＋农户"等扶贫方式，到2010年我国经过三十几年的不断努力，终于实现贫困人口的大范围"消灭"，在此阶段扶贫工作直接精准到人，根据贫困个人的需求提出帮扶方案。不难看出，我国的扶贫对象不断精细化，扶贫政策更加具有针对性。

除此之外，我国也越来越注重扶贫在管理机制上的精细化。2014年国务院扶贫办等七部门联合印发的《建立精准扶贫工作机制实施方案》中提出建立精准扶贫考核机制，逐步建立以考核结果为导向的激励与问责机制。2016年2月公布实施的《省级党委和政府扶贫开发工作成效考核办法》规定了十分具体的考核内容和方法：减贫成效，考核建档立卡贫困人口数量减少、贫困县退出、贫困地区农村居民收入增长情况；精准识别，考核建档立卡贫困人口识别、退出精准度；精准帮扶，考核驻村工作队和帮扶责任人帮扶工作的满意度；扶贫资金，依据财政专项扶贫资金绩效考核办法，重点考核各省（自治区、直辖市）扶贫资金安排、使用、监管和成效等，这些管理策略具有重要的实际意义。

2. 扶贫管理保障的突出问题

第一，扶贫管理方式单一，缺乏个性化措施。一方面，受传统的收入贫困观念影响，人们习惯性认为贫困即收入上的贫困，而不会考虑贫困对象是否有其他方面的需求，导致在过去的几十年中，我国一直对贫困者施行单向的经济支持。近年来，越来越多的学者提出，贫困者的贫困可能是由于机会、能力等方面的匮乏而引起的，最明显的例子就是偏远山区中的中年贫困人口，他们中很大一部分因为长期脱离市场，没有机会学习有竞争力的技术，只能守着贫瘠的土地，靠低保金过日子。针对这样的情况，单纯地提供低保金是不能从根本上解决其贫困问题的，更重要的是针对性地为其提供技术上的培训，链接当地资源，建立社会支持网络，在政府的帮助下，鼓励贫困者进入市场，依靠自己的能力改变贫困"命运"。另一方面，我国现有的扶贫管理手段过于行政化，基层组织更多的是依据上级指示，全力完成"政治目标"，而缺少从底层出发，深入发现了解贫困者贫困的真正原因，从而有针对性的提供帮扶，以达到稳定的脱贫状态的信念，致使扶贫效果不够理想。

第二，扶贫法定责任缺失，扶贫行为随意化。一项政策要想真正发挥作用，除了要保证政策本身的可行性之外，还要着重关注政策的落实情况。在扶贫实践中，扶贫政策本身鼓舞人心，但是由于缺乏具体明确的落实与监督机制，使得政策在具体落实过程中出现各种各样的问题，"装样子""做任务""走后门"等现象屡见不鲜。地方政府、基层组织不能完全承担起责任，其扶贫行为存在随意性，笔者2018年暑期在山东省临沂市某村进行调研时发现很多这样的现象：首先，村中多数村民认为得到村里贫困户名额很重要的一个条件就是与"村主任"有一个"够硬"的关系；其次，有些确实困难也被评为贫困户的农民认为自己的权利就是"接收上级拨付的扶贫款""过节受到慰问"。这样的情况下，何来精准扶贫一说？精准扶贫中的精准又能体现在什么地方？

（二）扶贫参与力量的变迁

1. 国际上社会力量参与扶贫的探索与发展

社会参与思想最早源于英国的社区照顾模式。第二次世界大战后，英国建立起"福利国家"制度，政府出资建立专门机构，对国家内的老人、残障人士集中供养，取得了良好的成效，特别是针对那些无依无靠、无法自理的弱势群体。但随着时间的推移，这种模式的弊端越来越明显：一方面，政府的财政压力越来越大，难以持续负担；另一方面，由于资金限制，"院舍"中的工作人员减少，照顾压力增大，由此出现了工作人员虐待"院舍"老年人的情况；同时，这种集中供养的方式把住院弱势群体置于一种非正常的环境中，这些人实际上失去了同正常人交往的条件，从而渐渐失去社会适应能力。许多社会学研究者表明，与世隔绝的住院照顾方式实际上成了住院者致病的一个重要原因。因此，让住院者回归社区的呼声日益增多，政府借势提倡社区照顾模式，鼓励基层社区发挥功能，对无依靠的老年人及残障人士予以照顾，社区照顾模式应运而生。

随后这种社会力量参与弱势群体照顾的思想被借鉴于扶贫领域，很多学者提出了贫困者的"社会融入"，认为社会应该在贫困者脱贫方面发挥重要的作用，不能像"院舍照顾"一样，把贫困者集中起来，阻止他们与主流社会的接触。弗里德曼认为，穷人的出路不在于鼓励他们与其社区相脱离或者建立穷人社区，相反他们应该被整合进社区，因此需要增强的不是使穷人离心于社区的结构性或组织性因素，而是增强社区中那些有利于社区对他们进行接纳和整合的因素（王三秀，2017）。无疑，我们国家存在很多这方面的问题，加大了脱贫的难度。

韩国的新村运动在反贫困的社会参与中是一个成功的典型案例。其最大特征即推动运动进行的内在动力始终为农民脱贫致富的愿望，推动运动的主体力量也来自基层农民。新村运动倡导农民从改善周边的生活环境、提高自家收入实现脱贫致富做起，激励先进，鞭策后进，"先富带后富"，在政府扶持下，官民同心，最后成为国家和全体农民共同建设家乡、实现新农村的自觉行动。农民亲身实践，充分发挥个人和集体智慧，鼓励民主讨论，提倡齐心合作增加收入，提高了改变家乡面貌的信心和决心，最终拉动国家经济发展。新村运动获得了巨大的经济社会效益。

2. 我国社会力量参与扶贫的探索与发展

社会力量参与贫困视为脱贫攻坚战的一大重点。《中共中央 国务院关于打赢脱贫攻坚战的决定》提出坚持政府主导，增强社会合力；强化政府责任，引领市场、社会协同发展，构建专项扶贫、行业扶贫、社会扶贫互为补充的大扶贫格局。鼓励支持民营企业、社会组织、个人参与扶贫开发，实现社会帮扶资源和精准扶贫有效对接，引导社会扶贫重心下移。吸引农村贫困人口就业的企业，按规定享受税收优惠、职业培训补贴等就业支持政策；落实企业和个人公益扶贫捐赠所得税税前扣除政策；实施扶贫志愿者行动计划和社会工作专业人才服务贫困地区计划；探索发展公益众筹扶贫。《国务院办公厅关于进一步动员社会各方面力量参与扶贫开发的意见》进一步表明国家动员一切力量参与扶贫工程的政策精神，也明确了创新参与方式和完善保障措施的途径。

在国家政策的大力提倡下，已有许多社会力量参与到扶贫中来。2005年及以后的两年里，国务院扶贫办外资项目中心和四川蜀光社区发展咨询服务中心合作开展"民间组织实施政府扶贫项目的实验"，在四川、贵州、云南和陕西4个省的5个国家级重点贫困村，选择了5家扶贫民间组织，由当地政府通过协议方式委托其实施村级扶贫规划。这5家民间组织包括：贵州师范大学自然保护与社区发展研究中心（贵州省雷山县乌东村）；昆明戴特民族传统与环境发展研究所（云南省武定县大村）；四川蜀光社区发展咨询服务中心（四川省小金县头卡村）；大巴山生态与贫困问题研究会（四川省通江县铁坪村）；陕西省紫阳县妇联（陕西省紫阳县电光村）。① 政府将5个国家重点贫困村的扶贫任务交予这些民间组织，并进行财政拨款，要求民间组织的扶贫工程坚持以基础设施建设或改造工程为主，其他增收项目、贫困户能力培训为辅开展救济。实践证明，民间组织介入村落社区扶贫，更好地推动建立起了公平公正的社区自我管理机制，推动社区居民能力提高和行为改变，一改政府往常在扶贫项目中更注重硬件建设的弊端。政府和民间组织之间形成良性互动关系，为扶贫工作创造了更多的资源共享、互助合作的空间，从而进一步改善扶贫部门组织因缺乏技术和人力支持，扶贫资金的有效性偏低引发的村级扶贫"跑冒滴漏"现象。招募民间组织等非政府力量参与扶贫规划的实施，成为新的扶贫机制和模式。

3. 我国社会力量参与扶贫存在的问题

不可否认，政府在扶贫开发中是主力军，但扶贫仅仅依靠政府的力量是完全不够的，鼓励社会力量参与到扶贫中来不仅丰富了扶贫队伍的人力与物力，更重要的是可集全社会"才智"帮助扶贫对象脱贫。但目前来看我国的社会力量参与扶贫还存在以下问题。

从村庄或社区层面来看。村庄或社区是人们满足基本需要和获得社会资源最基本的单位，特别是在农村地区，人们完全生活在费孝通先生笔下

① NGO携手政府参与式扶贫 ［EB/OL］. (2010 – 06 – 21). https：//www. baidu. com/link?url = Ck3orKzfuKK5nsKj – ckmD512atTQIIrtm25dlsVLC7SJ0MhEID8rmmtR9pBywXMan08I6DB0uEtDUHs_vdF-wL_MuPRyMdK – NbDMFZiQ56y&wd = &eqid = fa6c44c400024ce800000005611b6411.

的乡土社会。上面已经提到英国的社区对于老年、残障人士等贫困者发挥着重要的作用，我国也在积极借鉴，大力倡导社区养老模式的发展，但村庄或社区作用的发挥不应该只局限于老年人，更应该针对所有的弱势群体，包括贫困人群。目前村庄或社区在扶贫中发挥的作用还仅限于帮助政府把扶贫款发放到各贫困户手中，其实，村庄或社区中存在各种各样的资源，而村委会、居委会工作人员熟悉村庄里大部分家庭的情况，这时村委会、居委会工作人员便可以适时地建立起不同家庭之间的联系，特别是帮助贫困者链接资源。除此之外，在精神健康方面，村庄或社区更是大有可为，可通过组建各种村庄或社区组织，建立起不同家庭之间的联系与沟通，建立社会支持网络，潜移默化中增强村民、居民自身潜能。但是目前我国的村庄或社区在这些方面做得还差强人意，特别是农村地区，物质资源匮乏、人员思想落后，并未发挥出"村集体"应有的作用。

从非政府组织层面来看。1989 年我国第一个全国性扶贫民间组织——中国扶贫基金会成立，在其后的一段时间里，非政府组织层出不穷，应该说，非政府组织在扶贫中已发挥出一定的积极作用。但在我国精准扶贫的发展中，非政府组织的作用仍未完全发挥出来，存在的问题主要有以下几个方面。第一，非政府组织行政化严重，缺乏自主性。由于我国非政府组织的"官办性"即非政府组织的运营过多地依赖政府，同时政府对非政府组织日常工作干预过多，导致非政府组织在扶贫中发挥的作用十分有限。虽然这种"官办性"使得非政府组织在一定程度上获得了某种资源，但是却使其成为政府的"办事组织"，显然不利于其自主性的发挥。第二，非政府组织自身基础薄弱，参与精准扶贫能力差。很多非政府组织存在严重的人才匮乏现象，由于非政府组织资金较缺乏，导致其职员福利待遇差，因此很难吸引到高素质人才。与此同时，非政府组织内部治理机制与运营机制不规范、治理能力不强等现象也严重阻碍了非政府组织在扶贫工作中职能的发挥。第三，非政府组织参与扶贫的范围狭窄，未能实现与政府之间的"无缝衔接"。当前非政府组织参与进扶贫中来更多的是集中关注某一社会贫困群体，如儿童、学生、老人等，并非全面地参与进来，使其在扶贫中难以发挥全面性作用，这也使得非政府组织发挥作用的实际空间与政府"想象"也即政策规定的范围之间存在差距。

从专业社会工作层面来看。专业社会工作起源于西方工业化带来的社会贫困等问题，不少社会工作专业学者探讨了社会工作专业与济贫的同构性，北京大学王思斌教授（2016）认为社会工作在对待贫困的价值观、工作方法和工作过程以及目标追求等方面与精准扶贫存在同构性；复旦大学顾东辉教授（2016）则从精准扶贫之策略"精准"——社会工作实务的要素启示与精准扶贫之过程"精准"——社会工作实务的阶段启示两大方面探讨了社会工作与精准扶贫的相互启发。可见社会工作专业本该在扶贫工作中发挥重要的作用，但就现如今情况看，我国专业社会工作者在扶贫中发挥的作用十分有限，究其原因，我们发现其主要存在以下问题。第一，社会工作在我国发展不足。社会工作专业发源于西方，在 20 世纪 50 年代传入中国，但直到 1987 年社会工作教育才在中国内地开始恢复，并且至今仍面临着"本土化"与"专业化"的考验。且我国社会工作专业的学生大多缺少实务经验，导致其在真正实操时很难将在书本上学习的知识应用于实务。第二，政府对社会工作专业支持力度小。社会工作专门针对社会上的弱势群体，考虑到资金来源问题，政府的支持必不可少，特别是在其发展初期。但是目前我国政府对社会工作了解不深，重视不够，导致其对社会工作支持不足，使得社会工作机构在实际的发展中面临着很大的财务困境，也由此导致了大多数社会工作机构面临机构内部留不住人才等问题的出现。第三，我国民众对社会工作接受度低。受传统文化影响，我国民众在遇到问题时更多地是在家庭内部或者找熟人帮助解决，很少甚至不知道可以找"社会工作者"帮助，特别是在贫困地区，人们甚至不知道社会工作者的存在，这也严重阻碍了社会工作专业在扶贫工作中作用的发挥。

（三）扶贫制度保障的变迁

在任何的社会管理中，制度保障必不可少。在扶贫管理中，从宏观的扶贫战略确定到政策制定，再到具体的帮助贫困人口脱贫过程，只有通过具体的法律制度规定下来，才能更好地保障这一过程的规范化，否则很可能成为一时的权宜之计或者一时兴起的人道帮扶。

自改革开放以来，我国的扶贫政策经历了一个演变过程。1978 年前后我国处于临时救济性扶贫阶段，对救济对象如农村"五保户"、困难户和其他困难群体主要是出于道义上的考虑进行生活救济，缺乏系统和规范的制度。20世纪80年代以来随着我国扶贫步伐的加快，制度建设受到重视以保障扶贫工作的有序进行，主要表现为根据贫困者的不同特点与情况进行扶贫支持，大体上从四个方面逐步推进。一是开发扶贫制度，包括中共中央、国务院《关于帮助贫困地区尽快改变面貌的通知》《国家八七扶贫攻坚计划（1994—2000年）》《中国农村扶贫开发纲要（2001—2010年）》《中国农村扶贫开发纲要（2011—2020年）》等，我国试图通过这些政策制度促进贫困地区有发展潜能的贫困者依靠自己的力量自我发展，摆脱贫困。改变了传统贫困救济方式下农户对政策的依赖，增加农户自我发展能力、自我积累能力。二是救助扶贫制度，主要是加强城乡最低生活保障等其他制度规则的建设，包括《农村五保供养条例》《城市居民最低生活保障条例》等，除保障基本生活外，相关法律还注重提供就业机会、教育培训机会和养老保障等。三是促进社会参与扶贫的相关制度，包括《中华人民共和国公共事业捐赠法》等，在规则上注重市场特别是非政府组织扶贫参与的作用，以便向贫困者提供更多的市场信息、资金支持、技能培训、就业渠道。四是对特定弱势群体的相关制度，特别是老年人、残障人士、儿童等。在每个时期，这些政策都发挥出很好的规范作用。

但随着新时期精准扶贫的推进，这些政策的完整性、权威性、操作性等方面的缺陷也日益突出，带来了资金使用、资源运用、绩效评估、扶贫效率、社会公平等方面的问题，因此，政府应该加强顶层设计，尽快制定更加具体可行的政策方案。

二、生态减贫的工作机制

（一）减贫工作机制的经验借鉴

1. 注重扶贫政策的制定与具体落实

在过去的扶贫实践中，政府根据实际情况适时出台相关政策，对具体的扶贫工作加以指导，这些政策更多的是从宏观层面作出规划。例如在精准扶贫政策中提出要做到精准识别、精准帮扶，而具体的识别方法、帮扶方式则交由地方政府根据实际情况做出决定，即注意部分权力的下放，使得在实际扶贫中，各地可根据实际情况作出变通。同时政府在制定政策时，注意根据各地实际情况作出一定的政策倾斜。

扶贫资金的使用在整个扶贫环节中占据着极其重要的位置。在过去的扶贫实践中，我国政府通过法律规定扶贫资金要专款专用，严禁挪作他用，在实际的资金使用上要求"实名登记"，确保资金用在"刀刃上"。施行定期公布、公开、上报处理，实现了社会各界对扶贫资金使用的有效监督。

初步构建起扶贫工作的考核评价体系，科学的考核体系可以促进扶贫工作的专业化与系统化。在过去的扶贫实践中，我国初步建立了各地各政府的扶贫考核制度，主要是上级部门对下级组织在扶贫"数量上"达标与否的考核，根据考核结果建立起表扬与问责机制，部分地区还发展出定期举办表彰会，表扬扶贫成效较好的下级单位。

2. 构建多方参与的社会扶贫工作体系

首先，政府有丰富的资源优势与规范化的帮扶程序，在扶贫中发挥着主导性作用，但是其缺乏灵活性。其次，非政府组织主要包括企事业单位、村集体或社区、专业机构、民间组织、志愿者等，非政府组织具有政府组织所缺乏的灵活性，在扶贫中有着极大的潜能。但在过去的扶贫中，非政府组织未能充分发挥出其应有作用，在近年的扶贫发展中我国正逐步鼓励、倡导社会力量参与扶贫工作，并使其逐步制度化、常态化。

近年来，我国政府开始施行"政府购买服务"项目，即政府出资设立扶贫项目，通过竞标的方式，召集专业性更强的非政府组织来开展扶贫活动。政府提出明确的目标要求，对"中标"组织的扶贫过程进行监督。这一方面分担了政府部分责任，另一方面扶贫过程更加专业，使得政府出资达到事半功倍的效果。

3. 创新社会扶贫资源筹集、配置、使用和监管制度

我国正逐步加强对社会扶贫资源筹集、配置、使用的规范管理，初步建立起监察评估机制。在扶贫资源的筹集、配置与使用上，更倾向于运用"互联网＋"模式，打通贫困人群获取信息、积极脱贫的"最后一公里"。

与此同时，注重监督机制作用的发挥，突破传统的政府监督机制，鼓励全社会对扶贫资金、扶贫效果的监督。同时，引入第三方专业评估机制，对扶贫的效果、扶贫稳定性、贫困人口的能力增强情况等多方面进行综合评估。

（二）国内外部分地区生态减贫工作机制的做法及启示

案 例 --

美国田纳西河流域生态减贫的做法及启示①

　　田纳西河流域位于美国东南部，处于中低纬度，流域内多山，地形起伏大。该流域开发较早，18世纪六七十年代已出现较发达的农业。因为起初人口规模小，人类活动没有给自然环境带来大范围影响，流域内部山清水秀，森林繁茂。但到19世纪后期，由于人口激增，流域内资源遭到大规模的掠夺式开发，导致土地退化、植被剧减、环境受到严重污染。到20世纪30年代，该流域资源、环境被严重破坏，此时此地人均收入不足100美元，成为美国最贫困的地区之一。

　　为解决田纳西河流域的贫困及环境破坏等问题，1933年罗斯福总统开始对此流域实施"有计划地发展经济"。同年5月，美国国会通过《田纳西河流域管理局法案》设立田纳西河流域管理局，授权其负责开发与治理流域的权利。田纳西河流域管理局设立之初，致力于对流域内水资源进行统一开发和管理，同时注重对环境的保护。目前，据田纳西河流域管理局称，田纳西河流域已经在航运、防洪、发电、水质、娱乐和土地利用六个方面实现了统一开发和管理。除此之外，田纳西河流域管理局一直致力于建立良性的经营运行机制，管理局成立早期，其资金来源主要是政府拨款。1960年田纳西河流域管理局开始在全国发行债券，为发展电力筹措资金，继而积极开发电力项目，建立火电站、核电等，使流域经济"进入市场"，最终有能力对政府的拨款进行限额偿还。

---

①　美国田纳西河流域减贫相关内容整理自论文资料。刘旭辉．美国田纳西河流域开发和管理的成功经验［J］．老区建设，2010（3）：57－58．

从上述田纳西河流域生态减贫的事例中，我们可以总结出如下经验。一是政府的全局规划、立法保证必不可少，那时美国实施"有计划的经济发展"并通过《田纳西河流域管理局法案》设立田纳西河流域管理局，是田纳西河流域开发与治理取得成功的关键所在。二是统一领导、统一规划、分散管理。一方面，田纳西河流域管理局只接受总统领导和国会监督，完成下达任务和目标，除此之外拥有广泛的自决权。另一方面，管理局对流域内部事物有强有力的领导力，无论在计划制订还是部门任务等方面管理局都有统一规划，但在具体施行方面，管理局也注意权力的下放，使得各部门充分发挥其灵活性，在管理局内部，各部门达到很好的协调性。而在具体的资源开发上面，其主要依据经济规律办事，达到了计划性和商品经济灵活性的最优配合。三是综合开发、合理调整产业结构和空间布局，田纳西河流域始终以水资源和土地资源的统一开发为基础，因地制宜地发展农、林、牧、渔产业，经过几十年的发展，流域由开始的以农业为主逐渐转变为以商业、制造业、服务业为主的产业发展结构，同时它注意城市和乡村的平衡发展，管理局注重将商业、制造业布局于乡村，促进农民的就业，以增加收入，形成了农业与工业协调混合的景象。四是田纳西河流域在发展过程中始终重视生态，以资源开发促进生态环境发展，在其规划与实施阶段始终坚持绿色发展理念，以资源开发和保护带动经济的发展，注重在水资源开发利用的同时与流域内生态建设、防洪水运、休闲旅游等紧密结合，带动经济社会的健康发展。

> **案 例** --

大余县"企业家 + 农户"帮扶模式①

2013 年以来，大余县深入开展私营企业家参与扶贫济贫"功德"工程。将扶贫资源的整合与贫困户自我能力的发展相结合，走出了一条"企业家 + 农户"的扶贫开发模式。大余县大力提倡企业家定点帮助贫困户，重点发展农业产业。大余县的 10 位企业家与 10 个村庄里的 100 户贫困户

---

① 大余县脱贫减贫相关内容整理自书籍资料。刘善庆，张明林. 共享理念下的赣南等中央苏区脱贫攻坚研究 [M]. 北京：经济管理出版社，2017：144 – 146.

结对进行产业扶持，每位企业家对定点扶贫村的 10 户贫困家庭每家提供 3000 元的定点帮扶资金。为确保效果，大余县规定被帮扶的贫困户必须满足三个条件：一是被扶助家庭必须是低保户或是低收入家庭；二是被扶助家庭的家庭成员必须不怕困难、肯吃苦、勤劳能干且诚实守信；三是该家庭要有一定的技术基础和致富能力。为保证公平，大余县的 10 个村集体须及时举办扶贫会议并且对会议上决定的定点扶贫家庭进行公示。企业家选择合适的有发展前景的产业项目，定点进行资金扶持与技术指导，这一扶贫活动的实施，使得许多之前由于缺乏资金而陷入贫困的贫困户抓住机会，得到了发展。例如浮江乡车里村的某贫困户在获得定点扶贫资金后，凭借自己多年种植桂花、罗汉松等乡土苗木的经验，扩大种植面积，现今已种植乡土苗木 5 亩之多，预计纯收入可达 5 万多元。为推进整村整县的发展，大余县创新原有机制，发展滚动式发展产业扶贫，即上年得到 3000 元帮扶资金的贫困户，在来年农业获得收益后，用这 3000 元扶持村里另一户贫困户。这样一来，整个村都得以脱贫甚至发展起来，利于推动全村早日脱贫致富。

从上述大余县的发展实例中，我们可以得到如下启发。一是政府或者当地基层要充分调动、发挥地区周边企业、企业家的力量。在这一案例中，大余县正是因为动员了周边 10 位企业家参与当地扶贫行动，赞助扶贫资助金，才使得后面村民的发展成为可能。二是注重整个过程的公开透明、保证公平。大余县专门召开扶贫会议决定企业家的帮扶对象，大会决定了帮扶对象后还会在村里进行公开，听取村民们的意见，不仅保证了扶贫的效益而且保证公平公正，降低冲突发生的可能性。三是注重因地制宜。大余县在此次的扶贫开发项目中，不是单纯地依靠企业家来想办法帮助贫困户脱贫，而是充分利用贫困户原有技术优势，借助于企业家的资金，并在其指导下，发展在当地"吃的香"的农业产业。四是创新发展机制，实行滚动式发展产业扶贫模式。采取滚雪球的方式，继续实行"一对一"帮扶，这一模式不仅发挥了刚脱贫"贫困户"的积极性，而且由于在同样条件的某些情况下脱贫手段是可复制的，使得整村脱贫变得简单，最终实现整村发展。

（三）对生态减贫工作机制的建议

1. 完善生态扶贫政策，创新扶贫工作机制

健全与完善法律保障体系，是生态扶贫开展的前提。现有的扶贫政策大多缺乏生态意识，导致扶贫与生态保护相脱离，应加快制定并落实生态扶贫政策，使生态扶贫行动有法可依。除此之外，政府有关部门还要不断增强生态扶贫政策宣传，使贫困地区改变传统观念，减少农村贫困地区生活垃圾、农业秸秆的燃烧，缓解水污染、土壤污染等给环境带来的不利影响。让尊重自然、顺应自然、保护自然的现代生态文明理念深入人心，并自觉融入贫困地区经济社会发展之中，通过生态扶贫，将片区打造成"环境优美、生活富足、生态文明"的社会主义新农村。

进一步创新生态扶贫工作机制，在政府主导前提下，注重发挥市场力量，以市场运作模式为准入机制，发挥市场调节作用，当然应特别注意，我们并不提倡扶贫工作完全的市场化，而是在政府宏观调控下的市场介入，即所谓建立"准市场"机制。借鉴大余县生态扶贫工作机制，设计出因地制宜的滚动式生态扶贫发展机制。建立绿色发展、生态减贫工作指标评价体系，强调以环境保护为前提，兼顾经济发展，不再单纯追求 GDP 增长，定期公开生态扶贫数据并上报结果。注重扶贫质量，保证扶贫成效，实现贫困地区脱贫保证发展的可持续性。

2. 深化现有生态扶贫项目，形成生态扶贫激励机制

首先，政府部门应继续开展、落实现有的"结对"帮扶措施。做好党员干部结对贫困村甚至贫困户，深入贫困农村了解致贫原因及其拥有的可利用资源，因地制宜，合理开发，借助于优秀党员的学识与能力，帮助贫困村合理发展绿色的、有前景的产业。同时注意做好县领导与经济贫困地区、上层领导干部与贫困县的联系工作，坚持选派优秀干部驻村帮扶。通过合理的政策设计与激励机制，吸引、鼓励有想法、有能力、有农业技能的劳动力回流于农村，做区县贫困村产业发展带头人。

其次，加强政府购买服务力度，引入第三方社会力量参与生态扶贫。在引入第三方社会力量时政府应注意处理好与第三方力量之间的关系。一方面，政府出资，提绩效要求，对第三方力量进行监督；另一方面，政府要给第三方力量以足够的空间，使其充分发挥专业优势来引导贫困个体、贫困地区绿色、长久脱贫。避免社会力量太过于依赖政府，最终导致扶贫手段的行政化、单一化。与此同时，政府应下大力气帮助发展社会企业，社会企业即运用私人部门的企业技巧，同时拥有强烈的社会使命，可盈利，但盈利不是其主要目的的组织。社会企业可同时运用市场资源与非市场资源促进社会使命的达成，简言之即"运用商业手段、达成社会目标"。在这里，我们提到社会企业的社会使命就是帮助贫困人口脱贫，特别是实现其绿色、持久的脱贫。

最后，做好农村特别是贫困农村的土地流转工作。鼓励贫困农村成立农民专业合作社，在有能力的带头人、当地龙头企业的带领下因地制宜发展绿色产业，实现土地资源的集约化和高效化，同时做好合作社的"分红"工作，促进贫困农民增收。此外，在劳动力回流与土地流转的基础上，积极培养新型职业农民，探索发展合作经济组织，加快构建新型农业经营体系，推动现代农业发展，实现全民致富。

第十一章

总结与展望[*]

　　生态减贫并非若干政策的机械组合，而是包含着多种政策举措、多元工作主体、多方社会力量和多个措施对象的复杂系统，理应以系统论的思想被作为一个复杂的关联系统来理解。本章基于全书对生态减贫思想基础、理论架构、模式路径、制度安排和组织保障的论述，对生态减贫的历史运行和各要素环节进行总结，并提出应当针对生态减贫的系统性构建一个多方合力、有效共治的生态减贫治理体系以促进生态保护与脱贫攻坚协调发展，同时勾画了这一治理体系中的基本要素和互动关系。最后，本章对生态减贫的未来进行了展望，随着 2020 年后扶贫时代的到来，生态减贫也必将与乡村振兴的战略规划相结合，为农村生态的建设、乡村生态经济的发展贡献独特的力量。

第一节
生态减贫的历史回顾

　　总的来看，可以将中国自改革开放以来至 2020 年进入全面小康社会期间，生态减贫的历史演变分为三个主要阶段：一是生态减贫准备期；二是生态减贫期；三是大生态减贫期。

---

* 杨嘉琪、袁旋宇为本章做了大量工作，在此表示感谢。

一、生态减贫准备期

1994 年国务院制定《国家八七扶贫攻坚计划（1994—2000 年）》，提出从 1994 年到 2000 年，集中人力、物力、财力，动员社会各界力量，力争用七年左右的时间，基本解决目前全国农村 8000 万贫困人口的温饱问题。从这一计划出台后，中国开始自上而下地成立扶贫机构，确定了开发式扶贫方针。我国从此进入了生态减贫的准备期。在"八七扶贫攻坚计划"结束后，脱贫攻坚的推进为生态减贫的提出和发展提供了必要的物质基础，贫困地区提供了大量的公共物品和公共服务，扶贫开发取得了瞩目的成就。然而，《国家八七扶贫攻坚计划（1994—2000 年）》只是指出了贫困县共同的特征之一是生态失调，并在各部门扶贫任务中加上了改善生态环境的内容，但具体的生态减贫手段并未提及。

二、生态减贫期

在生态减贫的准备期间，自然条件恶劣，农业基础薄弱，抗御自然灾害的能力低，使得贫困地区逢天灾必受重灾，已经解决温饱的贫困户因生产条件恶化再次返贫。基于这样的现实情况，《中国农村扶贫开发纲要（2001—2010 年）》提出坚持可持续发展的方针：扶贫开发必须与资源保护、生态建设相结合，与计划生育相结合，控制贫困地区人口的过快增长，实现资源、人口和环境的良性循环，提高贫困地区可持续发展的能力。

2001 年 10 月出台的《〈中国的农村扶贫开发〉白皮书》明确提出开发式扶贫的五大方针，其中第五个方针明确提出：扶贫开发与水土保持、环境保护、生态建设相结合，实施可持续发展战略，增强贫困地区和贫困农户的发展后劲。

至此，我国正式迈入了可持续发展的生态减贫期，将扶贫事业与可持续发展模式相结合，探索可持续发展的生态减贫之路。为进一步改善贫困地区的贫困现状，促进共同富裕，实现全面建设小康社会的奋斗目标。

2011 年 12 月发布的《中国农村扶贫开发纲要（2011—2020 年）》，将扶贫开发与生态建设、环境保护、城镇化和新农村建设结合起来，充分发挥贫困地区资源优势，发展环境友好型产业，增强防灾减灾能力，提倡健康科学生活方式，促进经济社会发展与人口资源环境相协调。

三、大生态减贫期

随着人们生态意识的普遍提高，经济增长与生态保护双赢已成为地区发展追求的理想目标，在中国的脱贫攻坚实践中，对生态意识的强调同样融入了整体扶贫工作中。中国贫困人口的聚集分布情况与生态脆弱区存在高度一致性，尤其是集中连片贫困地区，超过 90% 的贫困人口都生活在生态环境脆弱地区，[①] 在生态环境成为消除贫困一大阻碍的前提下，需要将生态保护和脱贫攻坚进行结合，破除经济与生态双重贫困的恶性循环，并探索生态资源扶贫价值的可持续变现。

2015 年《中共中央 国务院关于打赢脱贫攻坚战的决定》中明确提出，在脱贫攻坚战役中要贯彻创新、协调、绿色、开放、共享的发展理念，坚持扶贫开发与生态保护并重，咬定青山不放松。在处理扶贫和生态的关系时，要坚持保护生态、实现绿色发展的基本原则，牢固树立绿水青山就是金山银山的理念。扶贫不能以牺牲生态为代价，而贫困人口也要能从生态建设与修复中获得更多实惠。据此提出的"生态减贫"概念，以"五个一批"中的"生态补偿脱贫一批"为主要内容，包括生态补偿转移支付和设立生态公益岗位等内容。

随着"生态减贫"概念不断发展，其内涵和外延也发生了变化，生态建设修复活动与脱贫攻坚在更多维度上得到了结合。2018 年，国家发展改革委、国务院扶贫办等六部门联合印发的《生态扶贫工作方案》标志着生态减贫作为一项重要的脱贫攻坚专项行动，需要以专门的思路和方法去规划工作。如何构建一个多方合力、有效共治的生态减贫治理体系，实现生

---

① 冷志明，丁建军，殷强. 生态扶贫研究［J］. 吉首大学学报（社会科学版），2018，39
（4）：70-75.

态治理与脱贫攻坚成效并举，是一个值得思考的问题。

第二节
生态减贫的核心特征与治理体系构建

一、生态减贫的系统性

从已有研究与实践经验来看，生态减贫本身应当以系统论的思想被作为一个复杂的关联系统来理解。在这一系统中，包含着多种政策举措、多元工作主体、多方社会力量和多个措施对象，而每一项具体的生态减贫工作举措内部也是一个多要素系统。这些要素和主体间存在着持续性的互相影响、互相促进、互相关联作用。

具体来说，生态减贫的系统性体现为：在多种政策举措上，生态减贫与脱贫攻坚的全局部署是相互支撑、相互促进、相互印证的。生态减贫的思想和具体措施高度融合并内化在精准扶贫、产业扶贫、文化扶贫、扶志扶智等各方面的扶贫举措中，牵一发而动全身。在多元工作主体和多方社会力量上，生态减贫需要政府、企业、个人三方面共同努力，也需要当地的政府、企业与对口帮扶地、有东西扶贫协作联系的地区的政府、企业加强协作，更需要贫困农户与帮扶责任人共同更新观念，出谋划策。在多个措施对象上，生态减贫是实施重大生态工程建设、加大生态补偿力度、发展生态产业、开展生态移民搬迁、开发管理公益性岗位，对生态资源资产股权化等一系列工作措施的有机组合，如生态移民搬迁可能与退耕还林等生态工程建设项目结合，发展生态产业可能在生态资源资产股权化的基础上开展等。

此外，无论是发展生态产业、生态补偿、生态建设还是生态移民搬迁，其自身也都是包含着多要素的复杂系统，系统内存在着复杂的关联关系。如图 11-1 所示，生态减贫是一项系统工程，具有诸多系统性特征。

生态减贫这一系统的复杂性使得一些地方在开展生态减贫工作的初期不能很好地掌握推进力度、把握推进方法，并且常常简单地将生态减贫等同于一个或几个孤立政策的机械组合。在实地调研中，我们发现许多扶贫

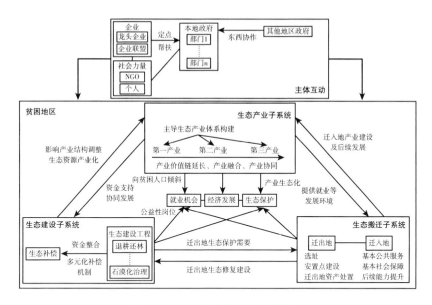

图 11-1　生态减贫的系统性特征

干部仍将生态减贫简单地理解为退耕还林等生态补偿政策加上护林员等制度，或是过大、过空地将所有保护生态环境的政策与行为都理解为生态减贫。这样的认知不利于生态减贫工作的有效推进。

但是，各省（区、市）仍然在不断探索生态减贫的工作方法与路径的过程中积累了许多宝贵经验，同时，《生态扶贫工作方案》中也提出，必须要采取超常规举措，推动贫困地区扶贫开发与生态保护相协调、脱贫致富与可持续发展相促进，使贫困人口从生态保护与修复中得到更多实惠，实现脱贫攻坚与生态文明建设双赢。

理论和实践都说明，要真正推动生态减贫工作落到实处、发挥效果，并与 2020 年后乡村振兴战略有效衔接，必须将生态减贫工作内化到脱贫攻坚总体部署的各个维度，形成多项措施、多方主体的良性互动机制，即基于生态减贫的系统性特征，构建一套完善的生态减贫治理体系。

一套行之有效的生态扶贫治理体系至少应当注重三个层面的系统关联。一是在各主体互动关系上发力，建立常态的沟通协调机制和利益联结机制。二是关注生态扶贫大系统内各个政策措施子系统内部的要素关联关系，如发展生态产业的系统性和相互协同、生态移民搬迁前中后环节的系统性等。三是推动生态扶贫各个子系统之间建立互动联系，使生态建设、生态补偿与产业发展、移民搬迁互相促进，最终推动贫困地区扶贫开发与生态保护相协调。

二、生态减贫治理体系中的主体关系与互动机制

生态资源本身的公共物品特征及其产生的正外部性决定了政府是生态减贫治理体系中的主要主体，因此治理体系中的主体互动关系也主要集中于上下级政府之间及政府内部各部门的协调沟通。

对地方政府而言，生态减贫是一项综合性的扶贫治理举措。在内涵上，它既重视生态资源的维护，也重视贫困群众的增收，因而至少需要环保部门与扶贫部门合力推动。在工作要点上，其至少包括生态治理建设、生态产业发展、生态移民搬迁三个部分，每个部分的工作落实都涉及多部门的协作配合。如退耕还林扶贫工程涉及当地发展和改革委与林业部门等，森林生态效益补偿扶贫工程涉及当地林业部门与财政部门等，生态护林员的精准管理还与扶贫办相关，而自然保护区生态移民工程还需省水利局的配合。这种多主体、跨部门的工作需求就要求地方必须在顶层设计上做好规划，为生态减贫提供组织、政策上的保障，促进各个工作主体之间建立稳定的沟通协调关系。

案例 --

贵州省构建生态减贫各相关部门的主体互动机制[①]

贵州省在双组长制扶贫开发领导小组对脱贫攻坚进行总体布局的基础上，围绕生态减贫工作重点，着力加强发展改革、林业、财政、扶贫、水利、水库和生态移民以及能源部门之间的组织沟通，建立健全了多部门的定期会商工作机制，促进了各部门的常态化沟通协商。

贵州省还在机构改革中做了前沿性探索。贵州省是全国易地搬迁任务最重的省份，而这一工作又涉及多个部门间的协调配合，因此贵州省将这

[①] 案例系笔者调研收集一手资料整理而成，下同。

一工作单独提取出来作为独立扶贫工程开展，逐级成立易地扶贫搬迁工程建设指挥部，2018年还新组建了生态移民局作为省政府直属机构，专门负责生态移民工程的法规草案及政策制定、搬迁工程的协调指导与审核监察等，这种机构改革减少了部门间的沟通协调成本。

此外，贵州省自2004年起就通过《泛珠三角区域环境保护合作协议》开启区域生态环境治理合作。2016年通过《关于推动绿色发展建设生态文明的意见》进一步提出通过大生态和大扶贫的结合强化省级环境保护协作和自然生态资本转化合作。2018年印发的《贵州省生态扶贫实施方案》提出了生态扶贫十大工程，要求在进一步加大生态建设保护和修复力度的同时，促进贫困人口在生态建设保护修复中增收脱贫，切实发挥生态扶贫的作用。

从贵州的实践经验来看，生态减贫治理体系中的政府互动可通过三种方式进行构建：一是建立多部门的沟通协调机制，为生态减贫提供坚实的组织保障；二是通过生态减贫相关文件的发布，为生态减贫各部门协调提供一致的政治要求和政策基础；三是可以探索部门机构改革，新成立一些复合部门，强化责任主体。

除上下级政府及政府内部各部门的互动关系外，跨行政区域的政府间协作、政府与企业及其他社会力量间的互动也是推动生态减贫有效治理的重要关联关系，如东西部扶贫协作、企业定点帮扶等。尤其东西部扶贫协作正在发挥越来越重要的作用，在一般意义上，东西部扶贫协作围绕着人财物展开：一是积极引进东部优秀的干部、教师、龙头企业和企业家以及管理团队，积极输出西部优质的人才和劳动力接受深造和培训；二是促进东西部财政、市场互动，由东部地区为西部地区提供资金支持，提供发展空间；三是促进东西部物资交换，将东西部的特色相结合，各取所需，共促发展。这种人财物的沟通可以为生态减贫治理提供良好的外部机遇和支持。

三、生态产业子系统内的要素关联

从生态减贫治理体系的视野来看，发展生态产业是治理体系中的一个重要子系统，而如何把握这一子系统内部各要素的关联互动是决定生态产业能否健康有效发展的关键，也决定着整体的生态减贫治理体系能否有效运转。基于系统理论的视角，生态产业子系统内的关键要素和互动关系如图11-2所示。

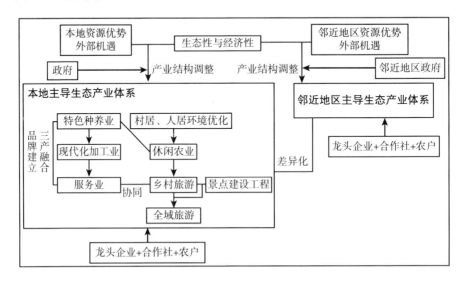

图11-2　生态产业子系统内部关联示意

（一）主导生态产业体系构建

首先，地方必须结合当地实际情况确定生态主导产业。生态主导产业的确定不仅需要多方面综合考虑地方生态资源的比较优势、产业的生态性及经济性等，也会受到多因素影响，如外部市场需求变化趋势、对外招商引资企业情况等。由于不同生态资源间的关联性较强，地方往往会有多种具备比较优势的生态资源，因此可围绕一至两种主导产业构建主导产业体系。同时在具体实践中，主导生态产业体系的确定往往伴随着区域产业结构的整体调整。

构建适宜的主导生态产业体系亦需要主体间的良好互动。一方面，体系的构建主体往往是地方政府，但不同政府间的职责任务存在差异，并且需要协调规划来保持发展战略间的协同。纵向来看，不同层级的政府在确定主导产业体系的过程中所发挥的作用不同，较高层级的政府如省政府往往结合全省情况规划几种主导产业，而县级政府则负责具体落实。横向来看，各地方政府构建主导生态产业体系时还需注重产业的差异化，即要考虑到周边邻近区域的产业选择，通过扩大产业体系间的差异化促进产业供应链之间的协同。另一方面，政府与企业的互动也是决定地方主导生态产业的重要基础因素，地方需根据当地企业以及招商引资等外部渠道所引进企业的既有行业优势优选生态产业。在产业发展的过程中，"龙头企业＋合作社＋农户"的互动关系更是保障生态产业健康发展、有效助力扶贫的关键点。

（二）产业价值链延长及产业间协同

在确定了主导产业体系后，需要通过多途径推进主导生态产业体系内各产业的成熟化和协同化，在实践中往往体现为通过各种方式延长产业价值链、提高产品附加值，并在此基础上打造品牌、配套服务以提升产业的成熟度；同时推动第一、第二、第三产业融合，实现各生态产业间的互相协同、互相促进，形成健康运行的生态产业体系。

案例 --

赤水市及江口县基于本地特色种养业延长产业链的案例

赤水市基于丰富的竹资源优势（132.8 万亩竹林、80 万亩杂竹，可采伐杂竹每年 100 万吨）进行产业发展，当地企业大多从事竹资源加工业，并从纵向横向进行产业链延长和产业扩展。纵向上，向上游延伸是竹种植业，竹加工公司与栽种采伐的村集体合作社或农民个体对接，形成工农业之间的反哺；向下延伸为高级竹加工业如家具制造等提高附加值。横向来看，竹资源还被利用发展为竹原料及竹食物制品销售、竹生态旅游、竹碳汇资源交易等，向食品加工业、旅游业、金融业等第三产业发展，从而围绕竹资源构建一二三产并行的生态产业体系。

江口县也基于当地茶资源延长了产业价值链，不同的是，江口县在这一过程中更多借助了大型龙头企业的力量，通过以大龙头带小龙头的企业联盟方式增强茶叶相关产品在市场中的竞争力，集合全县企业力量打造茶产业品牌。2007 年江口县茶产业从零起步，通过引进省外有实力的茶叶企业带动基地建设、解决茶叶加工和销售的发展模式，组建了专业合作社 68 个，引进企业 52 家，其中省级产业化龙头企业 3 家，省级扶贫龙头企业 6 家，通过龙头企业的大数量集聚，江口县也因此而形成了以贵茶集团为龙头、全县所有茶叶企业加入联盟的共同体。全县茶产业目前已经实现从无到有、从小到大的发展目标，从最初只有种植与粗加工发展为具备完整的产业链和品牌效应主导产业。

从赤水和江口的案例中可以看出，贫困地区往往以特色种养业，尤其是通过种植短平快的经济作物作为生态产业选择的第一步。但由于许多特色种养业从产业属性上仍隶属于农业，属低利润产业，仅依靠单纯的种植和粗加工较难获得可观的利润空间，有限的利润不利于人力资源的保留或者召回，也不利于后续衔接乡村振兴建设。同时，农业也是弱质产业，容易受自然风险、市场风险和技术风险的影响，一旦面临风险很可能意味着既往投入易付诸东流，农民贫困的状况可能更加窘迫。因此，成熟的生态产业体系应当以特色种养业为基础进一步延长产业链，通过"龙头企业＋合作社＋农户"等模式发展基于初级农产品的现代化加工业；并通过增加技术指导、尝试改良品种等方式降低风险，通过建设产业品牌、拓展市场资源等方式提升生态产业效益。

此外，一些生态环境优美、人文资源丰富的贫困地区往往探索发展生态旅游业，以实现地区经济发展和生态保护双赢。在生态产业中，生态旅游业是最受青睐的选择。一是因为旅游业具有强大的带动作用，它既是一个综合性经济产业，也是一个劳动密集型产业，旅游发展会大幅增加区域内的人流、物流、资金流、信息流的流动，为当地居民提供大量就业机会；二是因为旅游业与其他产业间存在紧密关联，旅游业能有效带动建筑业、交通业、商业等产业的发展，尤其是与生态产业及生态活动能够发生紧密关联。一些地区在村居人居环境优化的基础上，发展休闲农业和乡村旅游，使得特色村寨与地区内的著名景点在地理位置上形成呼应，实现了生态旅游业的空间协同，推动了当地全域旅游的建设。

案 例

江口县基于梵净山旅游资源构建生态旅游业的空间协同

江口县地处著名景区梵净山脚下，其依托梵净山优质旅游资源，按照全域旅游的思路构建了"景区带村"的旅游业空间协同。首先是通过科学规划改善贫困村村貌，遵循民族文化传统村落保护原则，结合村落特点，围绕养生度假、休闲农业、特色文化、传统村落等不同类型，编制了50余个特色乡村旅游扶贫项目，最终根据"一品一特"，围绕梵净山周边打造了寨沙侗寨等民族文化乡村旅游景点、快场村等山水体验乡村旅游景点、张家坡等传统村落乡村旅游景点、鱼粮溪农业公园等农旅一体化的休闲体验乡村旅游景点，实现了"农村"到"景区"转变。这些新转化的景区围绕梵净山分布，可以很好地调和梵净山的游客量。同时在完成转化后完善产业，发展精品民俗、乡村旅馆和农家乐，或把特色农产品打造成高附加值的旅游商品，如把茶叶、紫袍玉、山野菜等土特产加工成适销对路的地标式"旅游商品"，让贫困户成为旅游商品的"供应商"和受益者。

在江口县的案例中，生态产业间的相互协同不仅体现在生态旅游业中乡村旅游和景区旅游的空间协同上，还体现在农业与旅游业的融合上。一方面，特色种养业的发展提供了可供销售推广的特色农产品，为旅游业提供了旅游商品；另一方面，旅游业的发展促进了客流量的增加，也为地区的旅游配套服务产业创造了需求，更有助于农业的品牌建立和地区知名度的提高。

四、生态搬迁子系统内的环节互动

生态易地扶贫搬迁与易地扶贫搬迁的区别主要体现在迁出地一般是具有重要生态功能的区域或是生存环境恶劣的区域。对于前者，需尽可能避免人类生产生活对自然生态造成影响，当地贫困居民需要外迁至适宜地区才可获得发展机会，如大小兴安岭生态功能区的生态移民工程。对于后者，导致当地居民陷入贫困的主要原因便是缺乏生产生活所必需的资源，因此同样需要将居民迁出至生存资源丰富的地区再进一步帮助其脱贫，如西藏尼玛这一高海拔地区的生态搬迁行动。

（一）生态易地扶贫搬迁的系统性

在整体的生态减贫治理体系中，生态搬迁同样自成一套复杂子系统，它的系统性体现在多目的、多环节、多内容上。同时，生态移民搬迁要实现政策目的还必须与生态建设行动、生态产业发展等进行结合。生态易地搬迁子系统内的要素互动如图 11-3 所示。

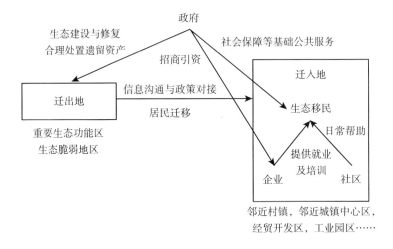

图 11-3　生态移民搬迁子系统内的要素互动

首先，生态易地扶贫搬迁的目的并非只是简单地完成人口迁移。易地搬迁的起因是生态限制，落脚点是扶贫开发，因此生态易地扶贫搬迁工程的目的至少包括实现迁出贫困群众的脱贫致富，以及完成对迁出地生态环境的建设与修复。其次，从生态易地扶贫搬迁的环节上看，在迁出、迁入、后续提升三个环节要实现"搬得出、稳得住、能致富"。三个环节并非简单的线性递推关系，而是相互影响、相互作用的。迁入地的位置、整体发展水平以及后续提升的保障性措施从一开始就会影响到居民的搬迁意愿。而在迁入和后续提升的环节中，也还会存在许多希望搬回迁出地的声音。生态易地扶贫搬迁作为一项系统性复杂工作，必须探索出能良好把握三个环节互动关系的工作机制。最后，生态易地扶贫搬迁始终与其他相关的生态减贫子系统存在互动关系。一方面，修复迁出地的生态需要人力、物力，这与生态工程建设、生态补偿机制将产生互动关系；另一方面，迁入地的生态移民追求后续发展，这就要求迁入地有完善的生态产业体系规划，为移民提供充足的就业和发展机会。

在实践中，这种系统性还体现在相关行政机构的密切沟通和成体系的政策文件上，由于涉及生态移民工作的多个部门，部门间的常态化沟通机制相当必要，同时各有关部门都必须出台一定的支持性文件并最终形成完善的政策体系，才能使生态移民搬迁的推进有足够的政策支持。

（二）生态易地扶贫搬迁中的环节互动

考虑生态易地扶贫搬迁的"搬得出"环节。出于乡土情结、对本地资产的不舍、搬迁成本高等原因，居民往往不愿意搬迁。因此迁入地与迁出地作为子系统中的两个重要主体要相互配合。前者需筹资完成迁入地的建设、相应基础设施和公共服务的配套、确定落实搬迁补贴相关政策等，以降低贫困户的搬迁成本；后者需要通过加大宣传等多种途径增强居民的搬迁意愿、完成居民本地资产确权相关工作、确定本地资产的后续处置方式等，以消除贫困户的思想忧虑。

迁出地的工作并非在移民迁出后就结束，除了辅助移民顺利搬迁外，迁出地还需结合生态减贫中的其他子系统对迁入地的生态改善作出规划。一方面，对生态环境本来较脆弱的迁出地，需在居民迁出后做好相关的生态建设和修复行动，整合相关生态补偿和生态建设资金进行宅基地复垦复绿、耕地退耕还林等，从而恢复保护当地的生态资源环境；另一方面，对于生态资源较好的迁出地，则还需同生态产业子系统相结合，盘活"三块地"，如通过林地入股等方式创新生态资源利用，或以其为基础形成有观赏旅游价值的自然生态区等。

在"稳得住"环节中，要保证移民能够在当地实现稳定生产生活。为此，迁入地政府需要提供医疗等基本社会保障与教育等基本公共服务，通过招商引资等方式增加本地就业机会等，在满足"住"这一基本需求的基础上完善"衣""食""行""用"等方面的服务提供。迁出地政府需要就搬迁事宜与居民达成协议，对居民原有资产进行合理处置并按照约定给予迁出群众相应补偿。同时，两地政府需要加强信息沟通与政策协同，在政策对接过程中有时还需要上级政府的支持保障。例如居民因搬迁导致户口性质发生变化时，其所享受的社会保障标准及范围也会变化，政府需对这些变化灵活处理以保障迁出群众的生产生活不会受到大的影响。

案 例 --

S 市与 Q 县易地搬迁后续保障支持体系构建的案例

S 市为强化后续服务管理着力从"三就"（就业、就学、就医）、"三保"（低保、医保、社保）下功夫。首先，对跨乡镇安置的群众实行"双向包保"，由迁入地落实就学、就业、医疗三大保障，迁出地盘活农村承包地、山林地、宅基地"三块地"进行资源入股分红，确保搬迁群众既享受市民待遇，又保留农村权益。其次，建立完善城区、园区、景区用工需求信息库，根据需求开展特定技能培训，为贫困户提供全环节的就业服务。最后，在安置点设立管理服务中心，组织开展社区文化活动，帮助搬迁群众提高适应能力，尽快融入当地生产生活。

Q 县在"稳得住"上，积极落实搬迁对象的民政救助，包括特困供养、城乡低保、医疗救助扶助，以及落实新型农村合作医疗等。为确保搬迁群众不因病返贫，Q 县制订了易地扶贫搬迁医保工作方案，明确相关医疗政策不因搬迁和户籍性质的改变而变化。对易地扶贫搬迁点成立临时党工委，设立综合服务办公室、就业社保办公室、社会事务办公室、医疗服务中心、群众工作中心等，帮助落实群众搬迁入住后的就医、就学、就业、低保、社保及社会治安维护等相关问题，营造利于搬迁群众实现可持续发展的良好环境。

"能致富"是生态易地搬迁工程中的关键环节，它和"稳得住"之间的正向循环将大大提升生态易地搬迁扶贫的有效性。对于迁出的贫困群众而言，他们不仅需要稳定的生产生活，还需要提升其生活水平实现脱贫，这意味着政府在实施生态易地搬迁工程时要在这一子系统与生态产业发展的子系统之间建立互动关系，尽可能提升各环节的附加值。在就业机会的提供上，要与本地主导生态产业体系的构建和运转相对接，在劳动力的供给和需求都大幅增加的情形下，协同市场、社会力量做好供给和需求之间的对接，包括做好信息交流通道，及时高效地传播供需信息；针对性地向劳动力供给提供技能培训，提升供需匹配的可能性等。此外，在生态建设过程中，政府可适当开发一些公益性岗位向贫困户开放，让他们在从生态移民转变为生态建设者的同时，也能获得工资性收入。

五、生态建设子系统与其他子系统的关联

生态建设也是生态减贫治理体系中的一个重要子系统，目前实施的生态建设工程主要包括：退耕还林还草、退牧还草、京津风沙源治理、天然林资源保护、石漠化综合防护等。不同地区基于其特殊的生态特点有选择地实施这些生态建设工程，加之与生态建设工程相关的资金补助、就业岗位等共同构成了生态建设这一子系统。相较于生态产业扶贫与生态移民搬迁这两个子系统，生态建设子系统的系统内部要素关联更加简单，且由于一些生态工程如退耕还林、退牧还草、石漠化综合防护已有较长时间的实施经验，许多地方在处理生态建设子系统、进行生态建设本身上已经举重若轻。

不过，在生态减贫整体治理体系的视野下，生态建设有必要建立与其他子系统更多的联系，并通过这种跨系统的联系和互动为生态建设提供必要的激励机制，使生态建设与地方其他的生态减贫行为结合的更加紧密。

与其他子系统相关联从而创新激励机制的根本意义在于，生态环境资源本质上所具有的非竞争性和非排他性决定了所创造的社会正外部性只有被内在化，才能形成长效的生态建设与环境保护机制。生态建设、生态减贫的发展成果往往会凝聚成有着环境保护价值的防护生态产品或有旅游价值的自然风光，其中的观赏价值和环保价值都是全民共享和共有的财富，因此生态减贫与环境整治都具有较强的正外部性，其社会收益远大于个人收益，只有通过创新激励机制使生态建设扶贫与环境整治的社会收益内在化，将其内化为个人的自觉行为，才能长久推动生态建设。

首先，生态建设应与生态保护补偿机制相结合，并探索多元生态保护补偿方式。在县域范围内，整合包括转移支付、横向补偿和市场化补偿等在内的各种渠道资金，将生态建设所产生的生态保护成效与生态补偿结合，让贫困地区农牧民在参与生态保护中获得应有的补偿，从而以生态补偿资金为贫困群众参与生态建设提供正向激励。

案 例 --

毕节市围绕生态环境建设探索多元生态保护补偿机制

毕节市探索利用生态补偿资金设置了包括护林员、护河员等在内的"10＋N个一批"公益专岗来维护生态环境，用其他扶贫资金设置了保洁员来维护人居环境，这种正向激励不仅能帮助贫困户通过就业实现稳定脱贫，还益于协调推进美丽乡村建设。

其次，生态建设可与生态产业、生态就业相结合。例如，退耕还林还草工程可与产业结构调整同步进行，通过退耕减少一些破坏生态、经济效益低、品种落后的传统农作物种植，同时发展对生态环境损耗小的商品林、经果林，增加短平快经济作物的种植。又如，实施生态工程的过程中推广扶贫攻坚造林专业合作社、村民自建等模式，采取以工代赈等方式，组织贫困人口参与生态工程建设，优先吸纳有劳动能力的贫困户就业。同时，各类生态建设工程的实施成果也有利于开辟更多的生态护林员岗位。

此外，生态建设还可与生态移民搬迁结合，许多生态移民搬迁项目的发起即是出于保护原住地生态环境的需求。

除了宏观上创造不同的子系统的相互关联为生态建设提供资金激励外，微观上的激励机制创新也对生态建设和农村环境整治有重要作用。传统的环境整治和护林模式大多采用罚款、惩罚等负向激励来约束生态破坏行为，这种负向激励往往由于监管成本高而效果不佳。相反，若考虑从正向激励的角度探索创新生态治理的激励机制，通过引入更多正向激励，将正负激励相结合，能够有效降低监管成本，并促进群众生态环保意识的提升。

C村环境卫生治理机制

C村为美化村居环境，采取"收垃圾、存积分、兑奖品"的方式探索创建了"垃圾兑换银行"。通过"垃圾兑换积分，积分兑换商品"的形式引导村民搜集垃圾、分类装袋，再交给"垃圾兑换银行"，然后按种类和重量计算兑换绿色积分以赚取"利息"，即获取书包等学习体育用品或是洗衣粉等日常生活用品。同时，每季度在组与组，每月在户与户、人与人之间实施"环卫整治大比武"活动，对优胜的户和组给予不同的现金奖励，并授予其模范村民组、整洁之家和环保卫士称号。通过改变以罚款、惩治等方式为主要手段的乡村生态治理模式，转向以"垃圾兑换银行""环卫整治比武"等形式为主的基于正向激励构建的乡村生态治理模式，C村有效实现了垃圾减量化、资源化、无害化，提高了村民自觉参与生态治理、生态保护的积极性和主动性，美化了人居环境。

从诸多案例实践中可以看出，基于正向激励构建起来的微观乡村生态治理机制能有效调动村民参与生态保护的积极性和自觉性。相较而言，负向激励的约束性更多取决于惩罚强度、监察强度及准确率，传达的信息类型是"不能做什么"，正向激励则是利用人们的积极心理去鼓励他们"应该做什么"，在管理实践中合理地配合运用这两个角度的激励机制能避免仅注重单方向激励造成的负效应，从而更好地引导民众形成保护环境、治理污染的生态意识。

第三节
总结与展望

一、促进生态减贫持续发力，巩固脱贫攻坚成效

（一）厘清生态减贫基本概念，完善生态减贫治理体系

要做好未来的生态减贫工作，需要政府、学者和参与者系统地、整体

地了解生态减贫概念。第一，生态减贫是"以生态减贫"。生态减贫的基础是生态发展，其包括两层含义：一是修复维护受损生态资源；二是合理利用现有生态资源。在这两层含义上，生态发展都能够与扶贫工作进行良好结合，对于前者而言，生态补偿转移支付、生态公益专岗的设置、易地扶贫搬迁等都是生态建设与扶贫工作结合的具体实践；对于后者而言，着力挖掘生态资源、探索转化为经济效益的方式是关键。第二，"扶贫以生态"。在其他各项扶贫工作中要关注其对生态环境的影响，树立强烈的"生态为先"的意识，选择兼具生态效益和经济效益的举措优先实施，例如发展生态农业、绿色工业、生态旅游业，推进电商扶贫等。在理解生态减贫概念的基础上，政府应当从整体上加强对生态减贫工作的顶层设计，以相关组织机制保障生态减贫工作中各环节的顺利进行。

（二）做好易地扶贫搬迁后续支持，注重项目结果评估

从易地扶贫搬迁"搬得出、留得住、能致富"这一工作思路出发，"搬得出"已经不再是个难题，"留得住"与"能致富"成为目前搬迁工作的重点难点。对于搬入城镇的农村居民而言，搬迁工作仅仅是解决了住房问题，城镇安置环境保证了吃、穿、行等基本需求能够得到满足，紧接而来的忧虑是如何在一个陌生环境重新开始生活。从物质生活来看，一方面需要加快安置地的产业发展，促进搬迁群众就地或就近就业，联合其他力量开展就业技能培训，帮助搬迁群众尽快形成自身能力，增收致富；另一方面需要加强本地公共服务体系建设和社会保障体系建设，解决就学、就医两大民生问题，做好迁入迁出地在低保、医保、养老保险等社会保障政策的衔接。从精神生活来看，要注重搬迁农村居民的行为理念与生活方式的调整，例如纠正其物品乱堆乱放占用公共空间、不注重公共卫生等陋习，引导其融入城市生活与遵循日常规范。同时也要注意迁入居民与安置地本地居民、安置地干部等的交流融合，避免各方产生心理隔阂，从而影响民生保障与社会治理。

（三）加强生态产业竞争力，重视生态旅游带动作用

生态产业作为可实现自我积累的生态减贫路径，具有很强的可持续带

动作用。产业竞争力的提升可以从构建生态产业体系着手。当前生态产业普遍以生态农业为核心构建。但一方面，生态农业风险性高、附加值较低，若生态农业在整体生态经济中占据较大比重，生态经济体系的抗风险能力和利润空间仍存在大量提升空间；另一方面，农业发展主要依赖于产品差异化，在生产方式难以出现较大变革的现状下，产品差异化取决于自然资源禀赋与技术水平，其中技术水平的提升又需要知识和实践经验的长期积累，因此生态农业"打响名号"所需时间较长。因此，应当从纵向和横向构建生态产业体系。纵向上，依循生态资源价值链延长产业链，如生态农业向生态食品加工业的延伸；横向上，探索更多生态资源利用方式，如生态农业与生态旅游业的结合。针对旅游业发展而言，一是要找准旅游定位，凸显本地最特色的优势，尤其是做好差异化；二是要坚持"生态优先"理念做好生态旅游资源的维护和开发，在此基础上落实基础设施建设、基本公共服务等配套措施；三是要集结多种力量、通过多种途径加大品牌建设，提升宣传有效性，开拓更多市场。

同时，产业竞争力的提升还要注重联结市场和社会的力量，尤其是在资源开发、运营管理、资金保障、技术提升等市场具备优势的方面，要通过合理的利益联结方式吸引其他主体加入，政府的主要责任在于协调多方力量与监管行业纪律，加强产业发展与脱贫攻坚的循环机制，使贫困群众能切实从产业发展中增收致富，脱贫工作能有效推动产业经济繁荣发展。

二、衔接乡村振兴，围绕农业强、农村美、农民富重组生态环境治理体系布局

实施乡村振兴战略，是以习近平同志为核心的党中央作出的重大战略部署，是解决人民日益增长的美好生活需要和不平衡不充分的发展之间矛盾的必然要求。乡村振兴的最终目标是实现产业兴旺、生态宜居、乡风文明、治理有效、生活富裕，通过建立健全城乡融合发展体制机制和政策体系，统筹推进农村经济建设、政治建设、文化建设、社会建设、生态文明建设和党的建设，加快推进乡村治理体系和治理能力现代化，加快推进农业农村现代化，走中国特色社会主义乡村振兴道路，让农业成为有奔头的

产业，让农民成为有吸引力的职业，让农村成为安居乐业的美丽家园。

乡村振兴战略是建设美丽中国的关键举措，也是生态减贫在新的发展情形和新的发展目标下的升华。要将生态减贫这一治理体系与乡村振兴战略相衔接，就必须始终坚持生态优先，绿色发展；必须牢固树立和践行绿水青山就是金山银山的理念；必须全面落实节约优先、保护优先、自然恢复为主的方针；必须同时统筹山水林田湖草系统治理，严守生态保护红线，以绿色发展引领乡村振兴。同时，必须对现有的生态减贫治理体系进行布局重组，围绕乡村振兴战略的最终目标进行布局，并将生态治理的理念内化到乡村振兴的各个方面：一是针对农业全面升级的要求，必须深入推进农业绿色化、优质化、特色化、品牌化，促进产业生态化、生态产业化，发展科技含量更高、差异化更明显、产业链更全面、产业协同更顺畅的全生态产业；二是针对农村全面进步的要求，必须以农村垃圾、污水治理和村容村貌提升为主攻方向，大力改善农村人居环境，统筹山水林田湖草系统治理，健全耕地、草原、森林、河流、湖泊休养生息制度，实施重要生态系统保护和修复工程；三是针对农民全面发展的要求，必须通过教育培训、文化活动提升农民的生态环保意识。从而促进生态减贫与乡村振兴全面衔接，形成全面小康背景下的乡村振兴生态治理体系。

参 考 文 献

［1］A. 阿格，金晶. 人性与基本需要的概念［J］. 国外社会科学，1982（6）：47－48.

［2］阿马蒂亚·森. 贫困与饥荒［M］. 王宇，王文玉，译. 北京：商务印书馆，2001.

［3］阿瑟·塞西尔·庇古，金镝. 福利经济学［M］. 北京：华夏出版社，2013.

［4］爱蒂丝·布朗·魏伊丝. 公平地对待未来人类［M］. 北京：法律出版社，2000.

［5］安文静. 我国光伏产业扶贫机制与模式研究［D］. 太原：山西财经大学，2018.

［6］北京师范大学中国扶贫研究中心. 中国绿色减贫指数报告2016版［M］. 北京：经济日报出版社，2016.

［7］蔡昉. 城乡收入差距与制度变革的临界点［J］. 中国社会科学，2003（5）：93－111.

［8］陈峰，高敏. 中国共产党历次全国代表大会从一大到十七大［M］. 北京：中共党史出版社，2008.

［9］陈立中. 转型时期我国多维度贫困测算及其分解［J］. 经济评论，2008（5）：5－10.

［10］陈秋华，纪金雄. 乡村旅游精准扶贫实现路径研究［J］. 福建论坛（人文社会科学版），2016（5）：196－200.

［11］陈胜东，蔡静远，廖文梅. 易地扶贫搬迁对农户减贫效应实证分析——基于赣南原中央苏区农户的调研［J］. 农林经济管理学报，2016，15（6）：632－640.

［12］陈钊，陆铭. 从分割到融合：城乡经济增长与社会和谐的政治经济学［J］. 经济研究，2008（1）：21 – 32.

［13］戴旭宏. 绿色扶贫：中西部地区现阶段财政支持政策的必然选择——基于四川财政政策支持的视角［J］. 农村经济，2012（12）：60 – 63.

［14］《党的十九大报告辅导读本》编写组. 党的十九大报告辅导读本［M］. 北京：人民出版社. 2017.

［15］邓小海，曾亮，罗明义. 精准扶贫背景下旅游扶贫精准识别研究［J］. 生态经济，2015，31（4）：94 – 98.

［16］丁传磊. 光伏扶贫中的产业布局模式选择［J］. 全国流通经济，2017（6）：69 – 70.

［17］丁建军. 多维贫困的理论基础、测度方法及实践进展［J］. 经济理论与方法，2014（1）：61 – 70.

［18］范和生，唐惠敏. 农村贫困治理与精准扶贫的政策改进［J］. 中国特色社会主义研究，2017（1）：45 – 52，75.

［19］范明明，李文军. 生态补偿理论研究进展及争论——基于生态与社会关系的思考［J］. 中国人口·资源与环境，2017，27（3）：130 – 137.

［20］方素梅. 易地搬迁与民族地区反贫困实践——以广西环江毛南族自治县为例［J］. 西南民族大学学报（人文社科版），2018（9）：8 – 15.

［21］冯·贝塔朗菲. 秋同，袁嘉新译. 一般系统论基础·发展·应用［M］. 北京：社会科学文献出版社，1987.［美］

［22］冯丹萌，陈伟伟. 基于"两山理论"的绿色减贫理论创新与实践探索［J］. 安徽农业科学，2018，46（11）：202 – 206.

［23］高建民，李逸舒等. 度量陕西省城镇和农村贫困：基于不同贫困线和指标的对比研究［J］. 中国卫生经济，2014（7）：47 – 50.

［24］龚晓宽. 中国农村扶贫模式创新研究［D］. 成都：四川大学，2006.

［25］顾东辉. 精准扶贫内涵与实务：社会工作视角的初步解读［J］. 社会工作，2016（5）：3 – 14，125.

［26］国务院扶贫开发领导小组办公室. 湖北宜昌特色产业挺起扶贫脊梁［EB/OL］.（2018 – 08 – 24）. http：//www. cpad. gov. cn/art/2018/8/

24/art_5_88366. html.

［27］国务院关于印发中国农村扶贫开发纲要（2001—2010 年）的通知［J］. 中华人民共和国国务院公报，2001（23）：34 - 39.

［28］何得桂，党国英. 西部山区易地扶贫搬迁政策执行偏差研究——基于映南的实地调查［J］. 国家行政学院学报，2015（6）：119 - 123.

［29］何建坤. 全球绿色低碳发展与公平的国际制度建设［J］. 中国人口·资源与环境，2012，22（5）：15 - 21.

［30］胡鞍钢. 绿色发展是中国的必选之路［J］. 环境经济，2004（2）：31 - 33.

［31］胡建华、赖越. 习近平精准扶贫思想的发展渊源、基本内涵和重大意义研究［J］. 广东行政学院学报，2018（30）：49 - 55.

［32］霍肯. 商业生态学［M］. 上海：上海译文出版社，2001：24.

［33］蒋尉. 西部地区绿色发展的非技术创新系统研究——一个多层治理的视角［J］. 西南民族大学学报（人文社科版），2016，37（9）：152 - 160.

［34］蒋卓晔. 绿色减贫是推进精准扶贫方略的最有效方式［J］. 农业经济，2018（12）：21 - 22.

［35］金梅，申云. 易地扶贫搬迁模式与农户生计资本变动——基于准实验的政策评估［J］. 广东财经大学学报，2017，32（5）：70.

［36］雷明. 两山理论与绿色减贫［J］. 经济研究参考，2015（64）：21 - 22.

［37］雷明. 绿色发展下生态扶贫［J］. 中国农业大学学报（社会科学版），2017，34（5）：87 - 94.

［38］雷明. 论习近平扶贫攻坚战略思想［J］. 南京农业大学学报（社会科学版），2018，18（1）：1 - 11，160.

［39］雷明. 中国绿色核算及经济环境协调发展战略选择［J］. 科学社会主义，2006（5）：86 - 90.

［40］李嘉图. 政治经济学及赋税原理［M］. 郭大力，等译. 北京：商务印书馆，1962.

［41］李萌，李学锋. 中国城市时代的绿色发展转型战略研究［J］.

社会主义研究, 2013 (1): 54 – 59.

[42] 李瑞, 刘莎. 收入差距测度方法比较研究 [J]. 商业时代, 2012 (14): 28 – 29.

[43] 李仙娥, 李倩, 牛国欣. 构建集中连片特困区生态减贫的长效机制——以映西省白河县为例 [J]. 生态经济, 2014 (4): 115 – 118.

[44] 李仙娥, 李倩. 秦巴集中连片特困地区的贫困特征和生态保护与减贫互动模式探析 [J]. 农业现代化研究, 2013, 34 (4): 4 – 11.

[45] 厉以宁. 贫困地区经济与环境的协调发展 [J]. 中国社会科学, 1991 (4): 199 – 210.

[46] 林广毅, 农村电商扶贫的作用机理及脱贫促进机制研究 [D]. 北京: 中国社会科学院研究生院, 2016.

[47] 林秀珠, 李小斌, 李家兵, 饶清华. 基于机会成本和生态系统服务价值的闽江流域生态补偿标准研究 [J]. 水土保持研究, 2017, 24 (2): 314 – 319.

[48] 林毅夫, 蔡昉, 李周. 中国经济转型时期的地区差距分析 [J]. 经济研究, 1998 (6): 5 – 12.

[49] 刘北桦, 詹玲. 农业产业扶贫应解决好的几个问题 [J]. 中国农业资源与区划, 2016, 37 (3): 1 – 4, 175.

[50] 刘和旺, 向昌勇, 郑世林. "波特假说"何以成立: 来自中国的证据 [J]. 经济社会体制比较, 2018 (1): 54 – 62.

[51] 刘瑞喜, 孙文婷. 基于共享理念的旅游扶贫模式研究——以济南市万德镇为例 [J]. 中国市场, 2018 (26): 34 – 35.

[52] 刘源. 新时代精准扶贫的理论内涵与路径优化 [J]. 学理论, 2018 (5): 34 – 35.

[53] 卢迎春, 任培星, 起建凌. 电子商务扶贫的障碍分析 [J]. 农业网络信息, 2015 (2): 27 – 31.

[54] 陆汉文. 连片特困地区低碳扶贫道路与政策初探 [J]. 开发研究, 2012 (3): 44 – 48.

[55] 骆祚炎. 利用线性支出系统 ELES 测定贫困线——兼比较几种贫困线的测定方法 [J]. 统计与决策, 2006 (18): 25 – 28.

［56］马克思，恩格斯. 德意志意识形态［M］. 北京：人民出版社，2003.

［57］马克思. 1844 年经济学哲学手稿［M］. 北京：人民出版社，2000.

［58］莫光辉，张菁. 绿色减贫：脱贫攻坚战的生态精准扶贫策略——精准扶贫绩效提升机制系列研究之六［J］. 广西社会科学，2017（1）：144－147.

［59］莫光辉. 绿色减贫：脱贫攻坚战的生态扶贫价值取向与实现路径——精准扶贫绩效提升机制系列研究之二［J］. 现代经济探讨，2016（11）：10－14.

［60］秦书生，胡楠. 中国绿色发展理念的理论意蕴与实践路径［J］. 东北大学学报（社会科学版），2017，19（6）：631－636.

［61］申付亮，朱红菠. 基于购买力平价思想测算地区农村贫困线［J］. 理论探讨，2010（4）：165－167.

［62］生态扶贫工作方案［EB/OL］.（2018－01－24）. http：//www. gov. cn/xinwen/2018－01/24/content_5260157. htm.

［63］石明. 基于电子商务视角下的农业产业化发展思路与对策——以欠发达地区农村为例［J］. 农业网络信息，2017（9）：61－64.

［64］史亚博，王红梅，崔丹. 十八大以来习近平精准扶贫思想的内涵研究综述［J］. 中国井山干部学院学报，2018（11）：131－137.

［65］史玉成. 生态扶贫：精准扶贫与生态保护的结合路径［J］. 甘肃社会科学，2018（6）：169－176.

［66］苏明. 构建有利于减贫和绿色增长的财税政策［J］. 国家行政学院学报，2013（3）：44－50.

［67］宿盟，李志红. 农村资产收益扶贫实践探讨——以光伏产业扶贫为例［J］. 中国高新技术企业，2016（23）：195－196.

［68］孙祁祥. 雄关漫道从头越［M］. 北京：北京大学出版社，2018.

［69］孙伟，周磊. "十二五"时期我国发展绿色经济的对策思考［J］. 湖北社会科学，2012（8）：81－84.

［70］孙永珍，高春雨. 新时期我国易地扶贫搬迁安置的理论研究［J］. 安徽农业科学，2013，41（36）：14095－14098.

［71］邰秀军，畅冬妮，郭颖. 宁夏生态移民居住安置方式的减贫效

果分析 [J]. 旱区资源与环境, 2017, 31 (4): 47-53.

[72] 托马斯·罗伯特·马尔萨斯, 郭大力. 人口论 [M]. 北京: 北京大学出版社, 2008.

[73] 万广华. 城镇化与不均等: 分析方法和中国案例 [J]. 经济研究, 2013 (5): 73-86.

[74] 万君, 张琦. 绿色减贫: 贫困治理的路径与模式 [J]. 中国农业大学学报 (社会科学版), 2017, 34 (5): 79-86.

[75] 汪三贵, 郭子豪. 论中国的精准扶贫 [J]. 贵州社会科学, 2015 (5): 147-150.

[76] 汪三贵, 殷浩栋, 王瑜. 中国扶贫开发的实践、挑战与政策展望 [J]. 华南师范大学学报 (社会科学版), 2017 (4): 18-25, 189.

[77] 王德凡. 内在需求、典型方式与主体功态补偿机制创新 [J]. 改革, 2017 (12): 93-101.

[78] 王浩. "社会化小农" 理论视角下对我国农村贫困线测定方法的思考——以河南省农村居民生活消费支出为例 [J]. 北京教育学院学报, 2013 (27): 31-34.

[79] 王会, 姜雪梅, 陈建成, 等. "绿水青山" 与 "金山银山" 关系的经济理论解析 [J]. 中国农村经济, 2017 (4): 2-12.

[80] 王景新, 郭海霞, 李琳琳, 严海淼. 荒漠化地区绿色扶贫开发模式创新——中国-UNDP新疆和田红柳大芸产业开发案例研究 [J]. 现代经济探讨, 2011 (11): 51-55.

[81] 王馗. 习近平生态扶贫思想研究 [J]. 财经问题研究, 2016 (9): 11-12.

[82] 王三秀. 中国扶贫精细化: 理念、策略、保障 [M]. 北京: 社会科学文献出版社, 2017.

[83] 王思斌. 精准扶贫的社会工作参与——兼论实践型精准扶贫 [J]. 社会工作, 2016 (6): 6-8.

[84] 王素霞, 王小林. 中国多维贫困测量 [J]. 中国农业大学学报 (社会科学版), 2013 (2): 129-136.

[85] 王小林, 萨比娜·阿丽吉尔. 中国多维贫困测量: 估计和政策

含义 [J]. 中国农村经济, 2009 (12): 4-10.

[86] 王信敏, 丁浩. 产业间技术溢出、能源结构调整与产业生态化——基于我国工业部门的经验研究 [J]. 软科学, 2017 (6): 10-14.

[87] 王娅. 贫穷与环境——摆脱恶性循环 [J]. 中国人口·环境与资源, 1993 (2): 66-67.

[88] 王振颐. 生态资源富足区生态扶贫与农业产业化扶贫耦合研究 [J]. 西北农林科技大学学报 (社会科学版), 2012, 12 (6): 70-74.

[89] 王志章, 王静. 基于可持续发展的少数民族地区旅游扶贫绩效评价研究 [J]. 云南民族大学学报 (哲学社会科学版), 2018, 35 (5): 89-97.

[90] 威廉·配第, 马妍. 赋税论 [M]. 北京: 中国社会科学出版社, 2016.

[91] 魏宏森, 曾国屏. 系统论: 系统科学哲学 [M]. 夏善晨等, 译. 北京: 清华大学出版社, 1995: 37.

[92] 吴理财, 吴孔凡. 美丽乡村建设四种模式及比较——基于安吉、永嘉、高淳、江宁四地的调查 [J]. 华中农业大学学报 (社会科学版), 2014 (1): 15-22.

[93] 谢安平. 以绿色减贫的新理念推动精准扶贫的新发展 [J]. 延边党校学报, 2018 (5): 37-40.

[94] 谢江沛, 冯维波, 王伟伟. 基于文化生态学理论的历史文化名城保护规划——以省级历史文化名城贵州福泉为例 [J]. 重庆与世界 (学术版), 2012 (5): 81-83.

[95] 徐晨曦. 光伏扶贫——脱贫梦想的依靠 [J]. 中国战略新兴产业, 2016 (13): 66-67.

[96] 徐月亮. 公共产品理论视阈下环境保护的自我激励 [J]. 内蒙古农业大学学报 (社会科学版), 2006 (3): 153-155.

[97] 薛黎倩. 区域绿色贫路径研究 [D]. 福州: 福建师范大学, 2017.

[98] 杨舸. 流动人口与城市相对贫困: 现状、风险与政策 [J]. 经济与管理评论, 2017, 33 (1): 13-22.

[99] 杨国涛, 周慧洁, 李芸霞. 贫困概念的内涵、演进与发展述评

[J]．宁夏大学学报（人文社会科学版），2012（6）：139－143.

[100] 杨建花．基于 AHP－熵权法的甘南州旅游扶贫效果评价研究 [D]．银川：兰州大学，2017.

[101] 杨玉锋，宁夏六盘山集中连片特困地区绿色扶贫路径研究 [D]．银川：宁夏大学，2015.

[102] 叶青，苏海．政策实践与资本重置：贵州易地扶贫搬迁的经验表达 [J]．中国农业大学学报（社会科学版），2016，33（5）：64－70.

[103] 袁妮．陕北退耕还林地区生态减贫模式及其实现研究 [D]．西安：西安建筑科技大学，2017.

[104] 曾贤刚，虞慧怡，谢芳．生态产品的概念、分类及其市场化供给机制 [J]．中国人口·资源与环境，2014，24（7）：12－17.

[105] 曾小溪，汪三贵．易地扶贫搬迁情况分析与思考 [J]．河海大学学报（哲学社会科学版），2017，19（2）：60－66.

[106] 张功．渝东南民族地区精准扶贫实现路径研究 [D]．重庆：西南大学，2017.

[107] 张琦，冯丹萌．绿色减贫：可持续扶贫脱贫的理论与实践新探索（2013－2017）[J]．福建论坛（人文社会科学版），2018（1）：65－73.

[108] 张琦，冯丹萌．我国减贫实践探索及其理论创新：1978～2016年 [J]．改革，2016（4）：27－42.

[109] 张琦，张诗．学习践行习近平绿色减贫思想 [J]．人民论坛，2017（30）：58－59.

[110] 张晓妮，张雪梅，吕开宇，张崇尚．我国农村贫困线的测定——基于营养视角的方法 [J]．农业经济问题，2014（11）：58－64.

[111] 张岩，王小志．农村贫困地区实施电商扶贫的模式及对策研究 [J]．农业经济，2016（10）：58－59.

[112] 张义凤．我国贫富差距问题探析 [D]．济南：山东大学，2011.

[113] 张永亮，刘璨，刘浩，等．林业重点工程对农民生计持续影响研究 [J]．林业经济，2013，35（10）：23－28.

[114] 张雨，张新文．扶贫中的不精准问题及其治理——基于豫南 Y 乡的调查 [J]．湖南农业大学学报（社会科学版），2017，18（5）：62.

［115］章力建，吕开，朱立志. 实施生态扶贫战略提高生态建设和扶贫工作的整体效果［J］. 中国农业科技导报，2008（1）：1－5.

［116］赵琼，齐振宏. 工业企业生态系统理论综述［J］. 中国水运：学术版，2006，6（9）：212－213.

［117］中共中央 国务院关于打赢脱贫攻坚战的决定［EB/OL］. （2015－11－29）. http：//www. gov. cn/xinwen/2015－12/07/content_5020963. htm.

［118］中共中央党史和文献研究院. 习近平扶贫论述摘编［M］. 北京：中央文献出版社，2018.

［119］中共中央文献研究室. 十八大以来重要文献选编［M］. 北京：中央文献出版社，2014.

［120］中国的农村扶贫开发白皮书［N］. 农民日报，2001－10－01.

［121］中国政府网. 国务院办公厅关于推进农村一二三产业融合发展的指导意见［EB/OL］. （2016－01－04）http：//www. gov. cn/zhengce/content/2016－01/04/content_10549. htm.

［122］朱颖，张滨，倪红伟，吕洁华. 基于公共产品供给理论的森林生态产品产出效率比较分析［J］. 林业经济问题，2018，38（2）：25－32，102.

［123］邹薇，方迎风. 关于中国贫困的动态多维度研究［J］. 中国人口科学，2011（6）：49－59，111.

［124］Chakravarty S R, Deutsch J, Silber J. On the Watts Multidimensional Poverty Index and its Decomposition［J］. World Development, 2008, 36（6）：1067－1077.

［125］Fisher J A, Patenaude G, Meir P, et al. Strengthening conceptual foundations：Analysing frameworks for ecosystem services and poverty alleviation research［J］. Global Environmental Change－human and Policy Dimensions, 2013, 23（5）：1098－1111.

［126］Fuchs Victor. Redefining Poverty and Redistributing Income［J］. The Public Interest, 1967：86－94.

［127］Grant J P. The state of the world's children, 1994［M］. Oxford, England：Oxford University Press, 1994.

［128］ Khan H. Poverty, environment and economic growth: exploring the links three complex issues with specific focus on the Pakistan's case ［J］. Environment Development Sustainability, 2008, 10（6）: 913 – 929.

［129］ Liu L Environmental poverty, adecomposed environmental Kuznets curve, and alternatives: Sustainability lessons from China ［J］. Ecological Economics, 2012, 73（none）: 86 – 92.

［130］ Pete Alcock. Understanding Poverty ［M］. London Macmillan, 1993.

［131］ Pete Townshend. Poverty in the United Kingdom: A Survey of Household Resources and Standards of Living ［M］. Berkeley: University of California Press, 1979: 53.

［132］ Praag B M S V, Hagenaars A J M, Weem H V. Poverty in Europe ［J］. Review of Income and Wealth, 1982, 28（3）: 345 – 359.

［133］ S. Rowntree. Poverty: A Study of Town Life ［M］. London: Mmillan, 1901: 103.

［134］ Strobel P. From Poverty to Exclusion: A Wage-earning Society or a Society of Human Rights? ［J］. International Social Science Journal, 1996, 48（148）: 173 – 189.

图书在版编目（CIP）数据

绿色发展与生态减贫／雷明等著．—北京：经济科学
出版社，2020.12

（北大光华区域可持续发展丛书．第 5 辑）

ISBN 978 - 7 - 5218 - 2231 - 1

Ⅰ.①绿⋯　Ⅱ.①雷⋯　Ⅲ.①生态型 - 扶贫 - 研究 -
中国　Ⅳ.①F126

中国版本图书馆 CIP 数据核字（2020）第 264105 号

责任编辑：赵　蕾
责任校对：王肖楠
责任印制：李　鹏　范　艳

绿色发展与生态减贫
雷明　袁旋宇等　著
经济科学出版社出版、发行　新华书店经销
社址：北京市海淀区阜成路甲 28 号　邮编：100142
总编部电话：010 - 88191217　发行部电话：010 - 88191540
网址：www. esp. com. cn
电子邮箱：esp@ esp. com. cn
天猫网店：经济科学出版社旗舰店
网址：http://jjkxcbs. tmall. com
北京季蜂印刷有限公司印装
710 × 1000　16 开　20 印张　300000 字
2022 年 2 月第 1 版　2022 年 2 月第 1 次印刷
ISBN 978 - 7 - 5218 - 2231 - 1　定价：88.00 元
（图书出现印装问题，本社负责调换。电话：010 - 88191510）
（版权所有　翻印必究　举报电话：010 - 88191586
电子邮箱：dbts@ esp. com. cn）